Business and Management Psychology

松田幸弘 編著
Yukihiro Matsuda

経営・ビジネス心理学

ナカニシヤ出版

はじめに

21 世紀に入り，グローバル化や IT 化の著しい進展により，企業間の競争が一層激しくなり，企業や組織を取り巻く内外の環境は大きく変貌しつつある。このような変化の激しい現代社会において，企業や組織はどのように対応・変化するべきか，企業で働く従業員をどのように鼓舞し，支援していくべきかなど多くの問題が山積している。

本書は，このような企業やビジネスにおける人間の心理と行動を研究する産業・組織心理学やビジネス心理学を初めて学ぶ人のために，大学の専門科目やキャリア教育に加え，企業の人材教育，研修用の教材としても活用することを目指した概説書である。

経営・ビジネス心理学は，人々が仕事に取り組む際に直面する多様な問題を心理学の立場から実証的に捉えて，解決に役立てようとする学問である。企業や組織を対象とするため，経営学や経済学といった学問とも密接に関連する特徴をもつ領域といえる。

本書の構成は，産業・組織心理学の 4 つの部門（組織行動・作業・人事・消費者行動）の研究領域に対応し，各々の問題をほぼ網羅的に取り上げている。具体的には，組織行動は第 1 章から第 4 章（リーダーシップ，フォロワーシップ，ワークモチベーション，組織コミットメント），作業は第 5 章と第 6 章（ストレスとメンタルヘルス，心の健康），人事は第 7 章から第 10 章（経営・組織の意思決定，人間関係とコミュニケーション，人材育成とキャリア，人事マネジメント），消費者行動は第 11 章から第 13 章（消費者行動，広告の心理学，ファッションの心理学）である。なお第 14 章と第 15 章は近年，特に，欧米で急速に研究が発展しており，今後，日本でも進展していくと予想される，文化（第 14 章）と組織神経科学（第 15 章）を扱っており，他書にはないユニークさや斬新さを取り入れることができたと考える。

各章のテーマについて，精力的に研究を積み重ねている執筆者たちが，基本的事項や考え方を必要最小限の分量に絞り込み，そのエッセンスを分かりやすく解説することを共通の理念として執筆したのが本書である。コンパクトでありながら，基本的な考え方や基礎的な事項をしっかり押さえ，図表やグラフを使って理解しやすくするとともに，新しい視点や研究動向にも触れることを意図している。各章は，まず「本章のポイント」で取り上げる内容を明示し，「本章で紹介する研究」で解説する理論や研究を紹介している。さらにテーマに関連する２つのコラムを載せて読者の興味や関心を高め，より深く勉強したい人のために，最後に，「読書案内」として関連する概説書や専門書を紹介している。

本書の出版に際して，ナカニシヤ出版の宍倉由高氏にはさまざまなご支援を頂いた。企画，編集作業に加え，校正作業では各章の原稿を丹念に読んで，問題点の指摘や修正の示唆をして頂いた。宍倉氏の多大なるご助力には執筆者一同敬服しており，そのおかげで本書を世に送り出すことができた。この場を借りて心よりお礼申し上げたい。

本書が学生のみならず，多くの社会人やビジネスパースンにも広く読まれることを心から願う。

2018 年 3 月
松田幸弘

目　次

第1章

リーダーシップ

山浦一保

本章のポイント

この章ではリーダーシップとは何か，どのようなリーダーが効果的であるのかについて学びます。リーダーシップに関する問題は，プラトンの『国家』にみるように，古代ギリシャ時代から組織に生きる人々が関心を寄せてきた重要なテーマの一つです。社会の変化やニーズとともに発展してきたリーダーシップの研究や理論をもとに，今後，どのように集団・地域社会の人と関わりながら，自分たちが望むもの（目標）を実現していくかについて考えてみましょう。

本章で紹介する研究

- ストッディル（Stogdill, 1948）やドゥリュら（DuRue et al., 2011）の特性論
- 三隅の行動論（PM 理論，1966）
- ハーシーとブランチャードの状況論（Hersey & Blanchard, 1977）
- バスらの変革的リーダーシップ（Bass, 1985）
- グレイエンとウール＝ビアンの交換関係理論（Graen & Uhl-Bien, 1985）
- レヴィンらのリーダーシップ・スタイルの風土（Levin, Lippitt, & White, 1939）などの研究を中心に紹介します。

時代は，グローバル化，テクノロジーが急速に発達し，組織構造や文化的価値が変化するなかにある。たとえば，日本において，電話が開通した1890年の電話加入者は200人足らずだったという。それが，戦後の経済回復とともに電話加入数は急速に増加し，その後はFAXや電子メール，携帯電話の登場，そして今やFacebookやLINEなどのSNSで，いつでもどこでも瞬時に情報のやり取りができる時代となった。この先も続くさまざまな環境の変化に，職場のコミュニケーション・スタイルや働き方，そこから生まれるサービス提供の

形はさらに多様さを増して展開するだろう。

このような時代の動きのなかで生活する皆さんは，どのような人（〈よき〉リーダー，あるいは〈よき〉メンバー／フォロワー）として，地域社会で活動したいと思っているだろうか。この章では，このことを考える材料として，リーダーシップをキーワードに関連する理論や情報を提供する。

1　リーダーとはだれか，リーダーシップとはだれのものなのか

さてここで，皆さんが所属した身近な組織や集団（たとえば，部活，クラス，アルバイト先や職場，家族など。以下，組織と記す）を思い出してみてほしい。これらの組織での経験を通して，どのような人がリーダーにふさわしいと思うだろうか。あるいは，これまでに出会った人の中で，あなたにとって最も印象深い人は，だれで，それはなぜなのか。

今，この〈リーダー〉に，どのような人を思い浮かべただろうか。目上の人や地位が高い人，地位が高いわけではないけれど，自分にとっては存在感のある人，あるいはその両方が備わっている人だったかもしれない。思い浮かべた〈リーダー〉は人それぞれであっても，ここには共通していることがある。それは，自分自身にとっては，〈(良くも悪くも）最も影響力のある人〉だという点である。その組織には他にも複数の人たちがいるにもかかわらず，である。この〈最も影響力のある人（あるいは，その役割を担っている人)〉が，心理学領域で定義されるリーダーである。

そして，この定義には，もう一つ重要なことが示唆されている。それは，すべての人が，リーダーとして存在しうるということである。つまり，誰もがお互いに影響を及ぼし合って人間関係や組織が成り立っているのだから，皆さんが，同じ組織のだれかに，最も強く影響を及ぼしている人だと思われているかもしれないのである。さらに，少し視点を変えてみよう。皆さんは，「このチーム，もう少し効率よく動いてくれたらいいのに……」，「このチーム，もう少し雰囲気がよくなったら，意見が言いやすくなるだろうに……」などと思ったこと，あるいは既にアクションを起こしてみた経験があるかもしれない。それは，皆さんが（仮に，リーダーと呼ばれるような役割を担った立場にいなかったと

しても），リーダー（leader）のように（-ship），その組織のことを考えて活動しているということに他ならない。

すなわち，リーダーシップとは，組織で共有された目標を達成しようと，個々人が影響を及ぼし合うその営みそのもの（プロセス）のことである。実際のところでは，組織やそこにいる他の人たちに及ぼす影響力の強弱はあるにせよ，リーダーシップはリーダーだけでなく，すべての人が持っていて，そしてすべての人が他者とともによりよく生活を送るために重要なものなのである。

2　効果的なリーダーシップを求めて

組織で活動するとき，私たちは掲げている組織の目標に向けて，周囲の人たちの力を結集させながら，諸活動を円滑かつ発展的に推進させようとする。それと同時に，個々人が成長でき，愛着の持てる組織になることを願い，期待することもあるだろう。これらの実現こそが，〈効果的なリーダーシップ〉が発揮された証である。しかし，自分たちの望む組織を実現するための〈効果的なリーダーシップ〉とは，いったいどのようなものを言うのだろうか。

この疑問に対して，多くの研究者や現場の人たちが，多くの時間と労力を費やして取り組んできた。その取り組みによって生まれた代表的な理論を紹介していくことにしよう。なお以下では，影響する側とされる側を明確にして議論を分かりやすくするために，リーダーとは，ある特定の地位・役職に就いて，影響力を大いに発揮することが期待されている個人を指すことにする。また，組織内にいるそれ以外の人たちのことは，フォロワーと呼ぶことにする。

[1] リーダーに捧げるリーダーシップ論

皆さんなら，リーダーの恩恵にあずかろうと，そのリーダーに喜んでもらえそうな品物を持参しようと考えたとき，何を持って行くだろうか。

その昔，リーダーに関する自分自身の実体験や歴史上のリーダーについては書物から得た情報をもとに，1冊の本を書いて献上しようと考えた人がいた。それが，リーダーシップの古典的書物の一つ，『君主論』を書いた，マキアヴェッリ（N. Machiavelli）である。

場所はイタリア，時代はレオナルド・ダ・ヴィンチやミケランジェロなどの多くの芸術家たちが生まれた，ルネッサンス期であった。このころのイタリアは，政治的にはひどく混乱した時代であった。その状況下で，彼は，国家が平和に存続しうることを願ってリーダーに必要な政治手法をまとめ，当時の君主（メディチ家のロレンツォ）に献上したのである。

この本の中で，マキアヴェッリは，思慮深く卓抜した偉人たちに必要なものの一つは，力量（特性・資質，心構え）であると記している。その力量を引き出すには，好運や時代といった外的条件に恵まれることも重要であり，またこれらを的確に捉えるためにも力量は欠かせないと主張した。さらには，それを行動にどう表すか（行動スタイル），制度や組織づくり，および側近や関係諸国・市民との関係性構築のあり方にまで及んで，具体例を示しながら論を展開した。

これらの事柄をよく見てみると，その後に提唱されるリーダーシップ論［特性・資質，行動（スタイル），状況，変革，関係性をベースにした各論］と相通ずる視点が盛り込まれている。すなわち，リーダーシップ論は，先人の智を受け継ぎつつ，そのときどきの社会的な情勢（表1-1）や人々のニーズを反映しながら現在まで展開してきたのである。

［2］特性論，行動論，状況論

1）特性論　歴史的な偉人・英雄は，そうでない人とは違う特別な特性・資質がありそうだ……。しかし，それはいったい何か。体格なのか，知能なのか，性格なのか。その疑問に答えようとしたところから，リーダーシップの研究は始まった。

ストッディル（Stogdill, 1948）は，1900年初頭以降に発表された膨大な研究知見を整理した。それらの中で，すぐれたリーダーが備える特性として，知能，素養・学識，責任感，活動性・社会参加性，社会経済的な地位の5つ，あるいは社交性，率先性，根気なども散見されると報告した。ただし，さらに分析を進めた結果，これらの特性やスキルは効果的なリーダーである可能性を高めるけれども，絶対的なものではなかったと結論づけられたのである。

ところが，その特性論が最近再び注目されている。それは，リーダーが積極

表 1-1　国内外の主な出来事とリーダーシップ論の流れ

年代	世界での出来事		日本での出来事	主なリーダーシップ論
紀元前 ⋮ 16 世紀 ⋮	⋮ イタリア・ルネッサンス期 ⋮			プラトン『国家』 マキアヴェッリ『君主論』
1900-	日露戦争（1904-） 第一次世界大戦（1914-）			
1920-	狂騒の 20 年代 世界恐慌（1929-1936 頃）	新製品・新技術の急成長（自動車，映画，化学産業など） ニューディール政策（F. ルーズベルト） ドイツ経済の失業率 40% 超（ヒトラー・ナチスの台頭へ）	関東大震災（1923） 昭和金融恐慌（1927）	マックス・ウェーバー『権力と支配』（1922） レヴィンらによる 3 スタイル・風土の実験（1938, 1939）
1940-	戦時統制 戦後の繁栄	第二次世界大戦（1941-1945） 技術革新とコストダウンで大衆消費社会・生活水準向上へ		ストッディルの特性論に関する論文（1948）
1950-	朝鮮戦争（1950）		朝鮮特需（1950-1952） 高度成長期に突入 三種の神器の喧伝	オハイオ州立大学研究の構造づくり―配慮（1957）
	スプートニク 1 号打ち上げ（1957）	ソ連，世界初の人工衛星；スプートニク・ショック（宇宙開発競争の始まり：軍事あるいは科学・教育の大再編）		
1960-	ベトナム戦争の泥沼化（-1975）	若者を中心に，ベトナム戦争に対する反戦運動が盛んに	いざなぎ景気 エネルギー革命（石炭から石油へ） 新・三種の神器の喧伝 GNP 世界第 2 位（1968） 学生運動の全国拡大	ミシガン州立大学研究の仕事中心型―従業員中心型（1961） 三隅・九州大学の PM 理論（1966） フィードラーの状況即応理論（1967）
1970-	ドルショック（1971） 規制緩和によりグローバル化進む	スタグフレーション（景気沈滞でも物価は上昇） 環境問題や消費者運動の高まり	光化学スモッグ発生 日本の自動車・家電製品，アメリカでシェア拡大 第 1 次オイルショック（1973） 第 2 次オイルショック（1979）	ハウスのパス-ゴール理論（1977） ハーシー＆ブランチャードの SL 理論（1977）
1980-	イラン・イラク戦争（1980） ベルリンの壁崩壊（1989）		日本の自動車，輸入一層拡大 平成に改元（1989）	バスの変革型リーダーシップ（1985） グレイエン＆ウール＝ビアンの LMX 理論（1995） コンガー＆カヌンゴによるカリスマの行動モデル（1988）
1990-	ニューエコノミー			バス＆アヴォリオの変革型―交流型リーダーシップ（1990）
2000-	IT バブル崩壊 アメリカ同時多発テロ事件（2001） 世界金融危機（2007-2008）			
2010-			東北地方太平洋沖地震／東日本大震災が発生（2011）	

注）三種の神器は「白黒テレビ・洗濯機・冷蔵庫」，新・三種の神器は「カラーテレビ，カー，クーラー」。

的に，あるいは臨機応変に行動をとる必要があると言われ，自分自身でも分かってはいるものの，生まれながらの特性が邪魔をしてなかなか成果が出ないというケースがあるからだろう。ドゥリュら（DeRue et al., 2011）は，それまでに発表された多くの研究を精査して，外向性，協調性，思慮深さの特性を有することは，集団を成功に導く効果的なリーダーの特性であると言えそうだとしている。しかし，彼らは同時に併せて行った分析の結果，これらの要素を含むリーダーの特性全体よりも，リーダーがとる行動（スタイル）の方がリーダーシップの効果性に対するインパクトは大きいことも報告している。

2）行動論　リーダーの言動は，だれの目にも見えて分かりやすい。もし，望ましい行動スタイルがどのようなものかを知り，またトレーニングによって学習することができるならば，リーダーシップを育てることができるかもしれない。これが行動論の特徴であり，現場のニーズともマッチして注目を浴びた。

行動論に基づく研究が盛んになったのは，世界大戦での経験が色濃く残っていた頃である。さまざまな部隊や組織でリーダーに任命された人たちを対象に，すぐれたリーダーがどのような行動をとっていたのかについての分析がアメリカを中心に行われた。戦後の復興を願う日本でも，この時代や産業の特徴を反映して，炭鉱や造船，交通機関，教育現場などでの調査研究が行われた。

その結果，リーダー行動は，大きく2つの側面に集約されることが明らかになった。それは，〈課題志向的な行動と人間関係志向的な行動〉という2つの側面であった。課題志向的な行動とは，業務遂行に関わる行動（計画，指示，問題解決や教示など）である。人間関係志向的な行動とは，組織内の対人関係のもつれの解決や調整，個人的な問題への配慮，承認など，人間関係の維持や強化に関わる行動のことである。

たとえば，ストッディル（R. M. Stogdill）らを中心とするオハイオ州立大学の研究（1957）では〈構造づくりと配慮〉と呼び，リッカート（R. Likert）を中心とするミシガン州立大学の研究（1961）では〈仕事中心型と従業員中心型〉，三隅二不二らを中心とする九州大学の研究（1966, 1984）では〈目標達成行動と集団維持行動〉というように，呼び名こそ違うが，同じ2種類の行動側面がそれぞれの国の研究チームで確認された。

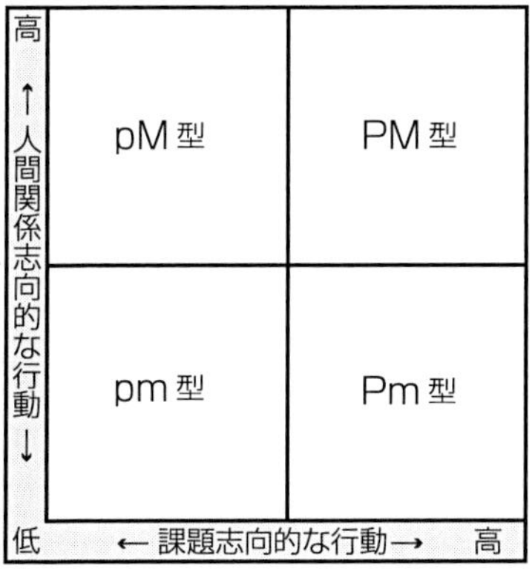

高 ↑人間関係志向的な行動↓ 低	←課題志向的な行動→ 高	
	pM 型	PM 型
	pm 型	Pm 型

効果性＼スタイル	PM型	pM型	Pm型	pm型
職場モラール（士気）				
仕事意欲	1	2	3	4
給与満足	1	2	3	4
会社満足	1	2	3	4
精神衛生	1	2	3	4
チームワーク	1	2	3	4
ミーティング（評価・満足度）	1	2	3	4
コミュニケーション（円滑さ）	1	2	3	4
業務規範（切磋琢磨の雰囲気）	1	3	2	4
生産性など				
業績［長期］	1	2	3	4
業績［短期］	1	3	2	4
事故件数［長期］	1	2	3	4
事故件数［短期］	1	3	2	4
退職	1	2	3	4
定着率	1	2	3	4

図 1-1　PM 理論のリーダーシップ・スタイル（上）とその効果性（下）
（三隅，1966，1986）

日本で誕生し，理論として提唱された PM 理論（三隅，1966）を取り上げてみてみよう。この理論では，まず，〈目標達成行動（performance：P 行動）と集団維持行動（maintenance：M 行動）〉という 2 つの側面を組み合わせて，リーダーの行動スタイルを 4 つに分類した（図 1-1; 大文字はその行動の比率が高く，小文字はそれが低いことを示す）。

① PM 型：課題達成，集団維持のための行動をともに積極的に示すスタイル。

② pM 型（M 型とも表記する）：課題達成を発揮する傾向はそれほど強くないものの，集団維持のための行動を積極的に示すスタイル。

③ Pm 型（P 型とも表記する）：課題達成を重視する傾向が強く，集団維持のための行動は消極的なスタイル。

④ pm 型：課題達成，集団維持のための行動がともに消極的なスタイル。

次に，これらの行動スタイルが，組織の生産性やフォロワーの満足度やモチベーションにどのような違いを生じさせるのかについて検討が重ねられた。非常に多くの分析が行われた結果，PM 型のリーダーのもとで活動するフォロワーたちやチームは，その他のスタイルに比べて望ましい状態で活動し，パフォーマンスを上げることができていることを明らかにした。その後も，多種多様な企業，官公庁やスポーツチームなどに研究フィールドを広げ，かつ各役職・階層のリーダーのリーダーシップについてそれぞれ分析された。その結果，PM 型が最も効果的であるという，それまでと同様の結果が得られたのである。

3）状況論　唯一最適なリーダーシップの行動スタイルがあることが明らかにされる一方で，それを批判する理論も誕生した。これが状況論と呼ばれるものである。1960 年代後半から 1970 年代にかけて，リーダーシップの効果は状況によって異なるとの主張のもと，さかんに研究が行われた。

たとえば，ハーシーとブランチャード（Hersey & Blanchard, 1977）は，効果を期待することができるリーダーシップの行動は，フォロワーの成熟度によって異なると主張した。これが，SL（situational leadership）理論である。

SL 理論では，図 1-2 に示すように，縦軸に人間関係志向的な行動（の実行レベルの高低），横軸に課題志向的な行動（の実行レベルの高低）をとり，その組み合わせによって 4 種類のリーダー行動を示した。そして，フォロワーの成熟度（S1-S4）によって，これら 4 種類のリーダーシップ行動のいずれが有効であるかを提示した。

S1：成熟していないフォロワーには，指示型のリーダーシップ行動；人間関係志向的であるよりも課題志向的な側面を重視し，具体的な指示や教育を施す。

S2：少し成熟したフォロワーには，コーチング型のリーダーシップ行動；課題志向的な働きかけに加えて，人間関係志向的な言動でフォローする。リーダーの考えを伝えたり説得したりしながら，フォロワーの疑問を解決し，納得を促すようにする働きかけがこれにあたる。

S3：さらに成熟したフォロワーには，参加・支援型のリーダーシップ行動；課題志向的であるよりも人間関係志向的に対応するように努め，仕事の一部を担当させながら，自立を促すよう激励，援助する。

S4：十分に成熟したフォロワーには，委任型のリーダーシップ行動；課題志向的な行動も人間関係志向的な行動も控え，問題解決や意思決定をフォロワーの責任のもとで行わせる。

すなわち，この理論に基づけば，たとえば，新入社員や新人アルバイトには指示を的確に与え，その本人の経験や成長に合わせて対応を変えていくことが適切だと考えられたのである。

他にも，状況論に含まれる代表的な理論がある。フィードラー（Fiedler, 1967）のコンティンジェンシー理論では，リーダーとフォロワーの関係，課題の構造，パワー構造の3つの状況要因が注目された。また，ハウス（House, 1977）のパス-ゴール理論では，目標達成できるようにリーダーがフォロワー

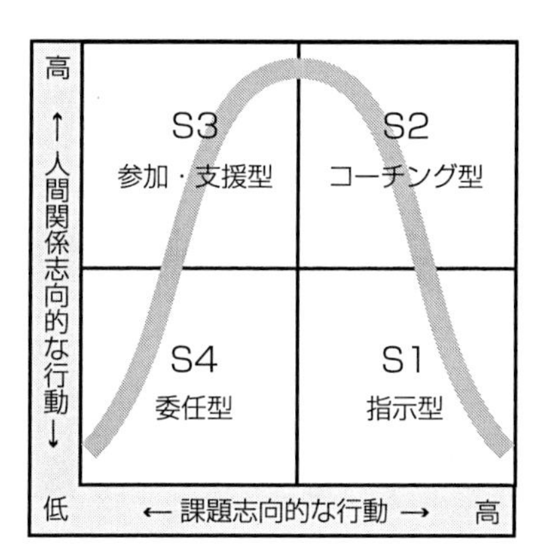

【十分に成熟】 ← フォロワーの成熟度 → 【これから成熟】				
基準＼熟成レベル	S4	S3	S2	S1
能　力	高い	高い	低い	低い
意　欲	高い	低い	高い	低い

図 1-2　SL 理論が設定する状況と効果的なリーダーシップ
（Hersey & Blanchard, 1977）

に有効な働きかけをするとき，２つの条件を考慮する必要があるとした。１つはフォロワーの個人的特性（たとえば，能力や経験など）であり，もう１つは経営環境的条件（直面している課題や役割など）が取り上げられた。

ここに挙げたいずれの状況論にも共通していることは，フォロワーの要因が含まれている点である。このことは，リーダーシップの行動やそれに伴う効果が，少なからずフォロワーによって左右されることを示唆している。ちなみに，これらが提唱された1960年代以降（表1-1）は，国内外で個人の権利主張や自発的かつ自立的な社会活動が活発になったころである。その影響もあってか，組織の発展というだけでなく，そこで過ごすフォロワーたちは多様で，成長する存在であることがリーダーシップの理論にも反映されるようになったのかもしれない。

3　変革型リーダーシップ論

1970年代後半以降，市場の環境変化やビジネスの複雑化などが進み，それに伴って，組織やそこで活動する人たちは，未経験の事象への対応，あるいはこれまでのパラダイムから脱することに迫られることが多くなっていった。ちょうどその状況やニーズに合ったのがカリスマ論であり，その後，変革型リーダーシップ論と呼ばれるようになった。

実は，カリスマのリーダーシップについては，マックス・ウェーバー（Weber, 1922）が既に唱えていた。ウェーバーによれば，カリスマ的リーダーとは特異で超自然的な特性（呪術的能力や英雄性，それに対する圧倒的な支持）を持つ人であるという。その後，コンガーとカヌンゴ（Conger & Kanungo, 1988, 1994）は，カリスマ的リーダーを行動で捉えることを試みた。これによって，カリスマ的なリーダーは，戦略ビジョンを提示し，フォロワーたちのニーズや気持ちに配慮するとともに，組織内の状況を把握し，組織を取り巻く環境の動向をみてチャンスを逃さないようにしていること，組織の目標を達成するために型にはまらない行動，リスクを恐れない行動をとっていることが浮き彫りになった。

その後，バス（Bass, 1985）は，組織の構造変革，あるいはさまざまな環境の適応に伴うフォロワーの態度・価値観の質的な変化（transfer）を促したり，

トピック1　〈最近の若者は……〉の世代との協働とリーダーシップ

皆さんの所属する身近な組織で過ごしていて，〈最近の若者は……〉と思ったことはあるだろうか。柳田（1979）は，英国の教授から聞いた話として，古代エジプトの頃にも同様のことが言われていたことを記している（『木綿以前の事』）。昔も今も，どうやら世代間ギャップを感じることはあるらしい。

しかし，皆さんがさまざまな生き方をして，世界が広がれば広がるほど，他／多国や地域の，〈最近の若者〉を含む他／多世代の人たちと協働する機会は今後飛躍的に増えるだろう。ここでは，この世代差について，パーソナリティや仕事に対する態度や価値観の何が変化しているのか（いないのか）紹介することにしよう。

ライアンスとキュロン（Lyons & Kuron, 2013）は，世代差に関連する先行研究をまとめ，それらを改めて分析した。その結果によると，世代によって変化が見られない側面（仕事上の達成や利他に関する価値観など）がある一方で，変化していることがうかがえる側面もあるという。たとえば，新しい世代になるほど個人化（individualization）が進み，自尊感情や外向性は高まる傾向にある一方で，ナルシシズム（誇大的な態度や自己観を持ち，自己愛傾向の強い個人特性）や神経症的な傾向も高まっているという。仕事に対する態度に関わるところで言えば，新しい世代は，物質的な報酬を求める傾向が強く，レジャーへの関心は高まっており，組織への愛着心は低下傾向にあること，そして流動（転職）しながら自身のキャリアを形成しているという。

この論文の中でも，まだ十分に吟味される必要がある研究トピックであると指摘されている。しかしながら，どのような結果であるにせよ，このように世代間で変化する部分があるから，組織は創造的に発展していける。それと同時に，変化しない部分もあるから世代間で理解し合い，協働することができる。世代間でこの発展と協働の相乗効果を最大化するために，私たちはどうすればよいのか――これが，これからさまざまな組織と関わりながら活動する人たちの課題である。

潜在的な能力を引き出したりする働きかけを変革型リーダーシップ（transformational leadership）と呼んだ。これは，4つのI'sと呼ばれる側面からなるという。

①理想的影響（idealized influence）：カリスマ性のことである。リーダーは将来を見据え，自信を持ち，高い基準を設定する。こうしたリーダーの行動や価値観に影響を受けてフォロワーの感情は高まり，リーダーを同一化の対象（その特徴を真似したくなるような理想的人物）としてみるようになる。

②モチベーションの鼓舞（inspirational motivation）：ビジョンの明示や共

有した目標や仕事への意味づけを行い，フォロワーたちのやる気ややりがいを引き出すリーダーシップ行動である。

③知的刺激（intellectual stimulation）：戦略策定プロセスをオープンにすることで，フォロワーの気づく力を高め，物事を多角的に見ることができるように刺激を与えるリーダーシップ行動のことである。

④個別的配慮（individualized consideration）：組織の中にあって個々のフォロワーを一人の人間として扱い，また，そのニーズをくみ取りながら助言やサポート，成長の機会を提供するなどのリーダーシップ行動のことである。

なお，バスら（eg., Bass & Avolio, 1990; Bass & Steidlmeier, 1999）によれば，この変革型リーダーシップが効力を持つには，従来のリーダーシップ理論で取り上げられた行動（目標達成に向けた指示や，組織内部やフォロワーに関心を持ち，フォロワーに対する承認や配慮など）が十分に発揮される必要があると主張した。そして，バスら（Bass & Steidlmeier, 1999）は，この行動のことを変革型リーダーシップに対比させて，交流型リーダーシップ（transactional leadership）と呼んだ。

4　関係性のリーダーシップ論

長期にわたる不景気とそれに伴う人員削減の経験，若者の離職（〈3年で辞める〉）傾向，ハラスメントやメンタルヘルスの問題などに直面するなか，組織では人間関係のあり方について改めて見直されている。リーダー－メンバーの交換関係理論（leader-member exchange theory）は，組織の人間関係で特に重要なのは，リーダーとフォロワーとの関係性であり，そこで十分かつ円滑に相互作用ができているか（関係性の質の高さ）によって，パフォーマンスは異なると主張する理論である（Graen & Uhl-Bien, 1995）。すなわち，リーダーとフォロワーの二者関係の総体が組織のパフォーマンスとして現れるというのである。

通常の組織では，一人のリーダーに対して複数のフォロワーたちが協働しており，実のところ，リーダーとフォロワーは多種多様な関係性を築いている。このとき，リーダーもフォロワーも，それぞれが持っている情報（リーダーは仕事上のチャンスや昇進に関する情報，フォロワーは顧客や仲間を含む現場で得た情報など），心情（好意など）や労力（費やした時間など）といった各種の資源を十分に交換することができていれば，親密で質の高い関係性が築かれる。一方，お互いが持つ資源の交換が滞りがちなときには，疎遠で質の低い関係性しか形成されない。その結果，リーダーとの間で，質の高い関係性を形成したフォロワーは，質の低い関係性のフォロワーに比べてパフォーマンスは高く，キャリア発達のスピードが早いこと，仕事満足度は高く，お互いに好意や尊敬の念を抱くことなどが多くの研究で明らかになっている（cf. Bauer & Erdogan, 2016; レヴューについては山浦，2017）。

5 さいごに

社会経済とともに若い世代の価値観も変化するなかで，職場や組織をマネジメントするとき，何を〈よい〉ものとするのか，その〈よい〉ものでいかに社会に貢献するのかを問うことは，指導的立場に立つ人はもちろん，影響過程に組み込まれているフォロワーにとっても大切なことである。組織が人で成り立ち，人は心で動いている限り，それを問い続けること，そして理論と実践で，創造的な智や組織力へと発展させていく必要があるだろう。

2017 年までの現役時代，人類史上最速のスプリンターと言われたウサイン・セント・レオ・ボルトは，「簡単は選べない。サボらない。決して辞めない。恐れない。あなたが生まれながらに持つ才能，能力は練習の積み重ねでしか開花しない」という言葉を残した。すべての人にすぐれた特性・資質があり，それを成果として実らせていけるとしたら，それは，何かを生み出し変えていこうという日々の芯のある想いと，失敗を反省と次への原動力に変える試行錯誤の中にあるということだろう。人を育て，世代を超えて組織にこの連鎖を生み出すことが，今後のリーダーの役割なのかもしれない。

読書案内

- カーネギー，D.（著）山口 博（訳）（1999）．人を動かす　創元社
- 塩野 七生（2010）．日本人へ　国家と歴史篇　文藝春秋

• シンガー，P.（著）関 美和（訳）(2015). あなたが世界のためにできるたったひとつのこと〈効果的な利他主義〉のすすめ　NHK 出版.

トピック2　リーダーシップ・スタイルが生む風土に影響される子どもたち

レヴィンら（Lewin, Lippitt, & White, 1939）を中心とするアイオワ大学の研究チームは，専制型，民主型，自由放任型の3種類のリーダーシップ・スタイルによって醸成される組織風土とそこで過ごす子どもたちの様子について，実験的に検討した。実験では，10歳の男子が対象であり，1クラブ5人構成でさまざまな協力課題を行った。

専制型リーダーは，子どもたちの活動内容のすべて（課題の内容，作業の進め方，作業する相手など）を取り仕切った。そのため，次に何をすべきかの見通しは子どもたちには不明瞭であった。また，活動に対する評価は〈個人主観的〉に行われた。他方，民主型リーダーは，最初に目標達成までの全体像を示した。課題遂行の途中，必要ならばいくつかの示唆を与えることもあったが，常に子どもたちが自由に選んで活動内容を決めることができるようにした。自由放任型リーダーは，最初に課題に必要な材料は提供したが，それ以降の活動には関与せず，子どもたちに任せた。

その結果，専制型リーダーのもとで活動した条件では，子どもたちがお互いに攻撃的な言動をとるクラブもあり，ときには，子どもたちの間でスケープゴート（クラブ全体の問題が個人に押し付けられ，身代わりにされる存在；いじめられっ子）も生まれることがあった（Lewin & Lippitt, 1938 も参照）。しかし，ほとんどのクラブは無関心で無表情なアパシー状態に陥った。そしてリーダーに対しては非好意的であり，ケアレスミスや未完成の仕事が多く，クラブのことよりも自己中心の意識〈I'ness〉が高かった。

他方，民主型のリーダーを経験したクラブでは，他の条件のクラブよりも目標に向かって建設的な意見を出して協力し合い，友好的で，クラブとしての一体感〈We'ness〉も高かった。自由放任型は，専制型ほどに活動や選択の自由度が小さく〈やらされ感〉があるわけではなく，民主型ほどに建設的に課題遂行できるわけでもなく，すべての指標で可もなく不可もなくの結果であった。

これに続く実験では，クラブそれぞれが，リーダーシップ・スタイルを3種類経験したときにとった攻撃行動の変化について分析された（図1-3）。クラブⅠでは，専制型から民主型のリーダーに変わった時点で，攻撃行動が急増した。クラブⅡもまた，専制型から民主型のリーダーに変わったところで同様の傾向が見られた（これら以外のクラブで，専制型から自由放任型のスタイルに変わった条件では，より顕著に攻撃行動が急増した）。レヴィンたちは，これを権威型のリーダーシップを経験した後の〈緊張の開放（release of tension）〉と呼んだ。

この一連の実験は，リーダーがどのような対応・評価をするか，そして，それによって，子どもたちが自主的に活動できる自由度を確保することの重要性を示した先駆的な研究である。この研究では，リーダーのリーダーシップ（それによって規定される風土）によって，クラブ活動の質や子ども同士の関係性が，決して長い時間を要せずに変化し安定することが行動レベル（攻撃行動の側面）で示されている。(いじめの問題にも関わって）注目すべき研究だろう。また，リーダーの交代（リーダーシップ・スタイルの変化）に伴うフォロワーの経験と組織行動との関連という視点でも，示唆に富む研究といえる。

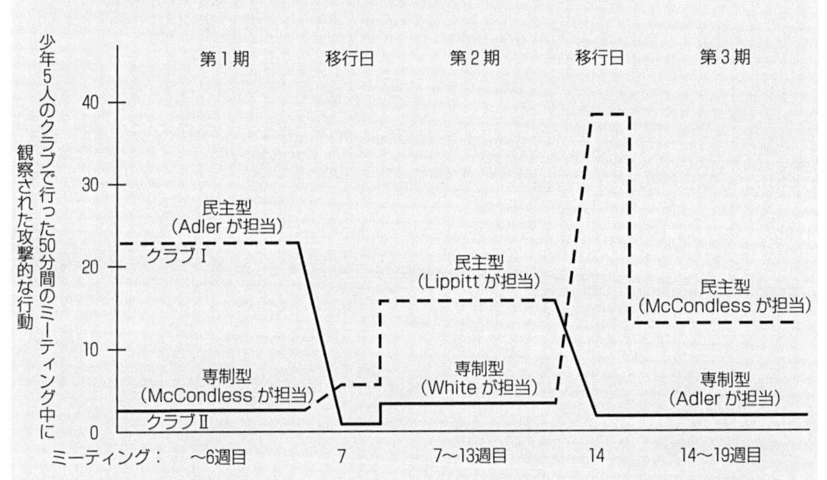

図 1-3　異なるリーダーシップ・スタイルと風土を経験したとき：攻撃行動の発現の変化
(Lewin, Lippitt, & White, 1939, Figure 3, p. 280)

注）各クラブは，6週ごとに，新しいリーダーシップ・スタイル（リーダー役4人によって各スタイルが演じられ，計3種類）を経験した。

第2章

フォロワーシップ

松田幸弘

本章のポイント

この章ではフォロワーシップについて学びます。リーダーに比べ，これまで注目されなかったフォロワーが，リーダーや組織・集団にどのような影響を与えるかについて学びましょう。

本章で紹介する研究

- ケリー（Kelley, 1992）のフォロワーシップ・スタイル
- チャレフ（Chaleff, 1995）の勇敢なフォロワー
- カーステンら（IFT; Carsten et al., 2010）の暗黙のフォロワーシップ
- サイ（Sy, 2010）の暗黙のフォロワーシップ理論，などの研究を中心に紹介します。

組織のメンバーは，組織を率いるリーダーと，リーダーのもとで活動するフォロワーから構成されている。組織が目標を達成するためには，リーダーは必要不可欠であるが，フォロワーがいなければリーダーは何も影響力を発揮できない，つまりフォロワーの存在もまた不可欠である。それにもかかわらず，これまでの研究では，フォロワーはリーダーに受動的に従うだけの存在とみなされたため，リーダーシップに比べ，フォロワーシップに関する研究はほとんど注目されることがなかった（守島，2008）。

しかし近年，「ほとんどの組織においてその成功に対するリーダーの平均貢献度は20%に過ぎない。残りの80%の鍵はフォロワーが握っている」，「組織ではリーダーよりフォロワーが多く，ほとんどの人はリーダーとしてよりフォロワーとして長く働き，リードもするしフォローもする」(Kelley, 1992)，といったフォロワーの役割や影響の重要性が再認識されることで，フォロワーに焦

点を当てた理論や研究が急速に発展してきた。そして組織活動においてフォロワーに期待され，関心が集まっている概念が，フォロワーシップなのである(小野，2016)。そこで本章では，これまでのフォロワーシップ研究の軌跡をたどりながら，フォロワーの役割や行動に関する主要な理論や研究を紹介する。

1　フォロワーシップとは何か

[1] フォロワーシップとは何か

ケリー（Kelley, 1992）によれば，フォロワーの語源は「手伝う，助ける，援助する，貢献する」に由来し，リーダーの語源は「忍ぶ，苦しむ，堪える」の

トピック3　フォロワーが目指す7つの生き方（動機）

ケリー（Kelley, 1992）は人々がフォロワーとして行動しようとする7つの動機を指摘している（図2-1）。これは，自己に関わる軸とリーダーとの関係に関わる軸の2つに区分される。

前者（縦軸）はフォロワーの役割を通して，自己実現か自己変革のどちらを望むのか。また後者（横軸）はリーダーを支える人間関係を重視するか，リーダーとなる手段としての個人的目標を追求するのかという2軸からなる。

アプレンティス（apprentice：見習い）とは，リーダーになりたくて仕方がない人が選ぶ道である。彼らは，フォロワーとしての役割を果たすことで仲間や上司の信頼を勝ち得ようとする。またフォロワーの立場でリーダーシップを学び，フォロワーシップのスキルを磨くことを目指している。

ディサイプル（disciple：信奉者）とは，師から学ぶ者を意味する。このタイプは感情的な傾倒と服従によって，リーダーとの同一化が起こり，リーダーに結び付こうとする。メンティ（mentee：相談相手から学ぶ者）とは，メントール（mentor：指導者）との集中的な一対一の関係で，人間的成熟を目指し，自分を向上させるためにメントールに従おうとする。コムラド（comrade：仲間）は，ある共同体に対する帰属意識，つまり人と人が結び付くことで起こる親密な関係や社会的支援から，人に従うことに生きがいを感じるようになる。これらの感覚が，孤立感や私欲といったものを凌駕することにより，このような関係が成り立つといえる。

ロイヤリスト（loyalist：忠臣）は，自分以外の人間への感情的傾倒，つまり心の奥で「このリーダーについていこう」という決意によって生じる。ここには，自らの意思で決めた，確固たる約束とでもいうべき忠誠心が存在する。

意味がある。つまり本来の意味ではフォロワーは，人の力が必要なリーダーに手を貸す存在であり，リーダーとフォロワーは平等で相互依存的な関係にあり，両者の役割は互換的であるといえる。

［2］フォロワーシップの定義

フォロワーはリーダーシップを成立させる要因として注目されてきたが，フォロワーシップはリーダーシップと同様に，統一された定義はまだ存在しない。今後，さまざまな議論がなされていくであろうが，これまでにもいくつかの定義や構成要素は指摘されてきた。

ケリーは，明確に定義していないが，最も良いフォロワーを〈強い，独立心

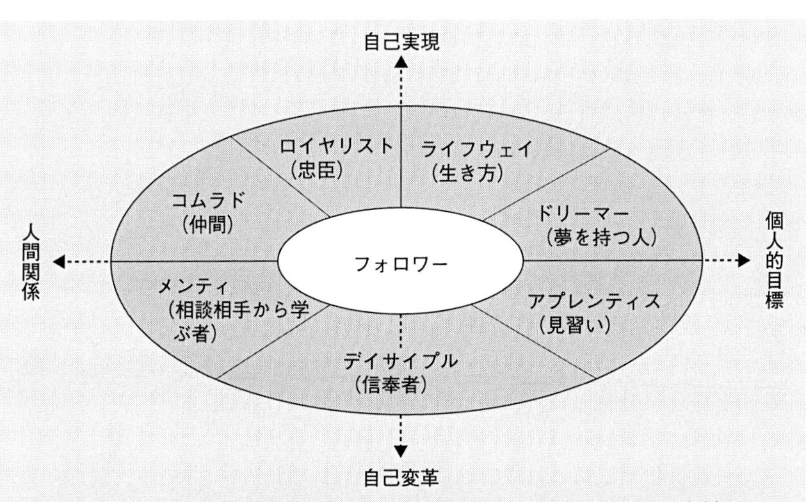

図 2-1　フォロワーの生き方（Kelley, 1992／邦訳，1993，p. 49 より一部改変）

ドリーマー（dreamer：夢を持つ人）は，自分の夢を達成することだけしか頭にない。リーダーがだれであるかは問題ではなく，リーダーが具現化するアイデアや目的が自分の夢と一致しており，その実現を目指すことが，従う理由となっているタイプである。ライフウェイ（life way：生き方）とは，個人的な好みでフォロワーとして働き，そうすることが自身のパーソナリティにも合っていると考える。他人を助けることに関心があり，奉仕の精神や利他的な価値観を持つことを特徴とする。

のあるリーダーのパートナー〉とし，このタイプがフォロワーシップを発揮するとしている。またカーステン（Carsten, 2010）は，リーダーとの関係におけるフォロワー個人の行動，すなわちリーダーとの相互作用であるとした。

ウール＝ビアン（Uhl-Bien, 2014）はこれまでの研究を整理し，フォロワーシップは，リーダーシップ・プロセスにおけるフォロワーがリーダーに従うことの性質と影響に関わるものであるとした。このようにフォロワーシップの定義は，研究者の立場や視点により異なっているため，一致した見解はないが，リーダーとの関係におけるフォロワーの特徴，行動，その影響に関わる概念である点は共通しているといえる。

［3］フォロワーシップ研究の展開と意義

フォロワーシップが注目されなかった理由には，フォロワーという用語がリーダーと比べて力がない，下位の立場というようなネガティブな印象を持つためである。しかし近年，研究パラダイムの転換と社会構造の変化によって，フォロワーに対する関心が集まってきた。

第1に，20世紀後半より，リーダーシップはリーダーとフォロワーの相互影響過程であるという考え方が主流となり，リーダーからフォロワーのみならず，フォロワーからリーダーへの影響も含めて捉える研究が台頭してきたことがある（松田，2010）。その結果，これまでの受動的から能動的なフォロワー像への変化によって，研究の焦点もリーダーからフォロワーに移ってきた。

第2に，産業社会や企業組織の急激な変化も大きな影響を及ぼしている。アゴー（Agho, 2009）は「企業のグローバル化や情報技術の発展に伴う国際競争の激化と，組織構造のフラット化やダウンサイジング化の進展とともに，社会的平等に対する関心の高まりから，権限と責任が組織の広い範囲の人々に与えられるようになり，フォロワーの相対的地位が上昇した。その結果，従来の上下関係における信頼できる「アシスタント」から，「積極的なパートナー」としての対等な関係や役割がフォロワーに強く期待されるようになった」ことを指摘している。

またウール＝ビアン（2007）は，リーダーや集団を積極的に支援し，時にはリーダーを批判するといった積極的なフォロワーの行動と役割への期待が高まった点を示唆している。ホースフォール（Horsfall, 2001）も，リーダーに従う方法は直感的かつ経験的に理解できるものの，リーダーにどのように従うことが効果的であるのかは，まだ十分に解明されていないことを指摘している。これらの理由から，フォロワーシップ研究が今世紀に入って急速に増加するようになった。

2　フォロワーの役割と行動：フォロワーシップ・スタイルの理論

[1] ケリーの模範的なフォロワー

ケリー（Kelley, 1992）は，独自のクリティカル・シンキング（批判的思考）-依存的・無批判な考え方と，積極的関与-消極的関与の２つの軸でフォロワーシップの特性を分類し，これらの特性から５つのフォロワーシップ・スタイル（模範的・順応型・孤立型・消極的・実務型）を提唱した（図 2-2）。

独自性のある批判的な思考（自分で論理的に考え，建設的な批評をする）を持ち，積極的に役割をこなす（組織のために才能を遺憾なく発揮し，目標に積極的に取り組む）という２つの特性を併せ持つ者が，理想的な「模範的なフォロワー」であるという。

①「孤立型フォロワー」は自分自身の考えを持っているが，組織に対する関与は消極的であり，現状に懐疑的でリーダーに対して辛辣な批判をする。俗にいう一匹狼タイプである。

②「順応型フォロワー」は組織に積極的に関与し，前向きに取り組むが，考え方が依存的で無批判なフォロワーである。リーダーに服従し順応することが義務であると考える。いわゆるイエスマン・タイプである。

③「実務型フォロワー」は要求された仕事はこなすが，要求以上の冒険はまず冒さない。風向きを気にしてそつなく振る舞い，リーダーの決定に疑問を持っても批判されるような冒険は決してしない。いわゆるリアリスト・タイプである。

④「消極的フォロワー」は，考え方が依存的・無批判であり，関与も消極的であるゆえ，最悪の組み合わせといえるフォロワーである。考えることはリーダーに頼り切り，仕事に対する熱意や積極性と責任感に欠け，指示待ち人間で

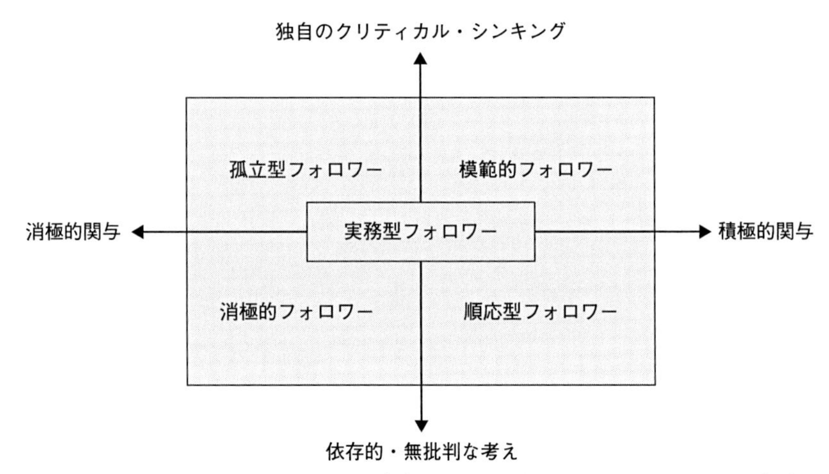

図2-2　ケリーによるフォロワーのタイプ（Kelley, 1992／邦訳，1993，p. 99より一部改変）

あり，自分の分担を超えるような危険は冒さない。羊（sheep）ともいわれる無気力タイプである。

ケリーは，理想的なフォロワーとは自発的に考え，組織やリーダーに問題があれば，勇気を持って建設的な批評をし，革新的で創造的な取り組みを積極的に行う者であるという。そして，フォロワーシップを発揮させるには，いかに他のタイプのフォロワーを模範的フォロワーに近づけるかに掛かっていると主張する。

[2] チャレフの勇敢なフォロワー

チャレフ（Chaleff, 1995）も，リーダーシップとフォロワーシップは表裏一体の関係にあり，組織目標を達成するためには，リーダーの推進力とフォロワーのバックアップがともに不可欠であるとする。そのためにはリーダーと同様に，フォロワーも自分の役割とリーダーの役割の双方の責任を担う必要があるという。このような理想的なタイプが「勇敢なフォロワー」であり，勇敢なフォロワーこそがフォロワーシップを発揮できるとしている。また勇敢なフォロワーには次の５つの勇気が求められるとする。

①「責任を担う勇気」とは，リーダーと同様に，組織の目標を達成するため

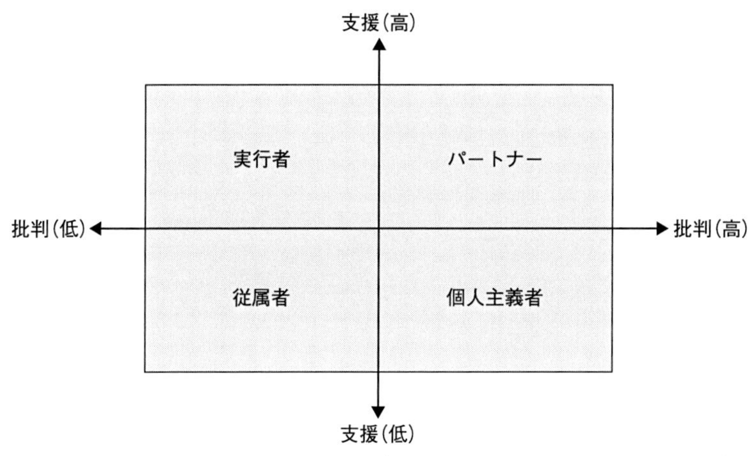

図 2-3　チャレフによるフォロワーのタイプ（Chaleff, 1995／邦訳，2009，p. 59 より）

に，フォロワーとしての責任を担うことを意味する。②「役割を果たす勇気」とは，リーダーを支え，組織の役に立つために必要であれば，困難な仕事もいとわず，役割を遂行していく勇気である。③「異議を申し立てる勇気」とは，リーダーや組織の方針と判断が自分の道義的信念と食い違う場合，自らの考えを明確に表明し，正しいと思えないことはきっぱりと拒絶し，対立をいとわない勇気である。④「改革に関わる勇気」とは，リーダーとともに，どのような困難があろうとも組織変革を推進していく勇気である。⑤「良心に従って行動する勇気」とは，道義的に問題がある場合，周囲の圧力に屈することなく，良心に従った正しい行動をとる勇気である。

さらにチャレフ（1995）は，フォロワーシップの実践に関して，リーダーに対する「支援」（support）と「批判」（challenge）の高低による２つの軸から，４つのタイプのフォロワーを導き出した。「支援」とは，フォロワーがリーダーを支えることを意味する。また「批判」はリーダーの言動や方針が組織の目的を危険にさらしたり，障害となったりするときに，フォロワーがリーダーに毅然として異議を申し立てることを意味している。

この２つの軸から４つのタイプのフォロワー（パートナー・実行者・個人主義者・従属者）が導かれる（図 2-3）。

「パートナー」は，高支援・高批判を特徴とし，リーダーを精力的に支え，リーダーが誤った判断をした場合には，建設的な批判ができる最も勇敢なフォロワーである。このタイプは純粋にリーダーのためを思い，リーダーの味方であると同時に，時には立ち向かう存在でもある（Chaleff, 1996）。

「実行者」は，リーダーを精力的に支えるが，リーダーに対して批判しないため，リーダーにとっては最も都合の良いタイプといえる。

「個人主義者」は，リーダーを支えて服従する意欲は乏しいが，遠慮なく批判するようなタイプである。リーダーにとっては煙たいため，できれば遠ざけたい存在である。

「従属者」は，与えられた仕事はこなすが，それ以上は何も貢献しないタイプである。このタイプは仕事上での成長も組織への積極的な貢献も期待できない。この4つのタイプのフォロワーの特徴は，図2-4にまとめられている。

ケリーの模範的フォロワーとチャレフの勇敢なフォロワーは，組織への貢献に積極的な面と，批判的な面の2次元の行動特性に共通する部分があるといえ

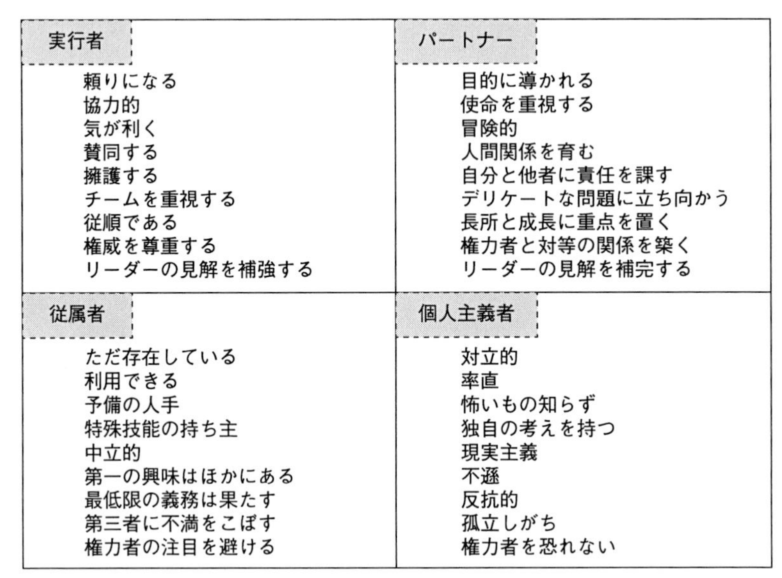

図2-4　フォロワーのタイプ（Chaleff, 1995／邦訳，2009，p. 61より）

る。模範的フォロワーにおける独自のクリティカル・シンキング（批判的思考）に対する勇敢なフォロワーの批判，また模範的フォロワーにおける積極的関与に対する勇敢なフォロワーの支援は，表現こそ異なるが，類似した概念であり，フォロワーシップに期待される共通した特性である。

トピック4　模範的なフォロワーはリーダーに不可欠な存在である

ケリー（Kelley, 1992）は模範的なフォロワーが他のフォロワーとどういう点で違いがあるのかについて，その特徴を報告している。まず模範的なフォロワーは他のフォロワーと比べ，フォロワーシップの2つの要素である批判的思考と積極的関与をバランス良く使いこなしている点に特徴がある。彼らは独自の批判的思考を持ち，リーダーやグループを見極め，自主的に行動する。そのためリーダーや同僚たちの目には「独立心が旺盛」で，「独自の考えを持ち」「革新的かつ独創的で」「建設的な批評を生み出し」「リーダーに物怖じせずに接する人物」と映る。

また同時に，官僚的システムの愚かさや非能率的な同僚の壁が立ちはだかっても，組織の利益のためにその才能を遺憾なく発揮し，積極的に取り組んでいく面も持ち合わせている。つまり「自発的にイニシアチブを取り」「意欲的に参加し」「仲間やリーダーをサポートし」「すこぶる有能で」「守備範囲以上の仕事をこなす人物」といえる。

さらに模範的フォロワーは，学習と実行が可能なスキルと価値観を持つという。①仕事におけるスキルは，仕事を通じてどう付加価値を生み出すかである。付加価値を生むとは，単に良い仕事をする以上に，組織目標の達成に貢献するプラスアルファを生み出すことである。そのためには，「仕事の的を絞り，打ち込む」「クリティカル・パス（仕事を進めるうえで最も時間が掛かり重要な部分）を把握して重要な仕事を遂行する」「組織における自分の価値を積極的に高める」ことを心がけている。②組織におけるスキルは，組織における人間関係の育み方や活性法である。これには，共同作業を推進できる「個性を活かしたチームを作る」，人間関係の「ネットワークを築く」，リーダーの決定と行動に対して率直なフィードバックを提供し，相互理解と信頼を構築する「リーダーとの協力」がある。

そして③価値構成要素とは，フォロワーシップの役割の根底をなすモラルや良心に関する価値観や信念である。これは，職業倫理に反する決定や状況に，毅然として対処していくための「勇気ある良心」であるという。これらを整理すると，模範的フォロワーは組織により多くの成果をもたらすように自分の任務を遂行し，同僚たちの力を結集して，リーダーにさまざまな形で貢献するきわめて有能な役割を果たしていることがうかがえる。

これらは，リーダーに対して言うべきときにはきちんとものが言え，組織の目的実現に対して，常に積極的に貢献することがフォロワーシップにとって本質的であることを示している。

[3] フォロワーシップのスタイルに関する研究

フォロワーシップ・スタイルに関する研究は少ないが，いくつか報告されている。バーク（Burke, 2009）は，ケリーの積極的関与と独自のクリティカル・シンキングがリーダーシップの課題志向，関係性志向の両方に関連すること，またファヴァーラ（Favara Jr., 2009）は，ケリーの2つの特性が職務満足と組織的市民行動（従業員が自分の職務の範囲外の仕事をする役割外行動；第4章第3節，第8章第5節参照）を高めることを報告している。同様に，フォッブス（Fobbs, 2010）は，ケリーの5つのフォロワーシップ・スタイルとチャレフの勇敢なフォロワーの特徴に有意な関連が認められたが，仕事そのものへの満足を除き，職務満足とは関連が認められなかったことを報告している。三木・松田（2012）は，ケリー（1992）のフォロワーシップ・スタイル尺度を修正した20項目の尺度を使って，大学生を対象に調査を行った結果，ケリーの「積極的行動」と「批判的行動」に加え，「援助的行動」を含めた3つの要素を導き出した。さらにリーダーに「積極的行動」と「援助的行動」をとるフォロワーは，仲間のメンバーに対しても仕事を支援し，精神的なケアも行うといったチームワークを向上させ，満足感と集団への帰属意識が高いことを報告している（三木・松田，2013）。

3　フォロワーシップ認知からのアプローチ：暗黙のフォロワーシップ理論

[1] カーステンのフォロワーによる暗黙のフォロワーシップ（IFT：implicit followership theory）

前節のフォロワーシップ・スタイルではなく，個人が暗黙に抱いているフォロワーシップ像認知の観点からフォロワーシップを捉えようとするアプローチは，暗黙のリーダーシップ論の発展として出現し，近年，いくつかの研究が報告されている。暗黙のリーダーシップ論は，フォロワーがリーダーシップを認知する際に，フォロワーの抱く暗黙のリーダー像（リーダー・プロトタイプ；リーダーの典型的なイメージ）の影響を受けて認知するというものである（小野，2012）。これに対し，暗黙のフォロワー論はフォロワー自身あるいはリーダーの暗黙のフォロワー像（フォロワー・プロトタイプ）の観点からの研究である。

カーステン（Carsten, 2010）はフォロワー自身の IFT を調べるために，31

表 2-1　フォロワーシップの構成要素（Carsten et al., 2010, p. 549 より一部改変）

フォロワーシップ特性	特性の定義
チーム・プレーヤー	他者と積極的に協力して働こうとする意欲。力を合わせて努力することや協働することを重視する
肯定的態度	他者を尊重し，援助し，支援しようとする気持ち。賞賛されること，希望のあること，善きことを重視する
主導的・能動的行動	問題や案件を進んで捉えにいき，立ち向かい，解決していこうとする意欲，リーダーに構わず主導権をとって問題を認識し，取り組んでいく
意見の表明	リーダーや集団に対してフォロワー自身の考えや思いを表明する，リーダーのアイデアや意思決定，方針などに対して建設的に意見する
柔軟性・寛大さ	適応しようとする意欲があり，融通が利く，新たなアイデアや経験をオープンに受け入れようとする
服従・従順さ	迅速にまたは積極的に参加することはしない。目につく反応や自発的な参加も含まれない。抵抗することなく従い，他者とうまくやっていく
コミュニケーション・スキル	アイデアや意見の交換ができる。周りの人の意見に理解を示し，うまく話を取りまとめる
忠誠・支持	忠実にリーダーを支持し，リーダーのアイデアを支援する
責任感がある・信頼できる	頼りがいがある。信頼するに足る。あてになる
当事者意識	担当するいかなる仕事でも，責任を全うし，権限や影響力を振るうことを重視する
使命の自覚	最も重要な企業の目標や方針を絶えず心に留め置いている。担当する仕事に対してマクロな視点そして全社的な目的の観点から取り組む
誠実さ	道徳的・倫理的原則を遵守する。道義心に満ちている。正直である

名のビジネスマンに面接調査を行った。まずフォロワーがどのようにフォロワーシップを暗黙裡に認識しているかについて，３つのカテゴリーが抽出された。これらは，組織の秩序を重視する「受動的フォロワーシップ」，機会があれば表明すべき意見を持っているが，基本的には秩序を重視する「積極的フォロワーシップ」，リーダーとはパートナー関係とみなして率先して参加していく「能動的フォロワーシップ」の３つであった。また，これらのカテゴリーに含まれる12のフォロワーシップ特性を導出した（表2-1）。

[2] サイのリーダーの抱く暗黙のフォロワーシップ（IFT）

カーステンがフォロワーの抱くIFTを明らかにしたのに対し，サイ（Sy, 2010）はリーダーがフォロワーに対して抱くIFTを検討した。149名の製造業のマネージャーを対象に，暗黙のフォロワーシップのプロトタイプについて回答させ，結果を分析したところ，図2-5に示すように肯定的な要素からなるフォロワーシップ・プロトタイプ（勤勉・熱心・善き市民）と，否定的要素からなるフォロワーシップ・アンチ・プロトタイプ（順応・不服従・無能）に類型化された。またリーダーが肯定的なプロトタイプからなる暗黙のフォロワーシップを持つと，フォロワーとの良好な関係が築かれ，職務満足が高まり，逆に，否定的なアンチ・プロトタイプから構成される暗黙のフォロワーシップを持つと，フォロワーとの関係は良好ではなく，職務不満足につながることが確認された。

[3] フォロワーシップの社会的構成主義（social construction）からのアプローチ

社会的構成主義のアプローチは，人々がリーダーシップとフォロワーシップを共創する（共同で作り上げていく）プロセスでどのように相互作用するかを明らかにするというものである。シャミール（Shamir, 2009）は，リーダーとフォロワーが有効な関係を形成することで，リーダーシップの成果が両者によって共創（co-production）されると主張している。フォロワーの役割は，リーダーと一体になり，組織の目標やビジョンの達成に向けて積極的な貢献を果たすことにあるという。

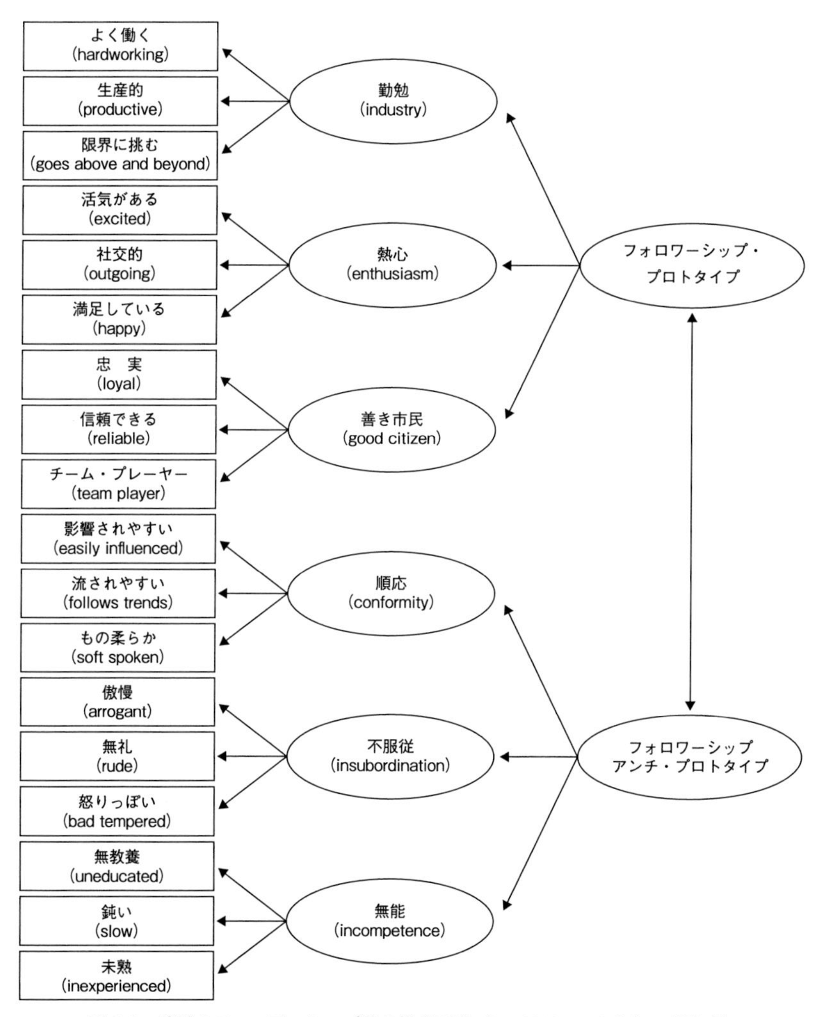

図 2-5　暗黙のフォロワーシップ論の構成要素（Sy, 2010, p. 78 より一部改変）

またドゥリュとアッシュフォード（DeRue & Ashford, 2010）は，リーダーシップとフォロワーシップは，「主張（claiming）」と「承認（granting）」という相互作用の過程で共創（共同生産）されるとする。「主張」とは個人がリーダーあるいはフォロワーであることを主張することであり，「承認」とはそれ以外の個人がその主張を認めることである。つまり自分がリーダーまたはフォロワーと主張し，その主張が他者から承認されれば，リーダーシップまたはフォロワーシップが成立するが，主張と承認が一致しない場合には成り立たない。フォロワーが管理者をリーダーと承認し，リーダーの役割を担うことを認め，フォロワーシップを通じて自ら進んでリーダーの影響を受けることを示す必要がある。この理論はリーダー，フォロワーそれぞれの役割が固定したものではなく，状況によってリーダーがフォロワーに，あるいはその逆がありうる変動的なものと捉える点で，両者の双方向的な影響を考慮したユニークな特徴を持つと考えられる。

4　フォロワーシップ研究に向けて

[1] ウール＝ビアンらのフォロワーシップ研究の理論的フレームワーク

ウール＝ビアンら（Uhl-Bien et al., 2014）は，これまでのフォロワーシップ研究をレヴューし，フォロワーシップ研究における理論的な構成概念（変数）を明確に定義し，今後，検討すべき概念的枠組み（理論モデル）を紹介している。まずフォロワーシップとは「リーダーとの関係における個人の特徴，行動，過程である」とし，フォロワーシップ研究の変数として，フォロワーシップの特徴（フォロワーシップの特性，動機づけ，フォロワーの認知など），フォロワーシップ行動（積極的行動，服従，抵抗，上方影響力，意見など），フォロワーシップの結果（フォロワーに関する結果，リーダーに関する結果，関係性の結果など），リーダーシップの結果（高い倫理的思考，変化の推進，目標達成）を挙げている。その上でフォロワーシップとリーダーシップの結果のいずれを対象とするかで，次の２つの公式の理論を提案している。

[2] フォロワーの役割からのアプローチ（reversing the lens）

フォロワーの役割の観点からのアプローチは，reversing the lens（レンズを反転させる）であり，これまで結果の原因として検討されてきた，リーダーからフォロワーに焦点を当てる，という意味で名付けられている。つまりこのアプローチは，フォロワー自身の役割の捉え方や行動がフォロワーシップの結果

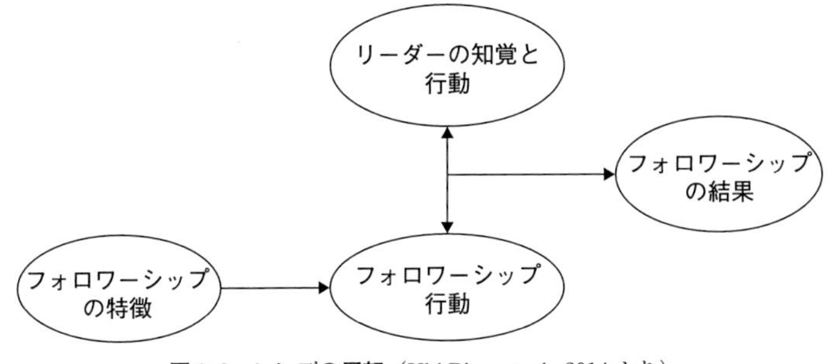

図 2-6　レンズの反転（Uhl-Bien et al., 2014 より）

に及ぼす影響を検討するものである。フォロワーシップの結果に焦点を当て，その原因として，フォロワーの役割や特徴，行動を検討する点に特徴がある。

[3] 社会的構成理論からのアプローチ（leadership process）

リーダーシップ過程（leadership process）のアプローチは，リーダーとフォロワーが，リーダーシップとその結果を共創するために，どのように相互作用するのかを検討する。このアプローチでは，リーダーとフォロワー両者の働きかけや共同作業に注目する。ここではリーダーとフォロワーの役割や特徴は問題ではなく，リーダーシップとフォロワーシップを特徴づけるものは何かを解明しようとする点に特徴がある。

[4] フォロワーシップ研究の課題

ここまで，近年のフォロワーシップやフォロワーの役割に関する諸研究を概観した。フォロワーの重要性への意識が高まるにつれて，フォロワー像が受動的なものからより能動的なものに変化し，フォロワーシップへの関心も高まってきた。ケリーやチャレフのフォロワーシップ・スタイルは，理想的なフォロワーとは，自らの考えをしっかり持ち，リーダーが判断を間違えた場合には臆することなく批判し，組織のために積極的に取り組んでいくことを共通して指摘している。

今後のフォロワーシップ研究では，フォロワーシップを求めるのはだれか，つまりリーダーが部下に求めるフォロワーシップか，フォロワーが同僚のフォ

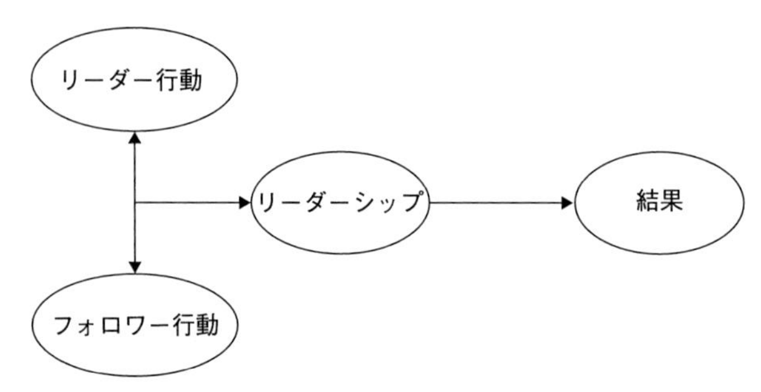

図 2-7　リーダーシップ・プロセス（Uhl-Bien et al., 2014 より）

ロワーに求めるフォロワーシップなのかを明らかにする必要がある。この点については，組織やリーダーが求めるフォロワーシップを検討していくことが現実的で妥当であると考えられる（浜田・庄司，2015；小野，2016）。これに関連して，フォロワーシップの概念を明確に定義し，適切に把握できる測定尺度の開発が早急に望まれるであろう。

さらにシャミール（2007）は，リーダーシップ過程におけるフォロワーの影響力をリストアップし，今後，検討すべき事項を提案している。たとえば，フォロワーがリーダーを受け入れ，サポートすることはリーダーの自信，自己効力感，行動にどのような影響を及ぼすか，フォロワーの姿勢や特徴はどの程度，リーダーシップに影響するか，などはフォロワーシップやリーダーシップの研究だけでなく，この領域の知見をより発展させる可能性が高い重要な課題であるといえよう。

読書案内

- ケリー，R.（著）牧野 昇（監訳）(1993). 指導力革命 リーダーシップからフォロワーシップへ　プレジデント社
- チャレフ，I.（著）野中 香方子（訳）(2009). ザ・フォロワーシップ：上司を動かす賢い部下の教科書　ダイヤモンド社
- 小野 善生（2016). フォロワーが語るリーダーシップ—認められるリーダーの研究—本当に機能するリーダーシップに向けて　有斐閣

第3章

ワークモチベーション

池田　浩

本章のポイント

この章では，ワークモチベーションとは何か，それをどのように測定するかについて理解します。続いて，課題遂行過程として，課題への着手段階，中途段階，そして結果・完了段階ごとに，ワークモチベーションの主要な理論を位置づけて，それぞれの理論がどのようなワークモチベーションに焦点を当てていたかについて理解します。

本章で紹介する研究

- ロックとレイサム（Locke & Latham, 1990）の目標設定理論
- デシら（Deci et al., 2002）の内発的モチベーション理論と自己決定理論
- ハックマンとオールダム（Hackman & Oldham, 1976）の職務特性理論，などの研究を中心に紹介します。

1　ワークモチベーションとは

[1] はじめに

ワークモチベーションは，多数の労働者が工場などの組織体で働くようになった産業革命以降，解決すべき問題として扱われてきた。当時は，労働者は一生懸命に作業を遂行すると，それによってかえって仕事がなくなってしまうために，労働者が揃って怠ける「組織的怠業」が問題となっていた。それを解決すべく，テイラーは，科学的管理法（Taylor, 1911）を導入し，標準的な課業の設定とその達成に連動したインセンティブ（賃金）の有効性を明らかにした。当時，ワークモチベーションという概念は必ずしも存在しなかったが，労働者が仕事に対していかに意欲的に取り組むかは経営者にとって生産性や効率性を

左右する重要な問題であったことが理解できる。

その後，ホーソン研究を機に，労働者の生産性を左右する心理的要因の一つとしてワークモチベーションの概念が市民権を得るようになり，本格的に研究が始まった。また，ワークモチベーションは1930年代から1980年代にかけて，産業・組織心理学において中心的な研究テーマとしてさまざまな理論が提唱されてきた。

[2] ワークモチベーションとは何か

ワークモチベーションとは，与えられた職務を精力的に遂行する，あるいは目標を達成するために頑張り続けるなど，組織の従業員がある対象に向けて行動しているダイナミックな状態を表す概念である。ミッチェル（Mitchell, 1997）は，ワークモチベーションを「目標に向けて行動を方向づけ，活性化し，そして維持する心理的プロセス」（p. 60）と定義し，最近ではこの定義が定着している（e.g., Kanfer, 1990）。

さらに，ワークモチベーションは，「方向性」，「強度」，そして「持続性」の3次元から構成されている。方向性とは，目標を，なぜ，どのように成し遂げるのかの明確性を意味する。強度とは，目標の実現に向けた努力や意識の高さを意味する。そして，持続性とは，目標を追求・実現するために費やされる時間の長さや継続性を意味する（Mitchell, 1997）。

[3] ワークモチベーションの測定方法

ワークモチベーションは，ダイナミックスな心理プロセスを意味するがゆえに，従来からさまざまな方法で測定が試みられてきた。それらを概観すると大きく3つの測定方法が用いられてきている。

ワークモチベーションを測定する最初のアプローチは「投影法」を用いた測定である。投影法とは，曖昧で多義的な刺激を呈示し，その反応傾向を分析しながら人間のパーソナリティを測定するために考案され，複数の検査方法が開発されている。ハーヴァード大学のマクレランド（McClelland, 1961）は，困難な課題を成し遂げようとする動機を「達成動機」と定義し，これを曖昧な図版に対して被検査者が語る物語の内容を分析するTAT（主題統覚検査）とい

トピック5　目標管理制度とワークモチベーション

本章では複数のワークモチベーション理論を紹介するが，実際にはほとんどの組織ではワークモチベーションを引き出す施策として人事評価制度が運用されている。その代表的な制度とは，かつてドラッカー（P. F. Drucker）が提唱した目標管理制度（management by objectives；通称 MBO）である。我が国では，いわゆる成果主義と称する具体的な人事制度として，1990 年代末から民間企業を中心に目標管理制度が導入されるようになり，現在では公的な組織でも運用されている。

目標管理制度では，4 月や 10 月などの期首に各自の職務や役割に応じた目標を設定し，一定期間（半年など）を経て期末に目標の達成度が評価される。また，目標設定や達成度の評価では上司との面談も行うことが多い。さらに，その達成度に応じて，組織によっては，給与や賞与，昇進などの処遇に大なり小なり反映されるのが一般的である。

目標管理制度がワークモチベーションに効果を有する理論的な根拠は，先に紹介した目標設定理論（Locke & Latham, 1990）である。すなわち，目標設定理論で明らかにされたように，目標が具体的で困難であり，かつその目標にコミットしている時ほどワークモチベーションに効果を発揮するといえる。

しかし，この目標管理制度の本質について誤解されていることが少なくない。すなわち，目標管理制度が「目標」というツールを使って従業員を管理するものと誤って認識されている。目標管理制度はよく MBO と表現されるが，ドラッカーはその名称の後にもう一つ重要な言葉として「and self-control」を添えている。すなわち，ワークモチベーションを自己統制（自己制御）するためのツールとして「目標」の意義を説いているといえる。

う投影法の 1 つを用いて測定を試みている。しかし，TAT は研究者の解釈に依存する部分も多く，しばしば測定の信頼性や妥当性についてもさまざまな批判がある。

続いて，1960-70 年代になると，ワークモチベーションの状態を間接的に推論あるいは測定するアプローチが行われるようになった。たとえば，後述する目標設定理論（Locke & Latham, 1990）やデシ（Deci, 1971）の報酬が内発的モチベーションを低下させるという研究はこのアプローチに当てはまる。

さらに最近では，複数の質問項目からなる測定尺度を用いてワークモチベーションを測定することが一般化している。我が国おいて代表的な尺度として，最近では，池田・森永（2017）が上述のワークモチベーションの標準的な定義に基づき，ワークモチベーションを3次元（方向性，持続性，強度）で捉えた尺度を開発し，その有効性を確認している。

2　課題遂行過程とワークモチベーション

[1] 課題遂行過程

これまで多くのワークモチベーション理論が提唱されてきているが，それらをどのように整理することができるのだろうか。さまざまなワークモチベーション理論を「課題遂行過程」（古川，2011）の枠組みに当てはめてみると，各理論が暗黙に意図していたことを明確に整理することができるように思われる。

いかなる組織の従業員も所与の課題を抱えており，一般的には，課題に着手することから始まり（着手段階），一定期間を経て（中途段階），課題が完了し，成否いずれかの結果が得られる（結果・完了段階）。ワークモチベーションのいずれの理論も，組織成員がある目標に向かって課題に従事するプロセスを想定していると考えると，この課題遂行過程を意識することで，図3-1に示すように従来の理論がどの段階を意識したものか位置づけることができる。さらに，このような整理を行うことで，どの段階のワークモチベーションを重点的に強化するかによって，必要なマネジメントや管理者の働きかけを考えるための実践的な示唆も得ることができるだろう。

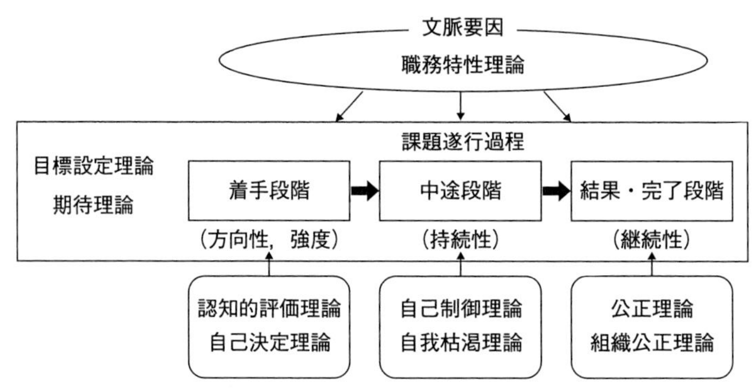

図3-1　課題遂行過程とワークモチベーション理論の位置づけ

ワークモチベーション理論のなかでも課題遂行過程のすべての段階を網羅した理論として「目標設定理論」と「期待理論」が挙げられる。

［2］目標設定理論

ワークモチベーションが，ある目標達成に向けてひたむきに取り組んでいる状態であることを考えると，「目標」はワークモチベーションを喚起する誘因（行動を引き起こす刺激）の役割を持つ。この意義に着目した理論が目標設定理論（Locke & Latham, 1990）である。

目標設定理論では，目標が下記の3つの要件を備えているときに人は動機づけられ，そして高いパフォーマンスを上げることが明らかにされている。1つ目は目標が「具体的」であることである。すなわち，単に「一生懸命頑張る」などの抽象的な目標よりも，数値で表現できる具体的な目標の方が，それを達成しようとする推進力を生む。2つ目は，目標が「困難」であることである。具体的には，簡単に達成できる目標よりも，それが難しい困難な目標ほどそれを実現しようとする。3つ目は，目標に「コミットしている」ことである。たとえば，上司から目標を与えられるだけであれば，〈やらされ感〉が生じかねない。それよりも，自らが設定した目標であれば，それに対する責任感が生まれ，達成しようとする意欲につながる。なお，他者（上司など）から付与された目標であっても，それを受け入れコミットしていればモチベーションを促進する。

［3］期待理論

私たちは，ある職務を遂行するとき，それがどれだけ達成可能か，それを達成することでどのような利益を得ることができるか，など「合理的な計算」を行うことが少なくない。その主観的で合理的な計算に基づく判断によって，その職務に意欲的に取り組むか否かが左右されることもあるだろう。こうした合理的な人間観に基づいた理論が「期待理論」（Vroom, 1964）である。これも課題遂行過程全体に関わる理論と言える。

ヴルームによる期待理論では，ワークモチベーションは，ある行動が結果につながると考える主観的な「期待」とその結果（たとえば，業績達成など）の好ましさや魅力，重要性，あるいは満足感としての「誘意性」の積で表されると考える。さらに，誘意性は，行動の結果によってもたらされる二次的な結果（たとえば，賃金や昇進など）の魅力（二次的な結果の誘意性）と，ある行動が二次的な結果をもたらすうえで役立つ期待の大きさとしての「道具性」の積として表現することができるとしている。

たとえば，職場の売上げ目標を達成するために，職場の課員一人ひとりに売上げ目標が付与されたとする。期待理論では，頑張ればその目標が達成できるか（期待），それを達成することでどのような報酬（ボーナスや昇進など）が期待できるか（道具性），そしてそれが本人にとってどれくらい価値あるものか（誘意性）を合理的に考えることで，ワークモチベーションが左右されると考える。なお，ワークモチベーションは，３つの要因の「積」で表されるが，達成した結果としての報酬は抜群に魅力的ではあるが，いくら頑張っても達成できる見込みがない場合など，いずれかの要因が仮に「０（ゼロ）」であればワークモチベーションは喚起されない，というのも期待理論の特徴である。

3　課題遂行の各段階とそこに関わるワークモチベーション

次に，課題遂行過程（古川，2011）を「課題への着手段階」，「中途段階」，そして「結果・完了段階」の３つの段階に分けて，それぞれに関する主要理論を紹介する。

[1] 課題への着手段階

課題への着手段階では，〈やってみよう〉というモチベーションを引き出す必要がある。これを考える際，その背景にある“なぜ課題に取り組むのか”を探求してきた理論を理解する必要があるだろう。

1）欲求階層説　人がなぜその行動に取り組むのか，どれくらい熱心に取り組むかの背景には動機や欲求が関わっている。その代表的な理論の一つはマズロー（Maslow, 1954）による欲求階層説であろう。この理論は，人間の欲求を低次から高次への５つの階層に分類し，低次の欲求が満たされないと，それよりも高次の欲求が生まれないということを説いている。

まず，最も低次な欲求は「生理的欲求」である。これは，人間が生きていくために最低限必要な生理現象（食物，排泄，睡眠など）を満たすための欲求である。次は「安全・安心欲求」であり，生命の危機にさらされることなく，安全安心に暮らしたいという欲求である。

次に上位に位置するのが「愛情・所属欲求」である。ある程度に落ち着いた生活が満たされると，人間は集団やコミュニティに所属したいと思い，また人と親しみ合いたいという欲求が生まれる。次は，「承認・自尊欲求」と呼ばれ，他者から認められ，尊敬されたいと思う欲求である。

そしてこれらが満たされると，最も上位に位置する欲求が「自己実現欲求」と呼ばれるものである。これは，自分自身の持っている能力・可能性を最大限に引き出し，創造的活動をしたい，目標を達成したい，自己成長したいという欲求である。

2）内発的および外発的モチベーション　内発的および外発的モチベーションもまた「課題への着手段階」に関わる理論といえる。内発的モチベーションとは，課題が面白いなど特定の課題に取り組むことそのものが目的となることを意味する。それに対して，外発的モチベーションとは報酬や罰など，行動の原因が外的な要因によってもたらされていることを意味する。

内発的モチベーションは，教育心理学を中心に研究されてきたが，産業・組織心理学において大きな影響を与えた研究がデシ（Deci, 1975）によるアンダーマイニング効果に関する実験であろう。

デシ（1971）は，大学生を対象に3つのセッションにわたる実験においてパズル課題をさせた。そして各セッション後に設けられた休憩時間でさえもパズルに取り組む時間を内発的モチベーションの高さと操作的に定義し，測定した。実験では，一方の実験グループに対して，時間内にパズルを解くことで1ドルの報酬が与えられることを教示したところ，それを終えた休憩時間ではパズルに取り組んだ時間が極端に減少していた。この結果は，当初，パズルの面白さという内発的なモチベーションに基づいて取り組んでいたものの，いざ報酬が与えられると，パズルへの興味をなくし，内発的モチベーションが低下することを実証的に明らかにした。デシはこれをアンダーマイニング効果と呼んでいる。

なぜこの現象が生じるかについて，デシ（1975）は認知的評価理論の観点から説明している。認知的評価理論では，人間には自らが行動の原因でありたいとする自己決定への欲求と有能さへの欲求が備わっており，それらを充足したときに内発的モチベーションが生まれるという。先のアンダーマイニング効果が生まれた原因として，自身の行動が，当初の興味や関心からではなく，報酬によってコントロールされているという感覚を持つために，自己決定感が脅かされたからである。逆に，報酬が自らの取り組みやその結果を評価する意味合いを持つのであれば，報酬は情報的側面を持つことになり，それによって有能感を高め，内発的モチベーションは高まるとデシは主張している。

3）自己決定理論　アンダーマイニング効果の現象は，経験的には理解できるものの，組織において報酬は決して切り離せない存在でもある。ましてや，組織で働く従業員は，報酬が与えられたとしても必ずしもモチベーションを喪失しているわけではない。現実的には，報酬が備わっていながらも，仕事にやりがいと意義を見出しながら意欲的に取り組むことも多い。

デシとライアン（Deci & Ryan, 2002）は，この問題に対する答えとして，自己決定理論を展開している。自己決定理論は，外的な報酬は必ずしも内発的モチベーションを抑制するとは限らないことを説明する原理として，単なる内発-外発の二律背反的な区分を超えて，自己決定の度合いによって外発的モチベーションを４つの段階（外的調整，取り入れ的調整，同一化的調整，統合的調整）に整理している（図3-2）。「外的調整」とは，ある行為を，報酬や評価を得るため，もしくは罰を避けるためにやり続けている状態を意味する。報酬や罰などの外的要因の有無によって行動が統制されているため，自己決定の度合いは非常に低い。「取り入れ的調整」とは，自己価値を守るためや恥や不安を低減したいと思うために動機づけられている状態を意味し，いくぶん自己価値が内在化している。３つ目の「同一化的調整」とは，ある行為に取り組むことが，目標達成や成長に必要だからとやり続けている状態を意味する。個人の価値が含まれていることから，比較的自己決定の度合いが高いといえる。最後

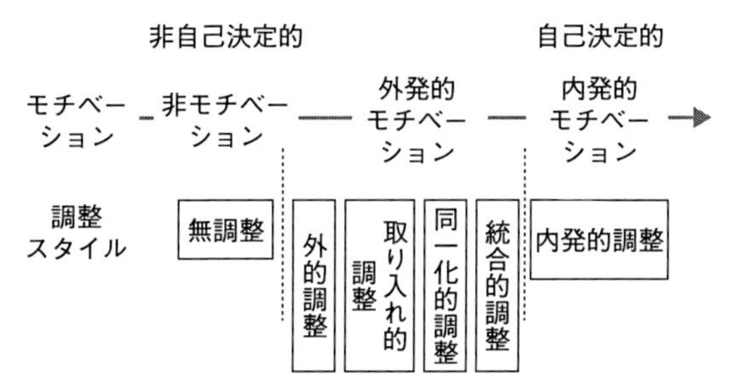

図 3-2　自己決定理論（Deci & Ryan, 2002）

に，「統合的調整」とは，ある行為と自らの価値が矛盾なく統合されている状態を意味する。言い換えると，当該本人にとってある行為をすることが自然なことで，やることが楽しいと感じるくらいに価値が内在化されており，自己決定の度合いも非常に高いといえる。

自己決定の度合いが低い「外的調整」や「取り入れ的調整」の状態は，あまり課題の重要性や意義が内在化されておらず他律的な状態を意味する。それに対して，自己決定の度合いが高い「同一化的調整」や「統合的調整」になると，外的な報酬が関わっていても課題の意義を自ら見出して自律的に取り組むことができるようになる。

［2］中途段階

仕事では課題に着手してすぐに結果に至るわけではなく，比較的長い時間がかかる。この中途段階では，〈頑張り続けよう〉というワークモチベーションの持続性をいかに保つかが重要である。しかし，従来のワークモチベーションの主要な理論を概観すると，実は最も長い時間である中途段階に着目した理論はあまり存在しないことに気づかされる。

中途段階では，課題の取り組みがうまくいっているのか否かなど，さまざまな出来事や手応えに応じて，多かれ少なかれワークモチベーションは〈変動〉するものである。むしろ，その変動をうまく制御しながら，モチベーションを維持し，あるいは目標の達成に向けていっそう高めることが期待される。それに関わるのが下記の理論である。

1）自己制御理論　中途段階において，どのようにワークモチベーションを維持，再向上させるかを説明する理論の中心は自己制御理論（Carver & Scheier, 1998）である。自己制御とは，個人がある行動についての情報を獲得し，その情報に基づいて何らかの調整を行うことである。ここで重要な情報源はフォードバックである。すなわち，課題遂行過程において，現在の状態に関するフィードバックを得ることで，望ましい目標状態と比較し，それを評価することで，後の調整の如何が左右される。

2）自我枯渇理論　自己制御に関わる活動は「課題への着手」から「結果・完了段階」に至るまで課題遂行過程のほとんどのプロセスにおいて必要になる。しかし，先の自己制御の活動は，少なくない認知的資源を要する。その問題に対して，バウマイスターら（Baumeister et al., 1998）は，自我枯渇理論を展開している。この理論によれば，自己制御を繰り返し行うことで，認知資源が枯渇してしまうことを実証的に明らかにしている。たとえば，絶えず潜在的な問題が発生しないか気を配る仕事や偽りの感情表出を強いられる感情労働はその代表的な職務である。自我枯渇状態になると課題パフォーマンス（与えられた役割や職務を確実に行っている程度）および文脈的パフォーマンス（同僚や職場に対して協力している程度）が抑制されたり（e.g., Trougakos et al., 2015），逸脱あるいは非倫理的行動が増加することが明らかにされている（e.g., Christian & Ellis, 2011）。

［3］結果・完了段階

「結果・完了段階」では，成否の結果が得られるがそれで終了するわけではない。結果に連動して処遇が施され，次の課題に向けたワークモチベーションが形成される。換言すると，結果の受け取り方や処遇のあり方が，次のワークモチベーションを左右する。

1）衡平理論　アダムス（Adams, 1965）の衡平理論は，結果・完了段階と次の課題へのワークモチベーションに焦点を当てた理論として位置づけることができる。衡平理論では，組織の従業員はある課題に投じた貢献とそれによって

トピック６　チームモチベーション

昨今の組織では，一人で職務が完遂するのは少なく，多かれ少なかれ同僚との協力や連携が不可欠になっている。それに伴い，多くの組織では職場をチームとして運用したり，また特定の課題を遂行するために複数の部門からメンバーを集めプロジェクトチームを結成することも珍しくない。では，チームとしてのワークモチベーションはどのように生まれるのだろうか。

実は，従来のグループダイナミックス研究では，チームになるとかえってモチベーションが低下することを説明する研究や理論が大半を占めている。その代表的な研究はラタネらの「社会的手抜き」研究（Latané et al., 1979）である。彼らは，集団で作業をすると，メンバーの数が増えれば増えるど集団全体の作業量の総和は増えるが，１人あたりの作業量は減少していることを明らかにした。言い換えると，人数の増加に伴って，モチベーションも低下しているといえる。彼らはその心理的メカニズムとして「自分一人ぐらい手を抜いても大丈夫だろう」と課題遂行への努力を怠る「責任の分散」を明らかにしている。

一方で，チームのメンバー構成次第ではモチベーションが促進されることもある。たとえば，チームに能力が劣ったメンバーがいれば，他のメンバーはその人の分を補おうと意欲的に取り組む「社会的補償効果」（Williams & Karau, 1991）や能力が低いメンバーがチームで課題に従事すると，他のメンバーの足を引っ張らないように一生懸命取り組む「ケーラー効果」（Hertel, Kerr, & Messé, 2000）も確認されている。

さらに，チームモチベーションを引き出す最も重要な要因は「チーム目標」である。目標設定理論では，近年，チームや集団レベルの目標設定がチームモチベーションに効果を持つことが明らかにされている（Locke & Latham, 1990；池田, 2017）。チームとして目標を設定することで，チームメンバーはその目標を達成しようとモチベーションを高め，かつその目標を達成するために相互の協力連携が不可欠であることからチームワークを醸成する機能も持っている。

得られた結果の比を見積もる。そして，他の従業員と比較してその比が同じであれば衡平であると認知し，その後も課題への貢献（ワークモチベーション）を維持する。しかし，同僚と比較して貢献と結果との比が不均衡であれば，緊張状態が生まれ，それを解消しようと動機づけられる。たとえば，貢献に対して得られた結果が少ない不均衡状態（過剰な貢献）であれば，貢献する量を減らして（手抜きなど）均衡状態を取り戻そうとする。一方，貢献に対して過剰な結果（報酬）を受け取っている場合，組織の従業員はどのように不均衡状態を解消しようと動機づけられるかについては必ずしも一貫した結果は得られておらず過剰な報酬に対して寛容に受け入れる従業員もいれば，過剰な報酬が貢献と均衡状態になるよう，さらにワークモチベーションを高める従業員も存在する。

2）組織公正理論　近年では，衡平理論に代わって組織公正理論が注目されている。組織公正理論では，分配的公正と手続き的公正から構成される。グリーンバーグ（Greenberg, 1988）によれば分配的公正とは，従業員が組織から与えられる待遇や給与などの結果をどの程度公正と考えるかを意味するのに対し，手続き的公正は組織が従業員の評価に用いる手続き（人事考課制度など）がどの程度信頼できるかを意味する概念であると定義している（第10章第3節で詳述）。

4　外形的および内生的職務設計とワークモチベーション

職務や仕事の特性もまたワークモチベーションを左右する。たとえば，日々同じ作業を単に繰り返す職務にやりがいを感じて取り組むことは難しい。一方，自ら創意工夫できる職務であれば，それ自体がワークモチベーションを高める。こうして職務そのものの特徴もまたワークモチベーションと密接な関係を持っているといえる。

[1] 職務特性理論

かつて，高度経済成長期において，一層の効率性を目指して職務の分業化や構造化が推し進められていた。しかし，効率的な職務設計の弊害として，現場では労働者が単調感や不満足感を抱くようになった。そうした社会的背景から，どのような職務特性がワークモチベーションにつながるかについて，ハックマンとオールダム（Hackman & Oldham, 1976）は職務特性理論を提唱し，これを基に，職務充実や職務再設計（第10章第4節参照）を提案することで実践的な貢献を果たしている。

職務特性理論では，図3-3に示すように5つの職務特性（スキルの多様性，

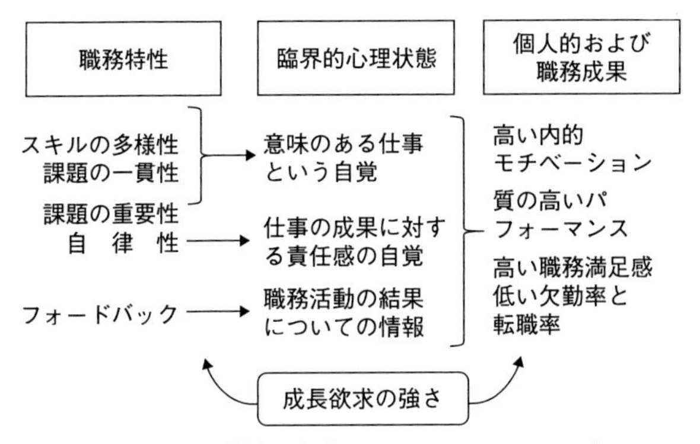

図 3-3　職務特性理論（Hackman & Oldham, 1976）

課題の一貫性，課題の重要性，自律性，フィードバック）が，3つの「臨界的心理状態」(仕事の有意味性，責任感，結果に関する知識）を作りだし，それが内発的なワークモチベーションをはじめその他の仕事の成果（職務満足感，質の高いパフォーマンス，欠勤や離職率の低下）をもたらすことを示している。

5つの職務特性のうち「スキルの多様性」とは職務を遂行するうえで多様な知識や技能が求められる程度を，「課題の一貫性」とは職務が最初から最後までまとまりがある程度を意味する。次いで「課題の重要性」とはその職務が他者の生活や仕事に重大な影響をもたらす程度を意味し，「自律性」とは仕事の手順やスケジュールを自らで調整できたり，裁量が与えられている程度を意味する。最後に，「フィードバック」とは職務の結果の良し悪しに関する情報を本人にもたらす程度を意味する。

なお，こうした5つの職務特性がどの人にもワークモチベーションや仕事の成果に効果が認められるわけではなく，その職務に取り組む従業員の「成長欲求の程度」によって効果が調整されることが指摘されている。

[2] ジョブ・クラフティング

最近では，組織の従業員が主体的に自らの職務をデザインしてモチベーションを高める取り組みとして，ジョブ・クラフティング（Wrzesniewski & Dutton, 2001；森永・鈴木・三矢，2015）が注目を集めている。ジョブ・クラフティングとは，対人的な交流のあり方や自らの職務の目的や意義を見直すことで，やりがいを見出すことができるものである。自律的に職務デザインを行う理論として今後も実践的な貢献が期待されている。

読書案内

- レイサム，G.（著）金井 壽宏（監修）依田 卓巳（訳）(2009)．ワークモチベーション　NTT 出版
- ロック，E. A.・ラザム，G. P.（著）松井 賚夫（訳）(1984)．目標が人を動かす—効果的な意欲づけの技法　ダイヤモンド社
- デシ，E. L.・フラスト，R.（著）桜井 茂男（訳）(1999)．人を伸ばす力—内発と自律のすすめ—　新曜社

第4章

組織コミットメント

太田さつき

本書のポイント

この章では，組織コミットメントとは何か，組織コミットメントが大学生の就職活動や組織で働く人々，企業の経営にどのように関わっているかを考えます。組織コミットメントと関係の深い，仕事に関わる他のコミットメントについても学びます。働く人と組織，働く人と仕事との関係を考えることを通して，就職活動や就職後の仕事生活をみてみましょう。

本章で紹介する研究

- ポーターら（Porter et al., 1974）による組織コミットメントの捉え方
- アレンとマイヤー（Allen & Meyer, 1990）による情緒的コミットメント（組織コミットメント）と存続的コミットメントの捉え方
- モロー（Morrow, 1993）によるワーク・コミットメントの分類
- マイヤーら（Meyer et al., 2002）によるメタ分析，などの研究を紹介します。

1　組織コミットメントの重要性

[1] 働く人と働く組織

就職活動では，まずどんな仕事や業界が自分に合っているかを考えることから始まる。自分に合っていると思える就職ができれば充実した仕事生活を過ごすことができるからである。なかでも重要なのは会社選びである。自分に合った仕事への取り組み方，働き方を実現する場が会社だからである。

就職すれば少なくとも8時間は会社で過ごす。実際は残業や休日出勤もある

から，起きている時間のほとんどを会社で過ごすことになるだろう。過ごす時間が長くなれば，人間関係も会社の関係者が大多数を占めることになるかもしれない。そうなると日々経験する喜びやストレスも，会社に関わることになってくる。それを知っているからこそ，就職活動では真剣に会社選びをするのである。

ここでは大学生の最も多い就職先を想定して「会社」と表現したが，民間以外の公社や団体も含めれば「組織」と表現される。いずれにせよ組織は働く人にとって非常に大きな位置づけにあり，仕事生活だけでなく，生活全般にまで大きく影響を及ぼす。

[2] 働く人と組織へのコミットメント

近年，ビジネス場面だけでなく日常場面などでも使われるようになってきた「コミットする（commit）」や「コミットメント（commitment）」には，「掛かり合う」「のめり込む」「傾倒する」「参加する」などの意味がある。「組織コミットメント（organizational commitment）」における「コミットメント」もこの意味である。

多くの人は自分が組織にのめり込んでいる（コミットしている）とはあまり感じていない。それでも，自分が勤める組織のことを組織外の人から褒められると嬉しく感じたり，悪く言われると腹が立ったりする。それは組織コミットメントがある証拠といえる。いつも居酒屋で組織の不満をぶちまけていても，すぐに辞めたりしないのも組織コミットメントがあるからだろう。組織の中で他の従業員とともに働き，多くの時間を過ごしているうちに組織コミットメントがいつの間にか高まっているのである。

[3] 組織と組織コミットメント

雇う側の組織からみれば，従業員の組織コミットメントはなくてはならないものである。従業員が組織にコミットしてくれるからこそ，組織はまわる。従業員が一定期間留まってくれなければ，組織の安定は難しいし，組織の一員としてきちんと働いてもらわなければならないからである。

就職活動する大学生にとって組織選びは重要だが，雇用する側の組織にとっても従業員選びはきわめて重要である。採用活動に多大なコストをかけるのは，組織コミットメントを高く持ってくれそうな人材を選りすぐるからである。有能で高い意欲を持つ人材であっても，その能力や意欲を組織に向けて役立ててくれなければ意味がない。そもそも，すぐに組織を去ってしまうようでは採用に費やしたコストは無駄になる。

組織コミットメントに対しては，研究者だけでなく，経営者や人事担当者のような実務家も興味を持つことが多い。その理由は，採用した人材が組織コミットメントを高めたり，その高さを維持したり，低下させないためにはどうしたらいいか知りたいからである。

2　組織コミットメントの意味

[1] 学術上の定義

上記では組織コミットメントを，従業員の所属組織への関わりとして簡略化して表現したが，学術上の定義はもう少し複雑で，いくつかの捉え方がある。1970 代から 1990 年くらいまで広く受け入れられてきた定義は，「組織の目標・規範・価値観の受けいれ，組織のために働きたいとする積極的意欲，組織に留まりたいという強い願望によって特徴づけられる情緒的な愛着」というポーターら（Porter et al., 1974）のものである。この定義によれば，その組織の目標や考え方・やり方に賛同して，愛着を持ってその組織に留まり，その組織のために頑張りたいという思いが組織コミットメントということになる。これは，就職活動生が面接官の前でその企業に対する姿勢としてアピールする内容と類似する。つまり，ポーターらの定義による組織コミットメントは，組織の実務家が従業員に求める態度と一致する。組織コミットメントが高い従業員は，望ましい従業員像に重なるというわけである。

1990 年以降になると，組織コミットメントを要素に分けて捉えるようになってきた。組織コミットメントを，まず組織と従業員を結びつける心の状態と捉えるアレンとマイヤー（Allen & Meyer, 1990）の考え方である。アレンとマイヤーの定義では「従業員と組織の関係を特徴づけ，組織の一員で居続けようとする意思決定を内包する心理的な状態」とする。ポーターらの定義では，なぜ組織に留まって，どのように留まろうとしているかという一連のプロセスまで含んでいるのに対して，アレンとマイヤーの定義は，ただ組織に留まりたいと思っていることだけから始まる。

とはいえ，アレンとマイヤーの考え方は上述の定義づけの後に，なぜ組織に留まろうとしているかという理由を組織と従業員の関係を特徴づける要素として用意している。情緒的（affective），存続的（continuance），規範的（normative）という3つの要素で，各要素の後に「コミットメント」をつけて，それぞれ情緒的コミットメント，存続的コミットメント，規範的コミットメントと呼ばれる。「情緒的コミットメント」はその組織に居たいから留まるというもので，「存続的コミットメント」はその組織に居ざるを得ないから留まるというもので，「規範的コミットメント」はその組織に居るべきだから留まるというものである。

情緒的コミットメントは居たいという思いから留まるものであるため，ポーターらの「情緒的な愛着」と同じ意味と捉えてよい。居たいから居るのは理想的な留まり方である。しかし，現実的に考えれば，組織に居続ける理由は「居たいから」だけではない。辞めると失うものが多いから簡単には辞められない，だから居ざるを得ないということはある。これが存続的コミットメントである。ある組織で仕事のやり方を覚えるのにはある程度努力がいる。せっかく覚えたのに辞めたら努力が無駄になるとか，他の組織ですぐ新しいやり方を覚えられるか不安だと感じるのが存続的コミットメントである。辞めてしまったら次の勤務先はすぐに見つからないからというのも存続的コミットメントである。せっかく採用してもらったのだから居るべきだと考えて留まる場合は規範的コミットメントがあるといえる。恩義を感じるなどの内在化された規範が居るべきという思いをつくり出すと考えられている。

現在，このアレンとマイヤーの捉え方を用いることが多いが，3つのうち規範的コミットメントは実証的に情緒的コミットメントと区別がつきにくいなどの理由で問題点を指摘されることが多く，除外されて検討されることが多い。そこで本章でも以降，情緒的コミットメントと存続的コミットメントのみを取り上げることとした。

[2] 本章における組織コミットメント

上述のように現在，組織コミットメントを複数の要素から捉えることが多いが，実際に研究されているのは圧倒的に情緒的コミットメントである。それは情緒的コミットメントが組織にも従業員にも望まれるものであるため，研究対象となりやすいからである。

本章でも組織コミットメントを，アレンとマイヤーの情緒的コミットメントとして捉えて紹介している。研究成果が豊富で，知見を得ることが有益と考えられたからである。ただし，存続的コミットメントも重要であると考えられたので若干の知見を後に紹介する。存続的コミットメントは，後に述べるモロー（Morrow, 1993）の枠組みに含まれることからも分かるように，情緒的コミットメントとともに主要な概念とされることが多いからである。

3　組織コミットメントがもたらすもの

[1] 組織コミットメントの結果

組織コミットメントがもたらすものを，研究上では「結果」とか「成果」という。組織コミットメントが高まることが原因となって「結果」や「成果」が高まると言い換えることもできる。しかし，因果関係を実証するのは難しいため，組織コミットメントの高い人ほど，結果と思われる行動を多くとっているなど，相関関係で判断されることが多い。以下の知見の多くは相関関係によるものだが，一部の対象者にのみ現れた関係ではなく，多くの研究成果をまとめたうえで判断したメタ分析による知見であるため信頼性の高いものといえる。ここではマイヤーら（2002）によるメタ分析の結果を主に紹介する。

[2] 組織コミットメントの高い従業員

組織コミットメントの高い従業員が組織にとって本当に望ましいかといえば，おおむね妥当であることが実証されている。組織コミットメントの高い従業員は低い従業員よりも多くの業績を出す。組織コミットメントの高い従業員は欠勤が少なく，組織を去ろうとする思いが少なく，実際に去ることも少ない。組織コミットメントの低い従業員よりも組織市民行動をよく行う。組織市民行動は，公式の職務に含まれない組織のために役立つ行動である（第2章第2節，第8章第5節参照）。責務でなくても役立つ行動を自発的に行うのであるから，組織コミットメントの高い従業員は組織にとって有益な人材といえる。

また，組織コミットメントの高い従業員は低い従業員よりもストレスを少なく感じている。仕事と家庭の間に葛藤を感じることも少ない。したがって，組織コミットメントが高まると組織だけでなく，本人にとっても望ましい結果がもたらされる。

上記のことを因果関係として表現すると，組織コミットメントが高まると業績を多く産み出し，欠勤が少なくなり，組織を去ろうと思う意図も実際に去ることも少なくなる。組織コミットメントが高まると組織市民行動をよく行うようにもなる。そして，組織コミットメントが高まるとストレスや仕事・家庭間の葛藤が少なくなる。これらをまとめたのが図4-1である。

上記は，営業マンの組織コミットメントが高まると高い営業成績を出すというように個人を個別に捉えた知見だが，職場集団や組織を対象とした分析もあり，後者の方が業績との関係が強く現れる。従業員全体の組織コミットメントが高いと，組織全体の業績が高いといったことである。関係が強く現れる理由として，組織の従業員間のシナジー効果（相乗効果）が出るためであると解釈されている（Meyer et al., 2008）。つまり組織コミットメントの高い従業員が協同することによって，個人の業績の単純な加算に留まらない相乗効果が起こるという解釈である。組織の業績を上げるには，従業員個々人がバラバラに貢

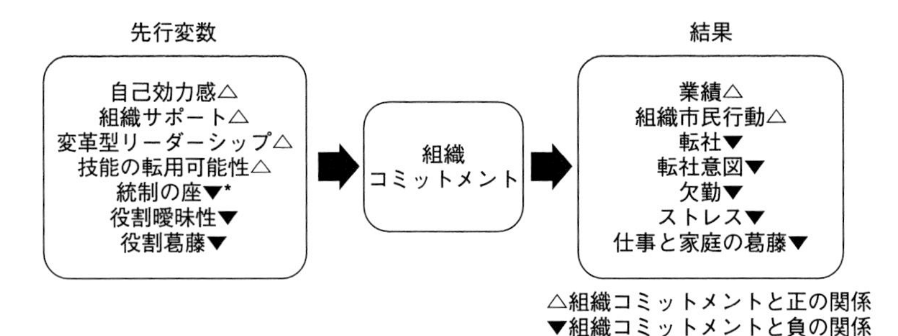

図4-1　組織コミットメント（情緒的コミットメント）の先行変数と結果

（Meyer et al., 2002 をもとに作成）

＊統制の座が外的であるほど組織コミットメントが低下するという負の関係を表している。

献するより，連携して組織としての業績に結びつける努力が効果的であるからという解釈もできるだろう。

4　組織コミットメントを高めるには

[1] 組織コミットメントの先行変数

組織コミットメントは望ましい成果を組織にもたらす。だから，採用した従業員の組織コミットメントを高め，低下させないようにするために，その原因となるものを知っておくのは有益であろう。ここでは，マイヤーらによるメタ分析で見られた関係を図 4-1 にまとめ，詳細を以下に記述した。

[2] 従業員自身に関わる先行変数

組織コミットメントを高める要因の中で，従業員自身に関わるものは「統制の座」と「自己効力感」である。これらは組織に入る前から元々持っている従業員自身の特性である。

「統制の座」は，自分の行為の原因の位置（場所）をどこに認識しているかを表す。自分の外部に置く人は外的統制の座を，自分の内部に置く人は内的統制の座を持つ。よくないことが自分の身に起きた時に自分は運が悪いからと，原因を自分の外に置く人々は統制の座が外的であり，自分自身の行為が悪い方向に導いたのだと原因を自分の内部に置く人は統制の座が内的である。内的統制の座をもつタイプは，よくないことが自分の行為に原因があったと認識したとしても，自分を責めて落ち込むことは少ない。むしろ自分のやり方次第で物事を好転させられると考えて積極的に改善に取り組んだり，同様な事態に備えて未然に防ごうとする。外的統制の座を持つタイプは，原因は自分の外にあるので自分の力で状況を変えられないと思ってしまって対処しない。組織コミットメントとの関連でいえば，統制の座が内的にある人ほど組織コミットメントが高く，外的にある人ほど組織コミットメントが低い。すなわち内的統制の座が組織コミットメントを高めると考えることができる。

「自己効力感」は，自分の行為を自分自身で統制しているという信念である。ある資格を取得するためには，資格に関係する講座を受けるなり一人で地道に勉強するなり，何らかの行動を必要とする。このように取得するまでの行動を自己管理して最後までやり通せると思える人は自己効力感が高い。自己管理したり，やり通せたりする自信がない場合は自己効力感が低い。組織コミットメントとの関連でいえば，自己効力感が高い人ほど組織コミットメントが高いため，自己効力感が組織コミットメントを高めると考えられる（トピック７参照）。

このように，状況を自分の力で変えられると思ったり，やり遂げる自信を持ったりという主体的な特性を持つ人が組織コミットメントを高めることがこれまでの実証研究で見出されている。採用する側からの視点でいえば，こうした主体的な人を採用することが組織コミットメントを高めるうえでは望ましいということになるだろう。

［3］組織に関わる先行変数

従業員が組織に入ってから身につけたり，経験したりする組織側の要因で，組織コミットメントを高めるものとして見出されているのは，「組織サポート」「変革型リーダーシップ」「役割曖昧性」「役割葛藤」である。

「組織サポート」は組織から支援を受けていると知覚することで，組織から自身をかけがいのない価値ある存在として支えられていると感じることである。この組織サポートを多く受けていると感じると組織コミットメントは高まる。

「変革的リーダーシップ」は変革を鼓舞するリーダーシップのことで，上司から鼓舞されて自身も変革に積極的に取り組むようになるような働きかけである。この変革的リーダーシップを多く認識するほど，組織コミットメントは高まる（第１章第３節参照）。

「役割曖昧性」と「役割葛藤」は組織内での自己の役割に問題をかかえることで，前者は与えられた役割が不明瞭でどのように行動したらよいのか分からない状態，後者は自身の持つ複数の役割が矛盾したり対立したりして，どうすればよいか分からなくなっている状況である。この役割曖昧性と役割葛藤を多く経験するほど，組織コミットメントは低下してしまう。逆にいえば，自分の取るべき役割が明確な状態にあるほど，組織コミットメントは高まるといえる（第５章第３節参照）。

トピック7　新入社員の組織コミットメントを高めるには

入社後すぐに会社を辞めてしまう若者が増えていることが問題となっている。組織コミットメントを高めそうな人を採用したり，採用した新入社員の組織コミットメントを高めたり，新入社員自身が自分の組織コミットメントを高める方法を知っていれば，問題を解決できるだろう。

本文中に主体的な人が組織コミットメントを高めると記したのは，自己効力感と統制の座が組織コミットメントと相関関係をもつという研究成果からの推測に基づく。これは魚を多く食べる人の方が食べない人より健康度が高いという調査結果を見て「魚を食べると健康になる」と考えるのと同じで，相関関係から因果関係を推測している。条件を統制して多くの人々を追跡調査するのはきわめて難しいので，相関関係から推測しているのである。とはいえ，縦断的調査（同一対象者の追跡調査）で因果関係を検討した研究も少ないながらも存在する。こうした貴重な研究をモロー（Morrow, 2011）がレヴューしている。

モローによれば，組織の新入社員受け入れ対策は組織コミットメントを高めるうえで効果的と明確にはいえない。公式な対策より効果的なのは，新入社員を職場に受け容れるサポートやメンタリングで，新入社員の初期の職場経験は特に重要であると述べている。経験を通して自分の役割が明確になれば，組織コミットメントは高まる。サポートと役割の重要性は本文中に示した見解と一致する。

入社後の経験や職場のサポートが重要といっても，入社前に策を講じられないというわけではない。入社前に仕事内容を知っていることも重要と述べている。仕事内容を把握していれば，自分に適した職務や組織を選択でき，入社後の適応がよいからと解釈されている。つまり，就職活動中の学生が業界や企業などの，仕事研究をしっかり行うだけでなく，採用側も仕事内容や職場環境をきちんと伝えたうえで採用を決めることが重要であるといえる。入社時点の満足感が高い者ほど入社後の組織コミットメントが低下することが報告されている。入社できた喜びが大きい者ほど会社への期待も大きい。あるいは，会社への期待が大きい者ほど入社できた喜びも大きい。しかし，現実は期待に及ばないことが多い。つまり，組織に対して過度な期待をもつよりも，現実的な判断で勤務先を決定することが望ましいと解釈されている。

モローの研究は新卒の若者だけを対象にしたものではないが，労働政策研究・研修機構（2017）が若年者の離職状況から得た見解と類似している。採用時の説明と現実の労働条件の齟齬や職場でのコミュニケーション不足が離職率を大きく高めるとの見解である。

「技能の転用可能性」は，ある組織で習得した技能が別の組織に移った時に活用できると感じていることである。その組織内でしか通用しないと思っていれば，技能の転用可能性は低く，他の組織でも通用すると感じていれば高い。意外に思われるかもしれないが，この技能の転用可能性を高く認知しているほど，組織コミットメントは高まる。培った技能が今の組織だけでなく，他でも広く使えると感じている方が組織への愛着，つまり組織コミットメントは高まるのである。技能の転用可能性と組織コミットメントの関係の理由は必ずしも明確ではないが，２つは正の関係にあることがメタ分析により見出されている。

上記以外に「有能感」も組織コミットメントと関係する。組織にとって自分は有用で必要な人材だと思うほど，組織コミットメントは高まる。「この人は自分がいないとダメ」と思うと恋人への想いが募り，「この人は自分がいなくても平気そうだ」と思うと恋人から気持ちが離れるのと似ている。

5　もう一つの組織コミットメント

[1] 存続的コミットメント

存続的コミットメントは既に述べたように，組織に居る間に投下した投資や組織を去る時に払う代償ゆえに組織に居続けるというものである。勤続年数に応じて支払われる退職金をより多くもらうために勤務を続けることが投資にあたり，次の組織に移る時にそれまでの勤続年数を持っていくことはできないことが，現在の組織を辞める時に払うべき代償となるといった例が該当する。

仕事のやり方をおぼえるのに費やした努力や時間も投資になりうる。次の勤務先でそのやり方が使えない場合，それまでの努力や時間を辞める際の代償として払うことになる。辞めたら次の勤務先がすぐに見つからないために居続けることも存続的コミットメントに含まれる。

[2] 存続的コミットメントの結果

存続的コミットメントが強くなった結果として高まるものは，情緒的コミットメントと大きく異なる。情緒的コミットメントと同様，業績との関係が報告されているが，その関係が逆なのである。存続的コミットメントが高い従業員ほど業績が低い。ストレスと，仕事と家庭の葛藤についても情緒的コミットメントとは逆の関係にあり，存続的コミットメントが高い従業員ほど，ストレスや仕事と家庭間の葛藤が高い。欠勤や組織市民行動については関係がみられない。存続的コミットメントは，組織にとっても本人にとっても望ましい結果をもたらさないのである。

転社や転社意図との関係は見出されていない。そもそも組織の一員で居続けようとする意思決定を前提としたコミットメントではあるが，存続的コミットメントが高いからといって組織を去ろうと思う意図が低いわけではなく，実際に去ることを控えるというわけでもない。

[3] 存続的コミットメントの先行変数

業績を低下させ，組織市民行動を引き出すこともできないため，組織の経営者や人事担当者は従業員の存続的コミットメントを高めたくはないだろう。したがって，何がその先行変数となりうるか知っておくのは有益と思われる。

関係が見出されているのは，役割曖昧性，役割葛藤，組織サポートと変革的リーダーシップである。これらは先述の組織コミットメント（情緒的コミットメント）と同じものであるが，関係の方向性が逆となっている。まず，役割葛藤や役割曖昧性が高まると存続的コミットメントが高まる。組織内で自分がどのような役割をとればいいか分からないと，存続的コミットメントが高まるということである。また，組織サポートや変革的リーダーシップが少ないと存続的コミットメントが高まる。組織サポートは価値ある存在として支援すること，変革型リーダーシップは組織の変革に関与するような積極的な働きかけである。これらが少ないと認識している状態は，組織の中で価値あるメンバーとして扱われたり，変革の担い手として期待されたりしていないと感じている状態と想像される。役割葛藤と役割曖昧性との関係と合わせて解釈すると，組織から存在価値を認めてもらえず自分の役割や位置づけが見出しにくくなると，存続的コミットメントが高まってしまうことになる。存続的コミットメントが高いほど業績が下がるのは，役割が分からないために行動しづらかったり，期待されていないから業績を出す気になりにくかったりする可能性もある。

また，「技能の転用可能性」や「教育の転用可能性」が低くなると存続的コミ

トピック8　ワーク・ライフ・バランスと組織コミットメント

就職活動においてワーク・ライフ・バランスを重視して仕事を選ぶ学生の割合は年々増えている。残業や休日出勤でプライベートを犠牲にしたり，働きすぎで心身の健康を損なったりしたくないからという理由である。「今どきの若者はドライだ」という意見もあるかもしれない。しかし，生活を豊かにするために働くのだから，働くことで豊かな生活を損ないたくないと考えるのは当然といえる。そもそもプライベートを重視するからといって，組織や仕事を軽視したり，コミットメントが下がったりするとは限らない。

逆にいえば，組織コミットメントが高まっても，必ずしもプライベートが軽視されたり犠牲になったりするわけではない。時間やエネルギーには限りがあるので，組織コミットメントが高まると私生活に対するコミットメントを低くせざるを得ないと考えがちである。もし，両方のコミットメントを高めれば，限りあるエネルギーを消耗して心身の健康を損なう可能性もある。

しかし，本文中に示したように，組織コミットメントの高い人ほどストレスが少

ットメントが高まることも見出されている。現在の組織で活用している技能や教育された知識が，他の組織で活用できないと認識すると，存続的コミットメントが高くなるというわけである。これはアレンとマイヤーの理論的説明と一致している。存続的コミットメントが高くても転社意図が高まったり，転社が増えたりしないのは，他の組織に移っても今の経験や知識が活かせないから移る気になれないからかもしれない。

上述の存続的コミットメントとその結果，先行変数との関係を図4-2に表し

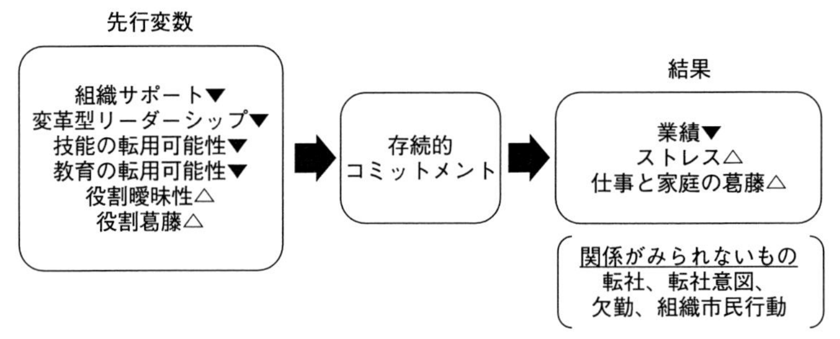

図4-2　存続的コミットメントの先行変数と結果（Meyer et al., 2002 をもとに作成）

なく，仕事と私生活の間に葛藤を感じることが少ないことが多くの研究で実証されている。組織コミットメントの高い人ほど，動機づけが高くワーク・ライフ・バランスを維持できているのである。

その理由は，組織コミットメントはストレス対処の資源になるからと考えられている（Kobasa, 1982; Teo & Waters, 2002）。つまり，ストレスにさらされても，組織コミットメントがストレスによる悪影響を防ぐ働きをもつのだという。だとすれば，心身の健康維持のためには，むしろ組織コミットメントを高めた方がよいことになる。ただし，この場合の組織コミットメントは「居たいから」留まるというもので「居ざるを得ないから」という受け身なものではない。後者の存続的コミットメントの場合は，高まるとストレスが高くなり，仕事と生活間の葛藤を多く経験することが分かっている。

自分の生活や人生を豊かにするために，組織にコミットしているのだと能動的に考えれば，働く人と組織との関係は対等となって win-win になるのではないだろうか。

た。これらの結果もメタ分析で見出されたものである。

6　組織以外の仕事に関わるコミットメント

[1] 仕事に関わるさまざまな要素

就職活動のなかで会社選びは重要であると冒頭で述べたが，どんな職種に就くか，どんな分野で働くかについても考えることになる。営業職と事務職のどちらがいいか，どんな部署で働きたいかなどである。職種や部署が異なると，同じ会社でも別会社のように働き方が異なることが多い。職種や部署が異なると日々行う仕事内容も大きく異なる。

新卒採用では仕事の経験や知識・技能は問われないが，途中で会社を移る場合，過去の仕事の経験や知識・技能が採否の決め手となる。日々行う職務が経験となり，知識や技能として蓄積されるわけだから，最初に就いた職種や部署がその方向性を決めて蓄積を形作ることになる。だから，途中で会社を移るとしても最初の就職は大切なのである。たとえ会社を移らないにしても，社内での配属経験は次の異動先や昇進に影響するので，やはり最初に就く職種や部署はその後の仕事生活を形作る。若い時の初めての経験のインパクトは強いので，労働観という人生観に近い部分にまで影響するだろう。就職前に元々持っている労働観が職種や業種，働き方を決めるのだが，実際に働くことによって労働観は影響を受けざるを得ないと考えられる。

どんな職種に就くか，どんな分野で知識や技能を積み重ねていきたいかが「キャリア（career)」に，ある職種や配属先で経験する具体的な仕事内容が「職務（job)」に関わっている。そして，これらの選択や遂行を方向づけたり，これらを実際に経験することによって影響を受けたりするのが「労働（work)」そのものに対する考え方，労働観である。就職活動の初期に，これらのことを自己分析と関連づけて検討するのは，すべてが人々の仕事生活に多大な影響を及ぼすからである。これらは，本項で述べる仕事に関わるコミットメントの対象となっており，それぞれ「キャリア・コミットメント（career commitment)」「職務関与（job involvement)」(「労働観 work ethic endorsement)」と呼ばれる。

[2] ワーク・コミットメント

上述のような仕事に関わるコミットメントは，「ワーク・コミットメント（work commitment)」と総称される。多くの研究者がワーク・コミットメントに興味を持ったため，「組合へのコミットメント」や「プロフェッショナル・コミットメント」など，対象が広がったり，重複が生まれたりした。モロー（Morrow, 1993）は，そうした数多くの研究を丹念に調べて重複を整理して分類し，図4-3のようにワーク・コミットメントをまとめ上げた。

組織コミットメントは所属組織に対するコミットメントで，既に述べたように情緒的コミットメントと存続的コミットメントがある。職務関与は現在従事している職務に対するコミットメント，キャリア・コミットメントは一生を通じて追求する職種や専門分野に対するコミットメント，労働観は働くことそのものに対するコミットメントを表している。

職種については就職活動で考えることではあるが，日本の新卒採用では営業職や技術職，研究職といった限られた職種を選ぶか否かにのみ関わり，事務系の職種においては細分化された領域まで選べないことが多い。事務系の職種に就くと，配属先の知識や技能を身につけても，それを専門的な職種と認識しな

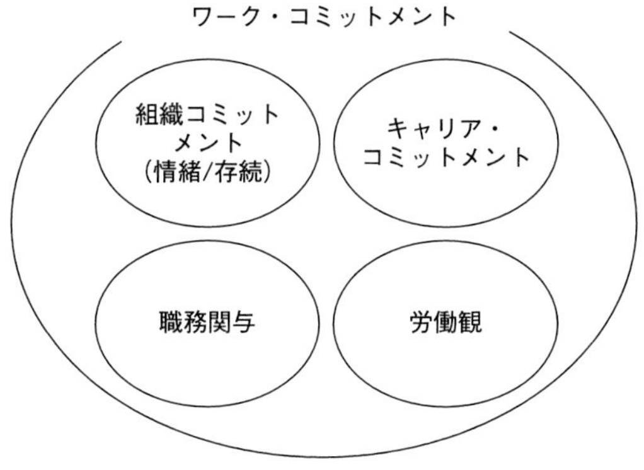

図 4-3　ワーク・コミットメントに含まれる要素
（Morrow, 1993 をもとに作成）

いことも多い。しかし，多くは関連部門間での異動を通じてキャリアを積んでいく。最初の配属の経理部から管理会計や財務会計など関連の深い部門の異動を通じて経理の専門家になるなどである。

［3］複数のワーク・コミットメントを考える意義

日本の新卒採用では職種が選べないことが多いのにもかかわらず，職種や配属先などのキャリアについても考えるのは，面接で尋ねられるからだけではない。就職後，組織の中での日々の出来事や目の前の職務に惑わされずにすむからである。「職務」は日々経験することなので，得意なことや興味のあることを選んだ方がコミットできる。だから自分の強みや興味を分析して自分に合った職務を選ぶ。しかし，現実の職務には苦手なことも多少含まれる。たとえ苦手なことであっても，将来自分の専門性を広げたり深めたりすることになるのであれば，「キャリア」に役立つ。キャリアに役立つのであれば，苦手なことにも耐えられるだろうし，積極的に経験したいとさえ思えるかもしれない。第9章でも説明しているが，キャリアを考えるメリットは，このように日々の職務を短期的でなく，長期的に眺める視点を持てることである。「労働観」を含めて考えれば，自分の人生や価値観と関連づけることになるため，さらに長期的で広い視野から眺められる。就職活動は就職先を見つけて終了なのではなく，大切なのはその先の仕事生活である。日々の仕事生活を安定的に過ごすには，なぜそのキャリアや働き方を選んだのか時々思い返すのがよい。忙しい仕事生活の中で目の前の職務やさまざまな情報に惑わされてしまうと，自分自身の本来の価値観からずれてしまうこともあるためである。配属先を選べなかったとしても，実際に働き始めた後に当初の考えが労働観に合わせて再構成されるはずである。その場合は再構成されたキャリアを思い返せばよい。ただし，あまり選んだキャリアや働き方を固定的に考えてしまうと，かえって辛くなる。辛くならないために思い返すのであるから，キャリアや労働観を固定的に考えずにある程度融通を持たせるのがよいと思われる。

組織側からみても複数のワーク・コミットメントを同時に考えることは必要である。たとえば，キャリア・コミットメントの高い従業員がキャリア開発の機会を多く知覚すると退職意図は減少するが，キャリア・コミットメントの低い従業員の場合は，かえって退職意図を高めるという報告もある（Bedeian et al., 1991）。キャリアにコミットしていない従業員にキャリアをサポートすると辞めたくなるのであれば，サポートしない方がよいことになる。このような，組織と個人との関係がキャリアに対する考え方の違いによって変わることを示す研究結果からも，複数のワーク・コミットメントを同時に考慮する意義が分かる。近年，働き方の多様性が高まっているため，コミットする対象のあり方も多様とならざるを得ない。そうした現状においては，組織対象だけでなく，職務やキャリア，労働観を同時に考えていく必要性が高まってきているといえる。

読書案内

- 小野 公一・関口 和代・岡村 一成（監修）(2017)．産業・組織心理学（改訂版）白桃書房
- 若林 満（監修）(2008)．経営組織心理学　ナカニシヤ出版
- 鈴木 竜太（2007)．自律する組織人―組織コミットメントとキャリア論からの展望　生産性出版

第5章

ストレスとメンタルヘルス

松本友一郎

本章のポイント

この章では，まず私たちが働く職場の現状を職務ストレスという観点から概観します。そのうえで，具体的な職務ストレスの理論および関連する要因についてみていき，最後に，職務ストレスの現状に対して組織がとりうる対策を述べます。

本章で紹介する研究

- NIOSH の職業性ストレスモデル
- ラザルスとフォークマン（Lazarus & Folkman, 1984）のプロセスモデル
- カラセック（Karasek, 1979）の職務ストレインモデル
- バッカーら（Bakker et al., 2014）の JD-R モデル，などの研究を紹介します。

職場のストレスは働く人々にとって身近な話題であるといえるであろう。また，これから働く学生にとっても，自身が働く身になった時のことを考えると心配になるテーマではないであろうか。できることなら，いきいきと元気に働きたいと望む人は多いと思われる。このように職場のストレスは社会の関心を集めるテーマであるため，ストレスという用語が定着してほんの数十年であるにもかかわらず，これまでに多くの研究が積み重ねられてきた。

ストレスという用語は，一般に浸透する過程で主に2つの意味で用いられるようになった。1つは「あの上司がストレスなんだよなぁ」というような用いられ方である。この場合のストレスは上司を指しており，何かしらのネガティブな反応を起こさせる〈原因〉という意味で用いられている。もう1つは「あの上司にストレスを感じるんだよなぁ」というような用いられ方である。この

場合のストレスは上司を指しておらず，上司によって生じるネガティブな〈反応〉をストレスと呼んでいる。つまり，何かしらの反応を生じさせる原因を指す場合と原因により生じる何かしらの反応を指す場合が混在して用いられているということである。ストレス研究ではこのような混乱を防ぐため，前者のような原因をストレッサーと呼び，後者のような反応をストレインまたはストレス反応と呼んでいる。そして，ストレス研究は，このストレッサーとストレインの関連を明らかにすることを目指してきたといえる。

1　職場におけるストレスの現状

厚生労働省（2016）により報告された平成27年労働安全衛生調査（実態調査）によると，現在の仕事や職業生活に関することで強いストレス（不安，悩みを含む）となっていると感じる事柄がある労働者の割合は55.7%であった。一方で，メンタルヘルス対策に取り組んでいる事業所の割合は59.7%であった。労働安全衛生法の改正によって，2015年（平成27年）12月より労働者50人以上がいる事業所では年1回のストレスチェックが義務づけられた。これはうつ（鬱）などのメンタルヘルス不調を未然に防ぐために，労働者が自身のストレス状態について知ること，また，集計結果の分析を通じて職場を改善することが目的とされている。先に示した厚生労働省（2016）の調査結果に見られる現状を解決していくには，機械的にストレスチェックを実施するのではなく，そこから得られた結果から労働者が自身の仕事を見直すとともに，職場全体として環境を適切に改善していくことが重要であるといえる。

ところで，厚生労働省（2016）の調査で調べられた強いストレスの内訳（複数回答）を見ると，最も多いのは仕事の質・量で57.5%，次に多いのは対人関係（セクハラ・パワハラを含む）で36.4%であった。職場のストレスといっても仕事に関する内容ばかりではないことがうかがわれる。しかし，人間関係にはポジティブな効果もある。看護師に限った調査ではあるが，厚生労働省（2011）によれば，退職経験がある看護師の退職理由については，「出産・育児のため」（22.1%），「結婚のため」（17.7%），「他施設への興味」（15.1%）に次いで「人間関係がよくないから」（12.8%）が多く，超過勤務，夜勤の負担，医療事故への不安，給与への不満などよりも多い（18項目から3つまで選択可能な複数回答)。一方で，現在の施設で働き続けたいという回答者が選択した理由は「通勤が便利だから」(51.9%) に次いで，「人間関係がよいから」(39.2%) が2番目に多い（16項目から3つまで選択可能な複数回答)。したがって，人間関係次第でいきいき働けることもあれば離職を余儀なくされることもあるといえる。

そこで，人間関係のポジティブな効果に着目してみる。厚生労働省（2016）の調査では，ストレスについて相談できる人がいるとする労働者の割合は84.6%であった。相談相手（複数回答）としては家族・友人が83.1%と最も多かったのであるが，上司・同僚も77.9%であった。実際に相談した相手（複数回答）も家族・友人が77.7%，上司・同僚が73.2%であった。ところが，実際に相談したことがある労働者のうち，「ストレスが解消された」とする労働者の割合は31.1%に過ぎず，「解消されなかったが，気が楽になった」という労働者が59.2%を占めていた。したがって，周囲に相談して問題が解決することは必ずしも多くはないといえる。もし職場のストレスを適切にマネジメントしたいと考えるなら，必要に応じて現場のシステムや文化を変えていくことが求められる。

2　職務ストレスの理論

[1] NIOSHの職業性ストレスモデル

先にも述べたとおり，ストレスに関する多くの心理学的理論やモデルは，ストレスをストレッサー（原因）からストレイン（反応）に至る一連の過程として捉えている。特に職業性ストレスに関しては，クーパーとマーシャル（Cooper & Marshall, 1976）が先行研究をレヴューし，関連する要因を整理して一連の過程をまとめた（図5-1)。このモデルの「組織における役割」というストレス源に関する説明の中で，「人に対する責任」は「物に対する責任」よりもストレス源になりうると指摘されている。

また，アメリカのNational Institute for Occupational Safety and Health (NIOSH) はクーパーとマーシャルのモデルやその他の研究をさらにまとめて

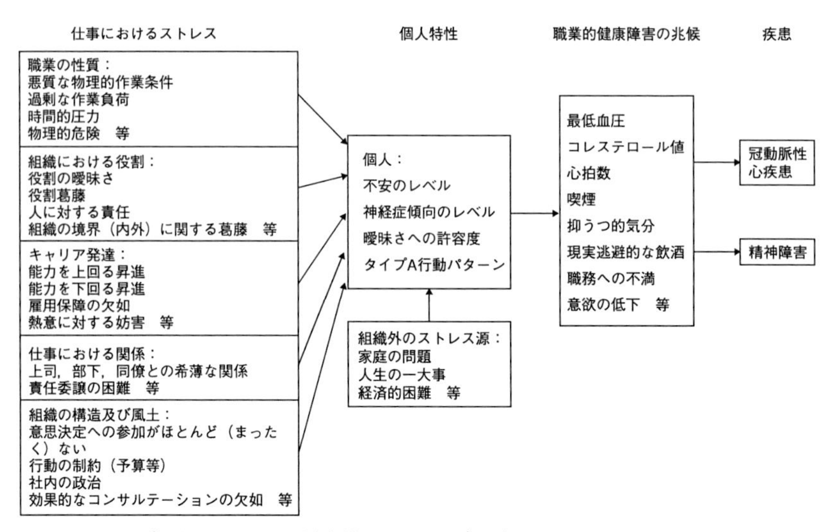

図 5-1　クーパーとマーシャルの職業性ストレスモデル（Cooper & Marshall, 1976 より作成）

図 5-2 のようなモデルを提案した（Hurrell & McLaney, 1988; Murphy, DuBois, & Hurrell, 1986）。このモデルでは，ストレッサーの内容がクーパーとマーシャルのモデルとは異なる部分があり，調整要因（個人要因，仕事外要因，緩衝要因）がより分かりやすく示されている。調整要因とは原因と反応の関係を調整する要因である。たとえば，難しい仕事を与えられるというストレッサーに対し，胃が痛くなる人もいれば，むしろ張り切って元気になる人もいる。つまり，同じストレッサーに対して異なる反応を生じさせる要因が調整要因である。上記の例でいえば，ストレッサーに対する受け止め方の個人差（個人要因）や協力できる仲間がいるか否かといった要因（緩衝要因）が該当する。ストレッサーだけをみているとお互いのストレスを理解し合えなくなるかもしれないため，図 5-2 のように調整要因を考慮することも重要であるといえる。

［2］ラザルスとフォークマンのプロセスモデル（**認知的評価理論**）

ストレスという概念を心理学的に捉えるには，ストレッサーとなる刺激やそれに対する人間の心理的または生理的反応をみるだけでは不十分である。NIOSH の職業性ストレスモデルにもある通り，調整要因を考慮する必要がある。

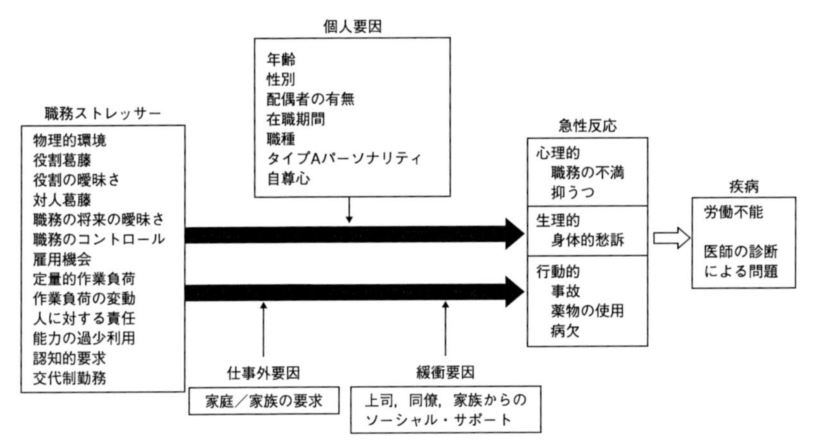

図 5-2　NIOSH の職業性ストレスモデル（Hurrell & McLaney, 1988; Murphy, DuBois, & Hurrell, 1986 より作成）

また，人間は環境に対して必ずしも受け身ではなく，自らと環境の関係を評価し，その関係を変えるべく働きかけることもする。ラザルスとフォークマン（Lazarus & Folkman, 1984）はこの点を強調し，恐らく現在の心理学において最も多くのストレス研究に引用されるモデルを提唱した。職務ストレスに限らずストレス全般についてのモデルであるが，最も重要であるため本稿でも取り上げた。

ラザルスとフォークマンの主張によれば，ストレスは人間と環境の関係全体として捉えるべきであり，その関係に対する人間の認知的評価を介する一連の過程であるという考え方が適切である。この認知的評価とは，その環境における物事が自分にポジティブな影響を与えるのか，ネガティブな影響を与えるのか，それとも無関係なのか，そして，それに対して自分は何かできるのか，できるとしたら何ができるのかという評価である。そういった評価によって，なんらかのコーピングがなされ，人や文脈によってストレスは異なった様相を呈することとなる（コーピングについての詳細は第 6 章参照）。

その様相を的確に捉えるには，数値を集計して分析する量的な研究だけでは無理があるため，後にラザルス（Lazarus, 1999）は人々の語りからストレスについて考察するナラティヴ研究の重要性を指摘している。職場のストレスを考

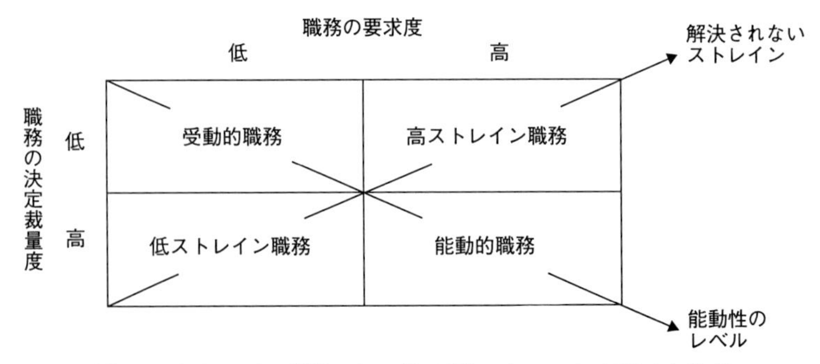

図5-3　カラセックの職務ストレインモデル（Karasek, 1979より作成）

えるうえでも，集計されたデータを通して見るだけでなく，異なる人々が集まる場として見ること，また，そこにいる人々がその場をどう見ているのか知ることも忘れないようにする必要があるといえるであろう。

［3］カラセックの職務ストレインモデル

NIOSHやラザルスとフォークマンのような一連の過程をまとめるモデルに対し，カラセック（Karasek, 1979）は，図5-3のように仕事の要求度と裁量度という観点から職業性ストレスを捉えた。なお，ここでの裁量度には，組織から与えられる裁量権と適切な裁量を行使する個人の能力の両方を含む。このモデルによれば，仕事の要求度が高く，裁量度が低い仕事が高ストレインの仕事であるということになる。たとえば，苦情を受けつけるコールセンターの職員は，自分の裁量ではどうにもできない要求をひたすら聞かなければならないため，典型的な高ストレインの職務に該当するといえる。ただし，要求度が高くても，同時に裁量度も高ければ困難を自らの力で乗り越えていけるため，仕事は能動的職務となり，むしろやりがいにつながると考えられる。

［4］バッカーらのJD-Rモデル

もともと高い理想と意欲をもって働いていたにもかかわらず，いつの間にか疲弊しきってモチベーションが低い状態になることをバーンアウトという。もともとは看護師などのように人を援助する職業に特有とされてきたが，現在では技術職などのように人への援助と直接関わらない職業にも範囲を広げて検討されるようになった。そのため，バーンアウトは抑うつと概念的にどう異なるのかという批判もある。これについて，抑うつ傾向が高まるとバーンアウトに陥りやすいという関係にあり，抑うつは生活全般の問題であるのに対し，バーンアウトは仕事に特有の問題であるという点が異なるとされている（Maslach et al., 2001）。

マスラックとジャクソン（Maslach & Jackson, 1981）は Maslach Burnout Inventory（MBI）という尺度を作成し，バーンアウトは，仕事によって情緒的に限界を越えて消耗しきっていると感じていることを示す「情緒的消耗感」，ケアまたは援助の受容者について無感情で非人間的な反応を示す「脱人格化」，人と関わる仕事の中で能力および達成を感じていることを示す「個人的達成感」という3因子に分類されることを示した。これらの3因子は，「情緒的消耗感」により「脱人格化」が高まり，「脱人格化」が「個人的達成感」を低下さ

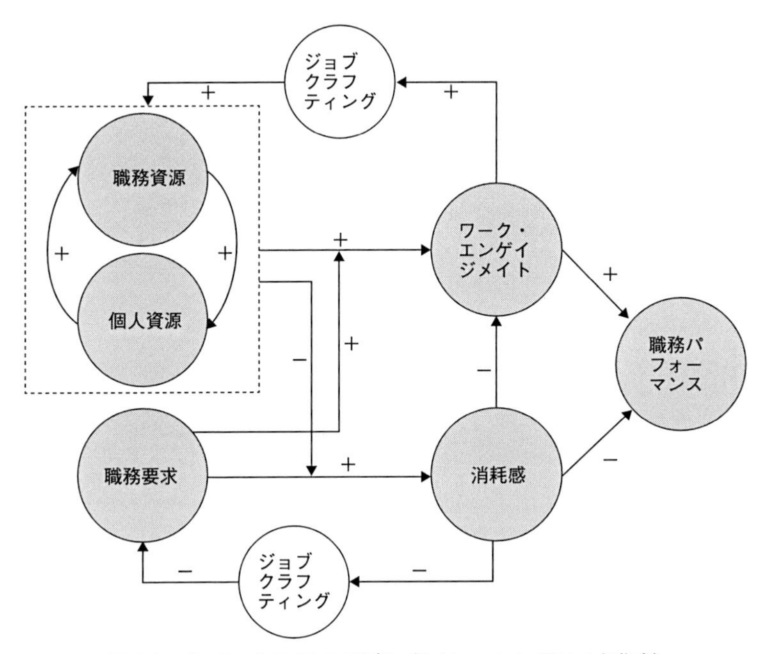

図 5-4　バッカーらの JD-R モデル（Bakker et al., 2014 より作成）

トピック9　多元的無知

看護師を対象とした調査ではあるが，スタッフ（患者や医師ではなく自分と同じ看護師）に対して本音を言わないことが多いほどバーンアウトの中心的概念である情緒的消耗感を感じることや記憶関連の失敗をすることが多いという結果が示されている（松本・臼井，2010，2012）。

ただ，職場では何かと言い出しにくいことも多いであろう。言い出しにくい理由としていくつか要因は挙げられるが，その中の1つとして「こんなふうに思うのは自分だけではないだろうか？」という心理が挙げられる。実際にそんな思いを抱いていたのは自分だけということもあるが，その疑問が周囲の人や組織全体にとっても重要な意味を持つ可能性もある。そうであるなら，多少自信がなくても思いは表明して解決した方がよい。仕事帰りの居酒屋で「私は違うと思う」といくら言っても解決にはならない。また，そのような思いを言えば受け入れられるような環境が求められる。

次に，実は周囲の人もみんな自分と同じ思いをしている場合を考えてほしい。このような場合に，「こんな思いを抱くのは自分だけではないだろうか？」とお互いに思っていたらどうなるであろうか？　大多数が同じ思いを抱いているのに，だれも望まないような状況が維持されてしまうことになるかもしれない。この状態，つまり，本当はみんな同じ思いであるにもかかわらず，「自分だけでは？」という心理が相互に働くことによってだれも身動きがとれない状態を社会心理学では「多元的無知」と呼んでいる。

みんなが本当は改善を望んでいることであったり，だれから見ても組織にとって不利益な選択であったり，明らかにおかしいと思えることが見過ごされていく背景にはこのような要因もある。そういう意味でも思っていることをお互いに言える環境を整えることは必要であるといえる。最初に誰かが周囲に思いを伝えてみれば，案外，同じことを思っている人がたくさんいるかもしれない。

せるというプロセスをたどるとされている（Leiter & Maslach, 1988）。近年では，先に示したように技術職などにもバーンアウトという概念が適用されるため，脱人格化がシニシズムという別の因子に変えられるなど，内容には修正が加えられている。

バーンアウトとは異なり，いきいきと元気に働いている状態をワーク・エンゲイジメントという。ワーク・エンゲイジメントは活力，熱意，没頭の3因子からなるといわれている。研究者の間では，バーンアウトとワーク・エンゲイジメントは正反対の関係にあるという主張と両者は独立した概念であるという主張の2つがある。また，ワーク・エンゲイジメントは仕事中毒と似ていると誤解されることがあるが，これらは大きく異なる。最も異なるのは，仕事にコントロールされているのか，仕事をコントロールしているのかという点である。たとえば，仕事中毒の人は適切に休むことができないが，ワーク・エンゲイジメントが高い人は仕事には集中するが休むべき時はしっかり休む。

バッカーら（Bakker et al., 2014）は，バーンアウトの主要な因子である消耗感とワーク・エンゲイジメントの関係について，先行研究による実証データに基づいて図5-4のJD-Rモデルとしてまとめた。このモデルでは，カラセックの職務ストレインモデルのように，職務に課せられる要求（job demands：JD）と職務および個人に備わっている資源（resources：R）との関連を組み込んだ循環モデルを想定している。+は高くなることを示し，−は低くなることを示す。矢印の真ん中に矢印が刺さるように描かれているのは調整要因として働くことを示している。たとえば，資源からワーク・エンゲイジメントへの矢印に要求からの矢印が刺さっている。これは，資源があるほどワーク・エンゲイジメントが高まるという傾向があり，その傾向は要求が高いほどより顕著になることを示している。カラセックのモデルの能動的職務に該当する状態であるといえるであろう。

他に，JD-Rモデルの主なポイントを3つ挙げておく。1つ目のポイントは，消耗感はワーク・エンゲイジメントを直接下げるが，ワーク・エンゲイジメントを高めても消耗感は下がらないという点にある。つまり，やりがいをもって仕事に熱中していても，それでいくらでも働けるというわけではないということである。たとえワーク・エンゲイジメントが高くても，それとは別に消耗感が高まらないようにするための職務設計やケアが必要であるといえる。2つ目のポイントは，ジョブ・クラフティングという概念を導入している点である（第3章第4節参照）。これは，従業員自身が職務のデザインを積極的に変えうることを指す。職務自体に物理的に働きかけるだけではなく，職務の意味づけなどに対する見方を認知的に変えることも含む。それにより，資源を増やすとともにチャレンジングな要求を増やし，障害となる余計な要求を減らすことが可能になる。3つ目のポイントは，職務のパフォーマンス（成果）への影響をモデルに組み込んだ点にある。先にも述べたが，このモデルはすべて実証データに基づいているため，概念上，職務の成果にも影響しうるということではなく，実際に影響するのである。したがって，ストレスおよびメンタルヘルスのマネジメントは経営を成り立たせるうえで必須であるといえる。この点は後述するEAPにもつながる。

3　職務ストレスに影響する要因

職務ストレスについて，特に組織特有の要因として役割葛藤および役割の曖昧さ（性）が挙げられる（第4章第4節参照）。これらはクーパーとマーシャルのモデルにもNIOSHのモデルにも含まれている。また，カラセックのモデルおよびバッカーらのモデルにおける要求に含まれると考えられる。心理学で役割という場合，職種や地位そのものではなく，それに伴って期待される振る舞いを指す。たとえば，営業職だからだれにも笑顔で接するはず，上司はしっかりとリーダーシップを発揮するものという具合である。ただ，組織で働いていると複数の相容れない役割を期待されることも多い。これが役割葛藤である。また，そもそも自分が何を求められているのか，ここではどう振る舞うとよいのか分からないような状況で無駄に疲れてしまうという経験はないであろうか。これが役割の曖昧さである。

ただ，実際には調整要因が働き，同じ状況でも人によって捉え方が異なり，結果としてストレインも異なってくる。ストレッサーに対して悲観視せず，むしろそれが自分の糧となる，乗り越えることは可能であると捉える人もいる。そのような個人特性をハーディネスという。ハーディネスが低い人が困難に直面すると，端から乗り越えられないと捉えて悲観的になりストレインも高まりやすい。また，冷静に判断してすぐに行動に移したり協力を要請したりすれば何とかなったものを，ぐずぐず悩んでいたがために事態が悪化してストレッサーが増えるということもありえる。

組織で働いていると，個人では解決が困難なストレッサーもある。そのため，周囲の人による支援を必要とする。そのような他者からの支援を心理学ではソーシャル・サポートと呼んでいる。ソーシャル・サポートの分類は研究者によってもさまざまであるが，おおむね一貫しているのは道具的サポートと情緒的サポートである。道具的サポートは困難を乗り越えるための具体的な手助けをするなど，ストレッサー自体にアプローチするサポートである。情緒的サポートは愚痴を聞いたり慰めたりして，ストレインにアプローチするサポートである。基本的には道具的サポートの方が根本的な解決につながると考えられる。しかし，第1節で示した厚生労働省（2016）のデータにあるとおり，周囲に相談したことがある労働者のうち，「ストレスが解消された」とする労働者の割合は31.1％に過ぎず，「解消されなかったが，気が楽になった」という労働者が59.2％を占めていた。したがって，職場においては情緒的サポートも重要であるといえる。また，組織においては周囲のサポートですべて解決できるとは限らないため，第1節でも指摘したように，必要に応じて現場のシステムや文化を変えていくことが求められる。

4　働く人への支援

これまでみてきたように，組織としてのストレスマネジメントは重要な意味を持つ。2015年12月より労働者50人以上がいる事業所に義務づけられたストレスチェックはその第1歩といえる。しかし，経営者も管理者も従業員もストレスマネジメントについての知識，技術，経験は限られており，何をどう整えていくのが適切であるのか戸惑うこともあるのではないであろうか。そこで，メンタルヘルスをはじめ，関連する問題を包括的に支援するEAP（employee assistance program）が広がりつつある。日本EAP協会によると，「1．職場組織が生産性に関連する問題を提議する」また，「2．社員であるクライアントが健康，結婚，家族，家計，アルコール，ドラッグ，法律，情緒，ストレス等の仕事上のパフォーマンスに影響を与えうる個人的問題を見つけ，解決する」という2点を援助するために作られた職場を基盤としたプログラムとされている。ここで重要なのは，生産性や仕事上のパフォーマンス（成果）を前提に考えている点である。これはバッカーらのJD-Rモデルとも一致する。臨床という観点からも理論という観点からも，組織のメンバーに無理を強いて生産力を維持するというやり方には限界があることが明らかになってきているのである。今後は，経営という観点からも組織のメンバーの健康を前提に考える必要がある。

トピック10　100年後の未来人

現在の産業の原型を作った人物の1人として1911年に科学的管理法についてまとめた本を出したテイラー（F. W. Taylor）が挙げられる。テイラーの時間研究をはじめとする科学的管理法はその後の産業社会を効率化へと導いた。そうして，現代においてモノやサービスが充実してそれが当たり前に感じられるようになった反面，実際に働く私達は随分と忙しく，時には無理をしているようにも感じられるのではないであろうか。そのため，科学的管理法は多くの批判を受けてもきた。

ただ，テイラーの著書をよく読むと，彼自身は，現場で働く人々が無理をして短期間に健康を損なったりすることなく，長く健康に働けるようになることを望んでいる旨が書かれている。また，科学的管理法がただただ生産面の効率を上げることだけに利用されることについて危惧し，決してそのような使い方をしないようにと強く釘を刺してもいる。つまり，テイラーは説明書にちゃんと注意書きを記載していたのである。それにもかかわらず，これまでそれが守られずに科学的管理法が利用されてきたといえる。

現代の産業社会では，モノやサービスの充実によって余裕が生まれるたびに，その分の余裕をまた仕事で埋めてしまうということを繰り返しているように思われる。テイラーからすると私たちは約100年後の未来人であるが，その未来人たちである私たちの社会をもしテイラーが見たとしたらどう感じるであろうか。モノやサービスは効率的でも，産業社会という観点では随分と非効率なシステムで動いているように見えるかもしれない。

もちろん，ここで言いたいのは仕事の忙しさに対する悲観ではない。ただ，私たちが日頃抱く疑問のヒントは100年前の本で既に述べられていたのに，私たちがそれをちゃんと見てこなかったのかもしれないと思うのである。そもそも私たちはどのように生活を送ることを望み，そのためにどのような産業社会を実現するのか見直す時が来ているのではないであろうか。

読書案内

- クーパー，C. L., & デューイ，P.（著）大塚 泰正・高橋 修・鈴木 綾子・岩崎 健二・京谷 美奈子（訳）(2006)．ストレスの心理学――その歴史と展望　北大路書房
- シャウフェリ，W. B., & ダイクストラ，P.（著）島津 明人・佐藤 美奈子（訳）(2012)．ワーク・エンゲイジメント入門　星和書店
- テイラー，F. W.（著）有賀 裕子（訳）(2009)．新訳 科学的管理法――マネジメン

トの原点　ダイヤモンド社
- 外島 裕・田中 堅一郎（編）(2007). 臨床組織心理学入門――組織と臨床への架け橋　ナカニシヤ出版

第6章

心の健康

田中芳幸

本章のポイント

この章では，心の健康を悩みやストレスなどのネガティブな側面と幸福や満足感といったポジティブな側面との二次元で捉える意義を概観する。このポジティブ面について特に主観的ウェルビーイングに注目し，その心身健康の維持・増進やストレス予防への役割についても学ぶ。

本章で紹介する研究

- ステプトウ（Steptoe, 1991）の病気罹患性のストレス-コーピング・モデル
- キーズら（Keyes & Lopez, 2002）の精神的健康の二次元モデル
- ディーナーら（Diener et al., 1999）の主観的ウェルビーイング
- ベロックら（Belloc & Breslow, 1972）やマタラッツオ（Matarazzo, 1984）などの健康関連行動［生活習慣］
- プロチャスカら（2006）の多理論統合モデル
- ドゥエック（Dweck, 2007）やクラムら（Crum, Salovey, & Achor, 2013）などのマインドセット，などの研究を紹介します。

心の健康が不良な状態になると，さまざまな心身の疾患にもつながりかねない。特に日本では，心理社会的不適応やその予備状態にある人々の増加が社会問題化しており，第5章で述べられたとおり強い不安や悩み，ストレスを感じながら就労している者がとても多い。世界24ヶ国の大学生に実施した調査でも，日本人大学生の抑うつ得点とうつ発症の潜在的な割合が欧米諸国などの大学生に比べて非常に高かった（Steptoe et al., 2007）。

このように心の健康状態が良好とはいえないままに働いている人々や就労を間近に控えた大学生が多いという現代日本の状況がある一方で，同時に，自ら

のそのような状態について医師や心理職などの専門家に相談することに抵抗のある者が多いという特徴もみられる。厚生労働省（2017）によると，就労者の大多数が上司・同僚や家族・友人を相談相手として選んでおり，相談してそのストレス状態が実際に解消されたとする者は31.7%にとどまっている。産業医（8.6%）や衛生管理者・衛生推進者（2.3%），カウンセラーなど（3.0%）といった，心の健康に関する知識・技能を有する専門家に相談できる就労者は依然として少ない。

以上のような心の健康が悪化しやすく，にもかかわらず専門家を頼ることにためらいがちな実態があることを考えると，日本の就労者や今後就労を目指す者は，自分自身の心の健康に対する理解を深めておくことが必須である。心の健康のネガティブな側面である精神疾患に関する論考は多数ある他書に譲り，本章では人間性のポジティブな側面へも注目して〈心の健康〉を考える。そのうえで，ストレスによる心の健康悪化を防ぐための予防的視点を導入し，さらには心身の健康の維持増進につながりうる習慣や行動，心の健康に関する心理学諸理論を紹介する。

1　心の健康とは

世界保健機関（WHO, 1948）が，健康を病気や虚弱でないというだけでなく，身体的にも心理的にも社会的にも完全に良好な状態（ウェルビーイング：well-being）と定義してから半世紀以上が経過した。しかし依然として，病気さえなければ健康であるという〈健康〉の捉え方は払拭されていない。また臨床心理学などの発展により，個人の身体的な側面だけでなく心理・社会的な側面も注目されるようになったが，特に心の健康については精神疾患や精神症状さえなければ健康だと考えられがちである。身体・心理・社会という複数の側面が良好で〈健康的な〉就労を続けるためにも，これら諸側面の相互作用を重視する健康観を念頭に置きたい（トピック11も参照）。

[1] 健康観の変遷

健康観とは，健康の定義や価値づけを含むものであり，健康とは何かという見方のことである。感染症や栄養不足で若くして亡くなる人が多い時代には，〈健康〉の最終目標は疾病でない状態をつくることであり，身体の病気や損傷を重視する健康観が主であった。日本でも戦後の1951年までは，感染症の1つである結核が国民病と呼ばれるほど主要な死因であった。ちょうど先述のWHO（1948）による健康の定義が明示された頃を境として，脳血管疾患やがんが主な死因となり，そのリスク要因に生活習慣（たとえば，食習慣や運動習慣など）が注目され始めた。時代や社会に応じて健康観は変遷し，現代では身体のみでなく心の健康や社会的な健康にも注意を向けた健康観が必要とされている。

身体と心，社会といった諸側面が良好な状態であることや，これらの相互作用を重視する意義は，病気罹患性のストレス-コーピング・モデル（Steptoe, 1991）にも示される。このモデルによると，心理生物学的ストレス反応から健康-病気の結果に至るルートとして，生理学的経路と認知-行動的経路の2つが想定されている（図6-1）。ストレス反応は特定の器官における生理学的な過活動（反応亢進性）や全身の免疫抵抗力の低下（宿主脆弱性），基礎疾患の変調も通じて，ストレス性障害へと発展する（生理学的経路）。同時に，不快な情動を抑圧したり過剰興奮したりといった情動行動，運動や食事，飲酒や喫煙などの

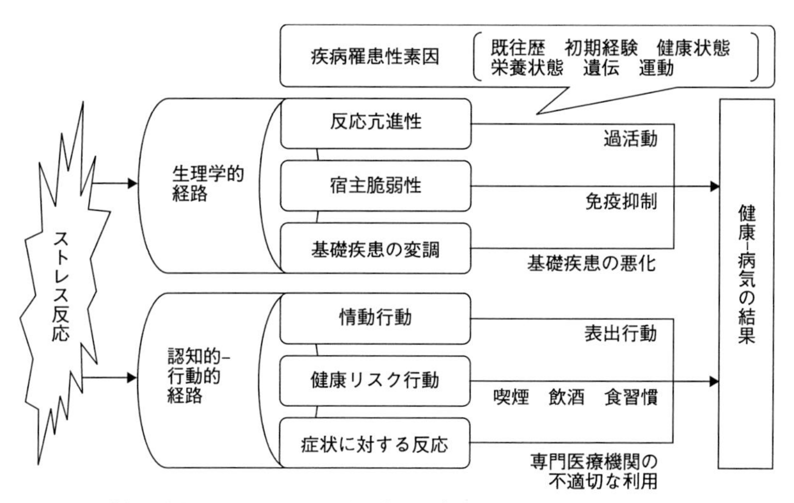

図6-1　病気罹患性のストレス-コーピング・モデル（津田・牧田・津田，2001を改編）

生活習慣と結びついた健康リスク行動，症状の自覚に対する気づきのなさや不適切な医療機関の利用など，を介してストレス性障害へと結びつく（認知-行動的経路）。これら心理生物学的ストレス反応に続く身体と心の相互作用的な過程と個人が有している疾病罹患性の素因がさまざまなストレス関連疾患に影響する。

ところで特に〈心の健康〉については，WHO憲章に示される健康の定義から半世紀を経た1998年に「スピリチュアル（spiritual）的にも良好な状態」との意味づけを付加しようとする提案がなされたことも付記すべきであろう。実際にはこの提案は審議されず，1948年の定義から変更は生じていない。このスピリチュアルという用語には日本人はとかく霊的なものや宗教的なものを感じて敬遠しがちである。しかしspiritual付加の提案には，より広く個人の信念や尊厳，信条などといった心のポジティブな側面を含めた健康観への要請が強くなっているという意味が込められていることに注目すべきである。

［2］精神的健康の二次元モデル

WHOによる健康の定義について記してきたが，特に〈心〉については，疾患や症状さえなければ精神的に健康だと考えられがちである。米国公衆衛生局の報告書（1999）でも心の健康と精神の病は一直線上の両極に相対するものではないことが示されており，精神的な症状がないことのみをもって心が健康だと捉えるべきでないとしている。そこでここでは，精神症状と主観的ウェルビーイングの二軸を組み合わせて心の健康を捉え直す精神的健康の二次元モデル（The complete state model for mental health; Keyes & Lopez, 2002）を紹介する（図6-2）。

ここでいう主観的ウェルビーイング（subjective well-being）は個人が自覚する自分自身の心の良好さについての概念である。簡便に理解するために幸福感とほぼ同意と捉えていただきたい。幸福感という非常に曖昧な概念を探求するために定義された主観的なポジティブ状態ということもできる。主観的ウェルビーイングは生活の中で自分自身が評価するものであり，概して，全体的な生活満足感の高さ，個人にとって特定の重要な領域に関する満足感の高さ，快感情（ポジティブな感情経験）の多さ，不快感情（ネガティブな感情経験）の

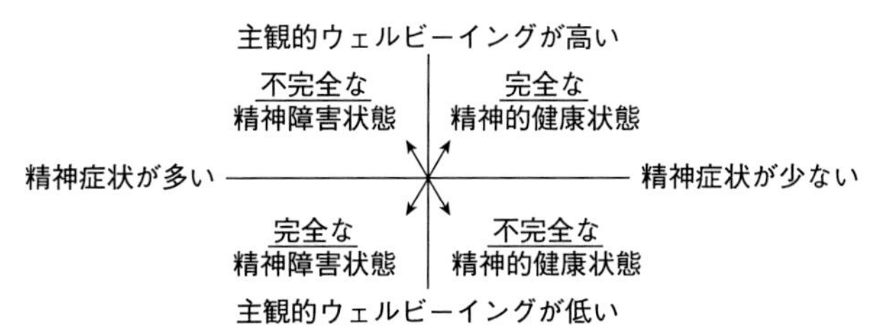

図 6-2　精神的健康の二次元モデル（Keyes & Lopez, 2002 を改編）

少なさなど，によって構成される（Diener et al., 1999）。

精神的健康の二次元モデルによると，精神症状が少ない場合に，主観的ウェルビーイングが高いと〈完全な精神的健康状態〉として，一方，主観的ウェルビーイングが低いと〈不完全な精神的健康状態〉として考えられる。精神症状が顕著でもウェルビーイングが高ければ〈不完全な精神障害状態〉として考え，精神症状が顕著でかつ主観的ウェルビーイングが低いときに〈完全な精神障害状態〉として考えることになる。

現代社会では，うつ病や他の何らかの精神病ではないが，何となく活気がなく不全感を抱えたような心持ちになることが多い。このような心の健康状態を「精神的な症状がないから健康だ」と短絡的に捉えるのではなく，〈不完全な精神的健康〉の状態として捉え直して主観的ウェルビーイングの向上を図り〈完全な精神的健康〉を目指すのがよい。またストレス社会とまでいわれる現代，だれもがストレス性の障害やうつ病などに罹患する可能性を否めない。精神症状の改善ばかりを目指すのではなく，日々のちょっとしたうれしいことに注目（ポジティブ感情の増加）したり，自分が重要視するもの・ことだけでも満足できるようにしたり，といった〈不完全な精神障害〉の状態に近づこうとする方向性も必要である。

主観的ウェルビーイングに注目する意義は，心の健康に関する事柄に留まらない。たとえばよく知られたダナーら（Danner, Snowdon, & Friesen, 2001）の研究がある。修道女の手記を分析したところ，文中に「喜び」や「感謝」といったポジティブ感情を表記していた者の方が，ネガティブ感情を記していた者よりも 60 年後の健康状態が良く，最長で 10 年も長生きしたという報告である。他にも，主観的ウェルビーイングによる免疫機能の向上や心理生物学的ストレス反応の低減などの効果を記した報告が多数散見される。主観的ウェルビーイングは心の健康のネガティブな側面を改善することに役立つだけでなく，身体的な健康にも良い影響を及ぼすといえる。

トピック 11　生物医学モデルから生物心理社会モデルへ

本章は〈心の健康〉に重点を置き，第 1 節第 1 項の健康観に関連して重要な生物心理社会モデルへの記述を割愛した。生活習慣病や慢性疾患への対応がますます必要となる今後の社会を見据えて，健康や病気に関する実践や研究に有用なこの理論モデルを紹介したい。

感染や損傷から引き起こされる身体的な病気や障害の改善を主に目指すべき時代には，疾病の病理メカニズムに焦点化する生物医学モデルが重要であった。実際，この理論モデルによる対応が，19 世紀から 20 世紀にかけたさまざまなウィルスの発見，その対策としての医薬品やワクチンの開発，外科治療の発展などに貢献し，現代を生きる私たちの健康をも支えている。

ただし公衆衛生や栄養状態が改善され，心理・行動的な要因や社会的要因も関わる病気への対策を重視すべき現代では，生物心理社会モデルが健康にとって立脚すべき理論モデルとなる。わが国でいえば，それまで最多であった結核による死者が 1940 年代から 60 年代にかけて急減し，1951 年を境に 70 年代まで脳血管疾患を死因とする者が最多となった。現在も増加し続ける主な死因であるがん（悪性新生物）や心疾患についても，同時期に結核による死者数を超えた。

生物心理社会モデルは，病気を治すことよりも，本章が強調するより良好な状態を目指すという健康の考えを実現するために不可欠といえる。たとえば現代では，主な死因である心筋梗塞やがんと喫煙習慣とに関係があることは周知であろう。しかし生物医学モデルに基づくと，喫煙から疾病の発症に至る生化学的な病理メカニズム（ニコチンやタールなど）の解明が中心になる。これに対して生物心理社会モデルでは，遺伝的素因としての罹患しやすさ，心理・行動的要因である喫煙習慣，禁煙環境や医療サービスへの接触といった社会的要因にも注目する。

喫煙の例に限らず，私たちの健康は，身体（生物）的，心理・行動的，社会的要因の相互作用によってつくられる。WHO（1948）に示される〈完全に〉良好な状態とはいかないまでも，今より少しだけでも良好な身体？心？社会？にできると，先々の全般的な健康状態の良さにつながりうる。今日からエレベーターに乗るのは 4 階以上にしてみるなど，小さな工夫を試みてはどうだろうか。

2　生活習慣やストレスマネジメントと心の健康

実生活に目を向けたとき，特に日々多忙な就労者にとって，心の健康に関する主観的ウェルビーイングなどのポジティブ側面の向上を企図することは難しい。就労者のストレスチェック制度導入等により個々人のネガティブ側面への気づきを促したり，場合によっては受診につなげたりするなど，病気をなんとかしようという疾病対策的な行動は促しやすくなってきた。一方で，より良い心の状態（より高い主観的ウェルビーイング）を目指すために専門機関に行くことを考慮する就労者はまずいない。つまりこのような〈より良い状態〉を目指す行動は，各人にとって実行が容易で日々の生活の場で行えることが必要ということになる。

[1] さまざまな健康関連行動

健康関連行動とは，個人の健康状態に関連するさまざまな行動の総称である。キャッスルとコブ（Kasl & Cobb, 1966）は，このような健康関連行動を健康行動，病気行動，病者役割行動の３タイプに分類した。健康行動は病気を予防するためにとられる行動であり，特に病気の前兆がない人が病気でない状態を維持するためにとる行動である。たとえば，適切な食習慣や適度な運動習慣を維持することなどである。病気行動は病気対処行動とも呼ばれ，既に健康を阻害されている人が治療を求める行動である。明確に健康が害されているか不明なときに医師の診断を求めて健康かどうかをはっきりさせようとする行動なども含まれる。３つ目の病者役割行動は，既に病気に罹患している人が，医学的に処方された方法を受け入れ，回復するためにとるあらゆる行動を指す。

一方でマタラッツオ（Matarazzo, 1984）は，健康にとってネガティブな影響を与える行動を病原体になぞらえ，ポジティブな影響を与える行動を免疫抗体やワクチンになぞらえて２分類する考え方を提唱した。マタラッツオによると健康を害する行動習慣を行動的病原と呼び，その中には喫煙や過度の飲酒，睡眠や運動の不足などが含まれる。これに対して健康を守る行動を行動的免疫と呼び，健康診断や予防接種を受けたり，規則正しい生活習慣を維持したりすることなどが含まれる。

キャッスルらの健康行動やマタラッツオの行動的免疫の重要性は，ベロックとブレスロー（Belloc & Breslow, 1972）による研究（通称，アラメダ研究）にも示されている。生活習慣と健康との関連性を検討した10年間にわたる代表的な追跡調査研究であり，①適切な睡眠時間の維持，②喫煙をしないこと，③適正体重の維持，④過度の飲酒をしないこと，⑤定期的な運動，⑥朝食を毎日食べること，⑦間食をしないこと，という7項目の健康習慣（ブレスローの7つの健康習慣とも呼ばれる）の実行を得点化して検討したものである。7項目の合計点が高いほど自らの身体についての主観的健康度が高く，その後の死亡率が低いことが確認された。65歳以下の場合，7項目の内6項目以上の健康習慣実施者は，3項目以下の人と比較して男女ともに7-8年寿命が長いことも示されている。日本でもこの7項目と健康度に関連があることが報告されており，健康習慣が多い人ほど身体的健康の破綻が遅くなることのみならず，抑うつ症状が起こりにくいことも明らかになっている。

[2] ストレスマネジメント行動

心身の健康を維持しつつ就労を続けるために，日常生活で健康行動や健康習慣を増やすことが有効である。日常での運動や食事の摂り方，質の良い睡眠，適度な余暇活動など，ストレスの軽減を介して心の健康の維持増進に役立つ行動は多い。また，ストレスとの関連性が強く指摘される神経内分泌系や自律神経系の活動には，1日の中で活発になったり安静に近くなったりという日内変動があり，規則的な生活習慣はこの変動を整える。逆に不摂生な生活が続くと日内変動に乱れが生じて生体内でのストレスへの耐性が弱まり，心身の不健康状態が起こりやすくなる。つまりは前項で述べた健康行動や健康的な生活習慣を可能な限り維持することこそが，日々多忙な就労者にとって一番のストレスマネジメントだともいえる。

とはいえ多忙であるからこそ規則的な生活習慣を維持することは難しい。ストレスマネジメントの基本は，ストレス反応やその結果として生じる心身の不調に対する予防である。就労者に関してNIOSHの職業性ストレスモデル（第5章 図5-2を参照）に準じて考えれば，ストレッサーから急性ストレス反応にかけた過程に対する一次予防（心身の不調を防いだり健康を増進すること），急性反応から疾病への過程に対する二次予防（疾病の早期発見や重症化前の治療），そして疾病の管理や復職支援といった三次予防，の三段階で異なるストレスマネジメントがある。

ここでは一次予防的なストレスマネジメントに注目し，個人が日常で実行可能なストレスマネジメント行動をリラクセーションとアクティベーションとに大別する。まずリラクセーションは，ストレスによって生じたさまざまな心身の反応をもとの状態に回復させたり，ストレスフルな状況に遭遇しても過剰な反応を起こさずにすむようにさせたりする自己調節のことである。ストレス下で心の緊張とともに生じる筋緊張や脈拍の増大，発汗など，交感神経系の賦活を治めるような働きを有する方法を指す。たとえば全身の筋肉を順に緊張と弛緩を繰り返す漸進的筋弛緩法や，イメージを用いる方法，自律訓練法などがある。一方のアクティベーションは，身体を活発化させることによってストレス産物を消費する方法のことである。大声を出したり運動をしたりした後にスッキリした感覚を得ることがあるが，そのような〈発散〉させる方法を指す。

ストレスマネジメントの技法やプログラムがさまざまに開発されているが，まずは自分自身の生活の中で既に行っていることの中にストレスのマネジメントに役立ちそうな行動がないか探してみてはどうだろうか。リラクセーションに役立ちうる入浴を例にとれば，単に身体をきれいにするためだけでなくストレス状態からの回復にも役立つことを意識することから始めてみるとよい。他にも音楽鑑賞やアロマ，散歩やジョギングなど，身近にさまざまなものがある。

[3] 多理論統合モデルによるストレスマネジメント

多理論統合モデル（transtheoretical model：TTM）は，さまざまな健康行動や健康習慣を構築したり維持したりするのに有用であり世界的に適用されている（プロチャスカら，2006）。効果検証された複数の理論と技法を統合しており，単一理論に基づく方法よりも行動変容を起こしやすい。また，従来の行動変容技法は動機づけの高い個人を対象にしたものが多いが，TTM に基づく方法は自分の行動やストレスを何とかしようという意図がまったくない者にも適用できる。

TTM によるストレスマネジメントでは，日常生活内で効果的なストレスマネジメント行動を行うことに対する動機づけや行動の継続期間によって，各人を前熟考期から維持期までの 5 段階の変容ステージに振り分ける。そのうえで変容ステージに応じて，変容のプロセスと呼ばれるストレスマネジメント行動を促進する認知・感情的および行動的な活動を適切に行うことが求められる(図 6-3)。概観すると準備期までの未だストレスマネジメント行動を意図して行っていない個人には認知・感情的なプロセスが有効とされ，既に準備状態が整っていたり行動をはじめたりしている者には行動的なプロセスが必要とされる。

TTM では，変容ステージと変容のプロセスの他に，意思決定バランスと自己効力感も中核概念として据えられている。意思決定バランスとは，効果的なストレスマネジメント行動を実践することによる恩恵と負担の見積もりである。

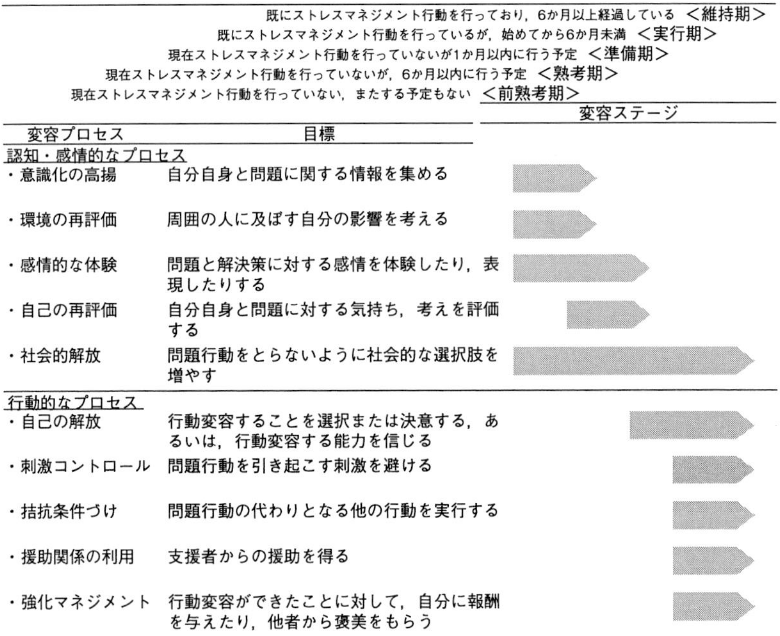

既にストレスマネジメント行動を行っており，6か月以上経過している <維持期>
既にストレスマネジメント行動を行っているが，始めてから6か月未満 <実行期>
現在ストレスマネジメント行動を行っていないが1か月以内に行う予定 <準備期>
現在ストレスマネジメント行動を行っていないが，6か月以内に行う予定 <熟考期>
現在ストレスマネジメント行動を行っていない，またする予定もない <前熟考期>

変容ステージ

変容プロセス	目標
認知・感情的なプロセス	
・意識化の高揚	自分自身と問題に関する情報を集める
・環境の再評価	周囲の人に及ぼす自分の影響を考える
・感情的な体験	問題と解決策に対する感情を体験したり，表現したりする
・自己の再評価	自分自身と問題に対する気持ち，考えを評価する
・社会的解放	問題行動をとらないように社会的な選択肢を増やす
行動的なプロセス	
・自己の解放	行動変容することを選択または決意する，あるいは，行動変容する能力を信じる
・刺激コントロール	問題行動を引き起こす刺激を避ける
・拮抗条件づけ	問題行動の代わりとなる他の行動を実行する
・援助関係の利用	支援者からの援助を得る
・強化マネジメント	行動変容ができたことに対して，自分に報酬を与えたり，他者から褒美をもらう

図 6-3　TTM に基づくストレスマネジメントの変容ステージに応じた変容のプロセス
(田中・津田・堀内，2013 を改編)

ストレスマネジメントを行うことで得られる恩恵が負担よりも大きいと思ったとき，ステージが前進する。自分でストレスマネジメント行動を行える，または続けることができるという自己効力感（自信の程度；第4章4節参照）も変容ステージの移行に寄与する。自己効力感の高い個人は，より上位の変容ステージに進める。同時にまた，ストレスマネジメント行動を実践することで，自信が高まるという双方向の効果も考えられる。

TTMによるストレスマネジメントは，プログラム化されたものとして紹介されることが多い。筆者らも，IT技術を用いたTTMストレスマネジメント・プログラムの効果検証とともに，そのプログラムの効果促進や参加者のドロップアウト率低下に個人の主観的ウェルビーイングが役立つことを確認した（田中・津田・堀内，2013）。これらの知見を日々の生活に生かして，自らのストレスマネジメントに対する準備状態（変容ステージ）を考えることから始めてみるとよい。その準備状態に応じた変容のプロセスを取り入れてみることでストレスのマネジメントがうまくなるとともに，心の健康の主観的ウェルビーイングの側面も高まり，結果としてより上手に自らのストレスをコントロールできることにつながるという相乗効果を期待できる。

3　ストレスと上手につきあう心とは

前節では日常生活でストレスマネジメント行動がいかに心の健康に役立ちうるのかについて概観した。本章の最後にここでは，現代社会では避けがたい諸々のストレスと上手につきあいながら，心の健康を維持しうる心の在り方について考える。楽観的な思考やユーモア，レジリエンスや自尊心の高さなど，さまざまな心の在りようによるストレス緩和効果が報告されている。ここでは第5章で紹介されたストレスの認知的評価理論（Lazarus & Folkman, 1984）について再考しつつ，比較的近年に研究が進展してきたマインドセットの概念を紹介する。

[1] ストレスの認知的評価とコーピング

ストレスの認知的評価理論によると，ストレッサーを脅威に認知すると（一次評価），ネガティブな情動が喚起される。その事態への対処（コーピング）に関する評価（二次評価）を経て，情動的ストレス反応の種類や強度が決まる。最後に，ストレッサーへの対応がうまくできたかの再評価がなされる。この認知的な評価の過程の後に，他の生物学的ストレス反応や認知行動的ストレス反応も生じることになる。

以上の認知的評価の過程で生じるコーピングは，問題焦点型方略と情動焦点型方略とに大別される。前者は解決への協力をだれかに依頼するなど，ストレッサーを低減させようとして問題自体に直接働きかける対処の仕方である。一方で後者は，自分自身を励ますなどストレスの情動的反応の解消に重きを置く。さまざまな心理生物学的ストレス反応の中で最初に生じるのは，比較的短期間で消える不安や怒りなどの情動的反応であり，この最初の反応段階へ関わるのが情動焦点型の対処である。

これらのコーピングが効果的に機能せずに情動的反応が持続すると，意欲の減退や思考の混乱が生じ，消極的，破滅的な行動が生じる。情報処理能力の損失や作業能率の低下なども含め，これが認知行動的反応と呼ばれるストレス反応である。さらに情動的反応の持続は生物学的反応も誘発する。たとえば情動的反応に伴い，視床下部や扁桃体などの大脳辺縁系が刺激されてストレスホルモンであるコルチゾールが放出される。コルチゾールの分泌は，短期的にはストレスに対する適応反応であるが，長期的になると免疫力を低下させて身体疾患の罹患を高める。また視床下部の興奮は交感神経系の活動亢進を引き起こし，心拍増加や血圧上昇などを生む。同時に，安静や回復に必要な心拍減少や気道収縮などの副交感神経系の活動が抑制される。

[2] マインドセット

マインドセット（mind-set）とは，物事の判断や行動の基準となる思考や心理状態の枠組みのことである。近年注目される概念であり，組織や個人が成功するために必要なマインドセットがあるとされてさまざまなビジネス書などでも散見されるようになってきた。本書の書名にある経営やビジネスという視点では，企業など組織全体のマインドセットについても触れたいところであるが，ここでは個人の心の健康に関して記すことにする。

ドゥエック（Dweck, 2007）によると，マインドセットは成長型（growth mind-set）と固定型（fixed mind-set）とに大別される。まず固定型のマインドセットでは，自分自身の技能は既に備わっているものであり，多くは変わらないという信念が基礎となる。このようなマインドセットを有する個人は，自身のあらゆる面や周囲の環境について，自分にとって意義ある変化は起こらないと考えがちであり，この思考に基づいた行動をとることになる。一方の成長型のマインドセットの基本は，練習や努力によって自らの能力や技術が向上すると信じ続ける信念である。このような信念を有する者は，たとえ自ら行動した結果が満足いくものでなくとも，その結果を成長の機会と捉えることができ，最終的には成功しやすいとされる。

固定型のマインドセットを有すると，失敗を恐れてその場をうまくやり過ごそうとする行動に陥りがちである。さらには自らの心の安定をはかるために他者の落ち度に目を向けがちになり，現状の自分を認めたり肯定したりしない他者を避けがちになる。これに対して成長型のマインドセットを有していると，失敗は成功の糧となり，物事に挑戦し続けて自らの成長を楽しめる。就労場面での心の健康，さらには目標の達成のために，できれば成長型のマインドセットを持ちたい。固定型から成長型への変化の鍵の一つは，永続性，普遍性，コントロールの所在（第4章第4節参照）の捉え方にありうる。日々の生活の中で生じる否定的出来事（客観的に見て不快な出来事）や失敗に対して，「〈ずっと〉できない（永続的）」や「〈みんな〉嫌だ（普遍的）」ではなく，「〈今は〉できない（一時的）」や「〈このことは〉嫌だ（特異的）」と考え直すことを繰り返していると，少しずつ信念も変わっていく。また，今や将来の成長と周囲の環境について，「自分には変えようがない（外的コントロールの所在）」と考えるのではなく，少しでも自らが働きかけられること（内的コントロールの所在）を好意的に捉えながら，そのことに注目するとよい。

近年になり，マインドセットの考え方を応用したストレス・マインドセットの概念も提唱された（Crum, Salovey, & Achor, 2013）。これは，自らに降りかかるストレッサーやストレス反応が，その後の成長やウェルビーイングを含む健康状態などへいかに影響すると捉えるかの信念（マインドセット）である。ストレス過程において，コーピングやサポートなどの従来研究されてきた関連要因とは異なる役割を有すると考えられている。今後の研究の進展により，心の健康全般への役割も明らかになることが期待される概念である。

トピック 12　プラシーボは除外されるべき？

プラシーボ効果とは，実質的な（薬理学的なまたは治療機序のある）効果がないはずの働きかけが，何らかの効果を示すことである。薬剤や医学的治療法の効能検証では，もちろん除外されるべき効果である。またプラシーボ効果の副作用的な悪影響に関する指摘や，人によって効果の有無や強弱が異なるため影響なしとする報告もあり，この点でも除外されることが望ましいとされてきた。

しかしながら近年，本章で紹介したマインドセットの概念が広がるに伴い，心身の健康支援にプラシーボ効果を見直して有効活用しようとする考え方も出てきた。たとえばメンタルヘルスの維持増進にとって，従来は自分に対する現実的で正確な認識が大切だと考えられてきたが，昨今では非現実的といえるほどに自らを好意的に認識した方がよいとの指摘がある（中野，2016）。ホテルでハウスキーピングを行う従業員へ，彼らが「日常行う作業はアメリカ疾病予防管理センターが推奨する日常活動に匹敵する」と伝えただけで，さまざまな主観的指標だけでなく，そのように言われなかった群では変化がなかった体重や BMI *，体脂肪や血圧値までも 1ヶ月間で改善されたという（Crum & Langer, 2007）。

コーピングについても，本文中ではストレス低減への役割を説明したが，近年では主観的ウェルビーイングとの関連性も検討されはじめている。さまざまなコーピングがポジティブ感情を誘発し，ポジティブ感情はコーピングの維持に役立つことが明らかになってきた。〈信じる〉ことで生じるポジティブな感情によってより適切で直接的な対処行動をとれるようになり，その行動が自らのストレス解消に役立てば心身の健康を向上するだけでなく〈信じる〉力も強くなる。種々のポジティブ感情に共通するデュシェンヌ微笑（作り笑いでない本心からの微笑み）が他者からの支援を受けやすくすることも確認されており，〈信じる〉こと―ポジティブ感情―心身の健康というつながりは明らかであろう。オキシトシンと呼ばれる神経内分泌物質が他者への信頼や愛着行動を司ることなども確認されており（Kosfeld et al., 2005），今後，このようなつながりに関する生理学的なメカニズムも明らかになるものと思われる。

＊ BMI：ボディマス指数（body mass index）は，体重と身長の関係から体格を評価する肥満の国際基準である値。体重 (kg)/身長 $(m)^2$ で表される。

読書案内

- 村井 俊哉・森本 恵子・石井 信子（編著）(2015). メンタルヘルスを学ぶ――精神医学・内科学・心理学の視点から　ミネルヴァ書房
- 仁木 鋭雄（編著）(2008). ストレスの科学と健康　共立出版
- 島井 哲志・長田 久雄・児玉 正博（編）(2009). 健康心理学・入門――健康なこころ・身体・社会づくり　有斐閣

第7章

経営・組織の意思決定

松田幸弘

本章のポイント

この章では経営・組織において，どのような意思決定や問題解決がなされるのかについて学びます。人々が職場で起こる問題をどのように考え，意思決定するのか，このプロセスにどのような要因が影響するのかを考えます。

本章で紹介する研究

- オズボーン（Osborn, 1957）のブレーン・ストーミング
- カーネマンとトヴァスキー（Kahneman & Tversky, 1979）のプロスペクト理論
- ジャニス（Janis, 1972）の集団浅慮，などの研究を紹介します。

組織では，基本的に個人ではなく複数の人々で構成される集団によって日々の仕事が遂行され，多くの問題解決と意思決定が行われている。集団や組織による意思決定と問題解決は，個人に比べ，決定による結果の影響が甚大であるだけでなく，その及ぼす範囲もきわめて広い。

特に，経営者の意思決定は，その結果が企業の浮沈に激烈（げきれつ）な影響を及ぼす。経営トップの判断が100年続いた大組織を数ヶ月にして崩壊させる時代である。そのため，不確実性が高い複雑な外部環境とその変化の様相を正確に取り込みつつ，限られた時間と情報から，迅速かつ的確に判断することが要請される。

したがってこのような限定的な状況では，悠長に構えている余裕や判断を逡巡している暇はなく，経営者の意思決定は，どうしても自らの経験や知識を元に，「直感」や「勘」など非合理的なものに頼らざるをえないと考えられる（田中，2010）。

従来の経済学や経営学の分野では，人間の合理性を基本的な基盤として多くの理論が構築され，多様な研究が積み重ねられてきたが，近年，人間の行動は非合理的であり，論理的に説明できない行動こそ人間の本質であり，一見すると「非合理的」に見える行動もむしろ合理的で適応的なものであるという立場の心理学や行動経済学の研究が展開してきている（北村・大坪，2012)。

そこで本章では，組織集団における問題解決や意思決定について取り上げ，それらがどのようなプロセスで進行し，いかなる要因に影響されるのかを説明する。

1　集団の問題解決：3人寄れば文殊の知恵

ビジネスの現場や職場では，大小さまざまなレベルでの会議や話し合いが仕事の中で大きな割合を占めている。主要企業のホワイトカラーが総勤務時間内で会議・打ち合わせに使う時間は163分，取締役や部長ともなると200分を超え，ちょっとした打ち合わせを除いて会議だけを見ても，平均2時間近くを費やしていると報告されている（岡本・足立・石川，2006)。

それでは，なぜ会議や話し合いによる問題解決や意思決定が仕事のなかで大きな位置を占めるのだろうか。第一に，メンバー間での合意を形成するためである。つまり結論を民主的なものにするために，できるだけ全員の意見を反映させたいからである。第二に，リーダーが個人で行った決定をチェックするためである。リーダーが必要な情報や知識がない場合，集団がそれらを確認・修正して補うことが期待されているためである。

第三に，集団の「賢さ」への期待が挙げられる。「3人寄れば文殊の知恵」や「1人の好士より3人の愚者（優れた1人より普通の3人が集まれば，良い知恵が出る)」という諺がある。この諺は，複数の人々が知恵を絞ることによって，一人ではとても思いつかないような卓越したアイデアが生まれるという意味である。それでは集団が下す判断は，一人の場合よりも常に正確で優れたものといえるのだろうか。

[1] 単純な問題解決

ショウ（Shaw, 1932）は,「宣教師の河渡り」の課題を使って，個人と 4 人の集団ではどちらが正解に到達しやすいかを調べた。この課題は二人乗りのボートを使って，3 人の宣教師を無事に対岸に渡す方法を考える問題である。

この実験では，単独と 4 人で問題を解く場合を比較した結果から，集団は個人よりも成績（正答率）が高かった。この結果は，上に述べたように，集団では誤答に対するチェックが機能しやすいので，正答が得られやすいのだと解釈された（Taylor & Faust, 1952）。

しかしショウの結果では，集団は個人よりも答えを出すために，長い時間と多くの人数を費やしている。その後の研究では，これらの条件の違いを考慮してもなお集団が個人より優れているといえるのか，が問われるようになった。

この問題について，亀田（1997）は集団の少なくとも 1 人が問題を解決できれば，集団はその答えを採用して正答に到達できるが，だれも問題を解決できなければ問題は解けないというモデルを立て検討を加えた。

もし集団が「文殊の知恵」を生む可能性があるなら，全員に問題を解く能力がなくても正答の可能性が起こるので，集団の正答率は，このモデルの予測値よりも高くなるはずである。しかし，実験の正答率はそれより低かった。この結果は，個人レベルでは存在しなかった知恵が，集団での話し合いで新たに生まれることは滅多になく，集団の成績は最も優れた個人の成績には，到底及ばないことを示している。このように，これまでの研究結果は，問題解決場面における文殊の知恵の可能性には否定的であるといえる。

[2] 創造的な問題解決

前項では，はっきりとした決定すべき選択肢や解くべき問題が決まっている場合の問題解決であった。しかし組織や職場では，このような正解がある問題より正解のない，構造化されていない問題について話し合うことが多い。つまり正解を導くより，むしろ問題や選択肢を発見し，関連するアイデアをメンバーから募る必要がある場合では，単純な問題解決能力よりも独創的な発想が求められることも多い。

オズボーン（Osborn, 1957）は，グループのメンバーによって提出されるアイデアの質・量を高めることを目指した，ブレーン・ストーミング(brainstorming）という集団技法を提案した。メンバーは自由な発想と許容的な雰囲気のもとで，できるだけ多くのアイデアを出すように求められる。アイデアの相互批判は禁じられが，アイデアを交換し合い，発展させることは奨励される。アイデアの数が多く，奇抜であるほど良いとすることで，他者の目を気にする評価懸念や同調圧力などが取り除かれ，相互刺激・相互扶助といったポジティブな側面が活かされるという。しかしその後の研究では，この技法が必ずしも有効であるとはいえないことが報告されている（Taylor, 1958)。この原因として，他のメンバーの発言を聞きながら，アイデアを考え保持する困難さが指摘されている。この問題を克服するために「名義集団法（nominal group)」が考案された。これはメンバーが討議の前に独立してアイデアを考え，討議中，思いついたアイデアをすべて発表してから，アイデアの統合や発展を図り，もし一つの案に決まらない場合は，各案の望ましさを順位づけて決めるなど，最後までメンバーの独立性を保持するための工夫が施されている点に特徴がある（森，2004)。これらの技法は「最高の効率を犠牲にしても，エラーに対する耐性を高める装置として作用すると考えられ」(亀田，2010)，集団討議の効率には目をつぶって，致命的なエラーを防ぐことに主眼があるといえよう。

2　非合理的な意思決定の合理性

組織では，どこの企業と契約するか，どのような新規事業を起こすかなど，現在の状況を踏まえて，それに基づく判断や決定が日々なされている。本節では，このような組織における意思決定について紹介する。

[1] 非合理な意思決定理論

1) フレーミング効果　カーネマンとトヴァスキー（Kahneman & Tversky, 1979）は，ある問題をどのようなフレーム（枠組み）で捉えるかで，後の意思決定結果（選好）に影響を及ぼすと主張する。このように，客観的にはまったく同じ意思決定の問題でも，フレームの相違によって意思決定の結果が異なる現象を「フレーミング効果」と呼ぶ。

トヴァスキーとカーネマン（1974）による次のような問題を考えてみよう。

ポジティブ・フレーム条件

問題 1．あなたが現在持っているものに加えて，1,000 ドルもらったとします。さてあなたは次の選択肢 A または B のどちらを選びますか。

選択肢 A：50％の確率で 1,000 ドルを得る。

選択肢 B：確実に 500 ドルを得る。

ネガティブ・フレーム条件

問題 2．あなたが現在持っているものに加えて，2,000 ドルもらったとします。さてあなたは次の選択肢 C か D のどちらを選びますか。

選択肢 C：50％の確率で 1,000 ドルを失う。

選択肢 D：確実に 500 ドルを失う。

問題 1 では 84％の回答者が B を選んだ。問題 2 では 70％の人々が C を選んだ。これらの 2 つの問題は，数値（期待値）の上では等しいにもかかわらず，大きく回答が偏ってしまった。これらの結果は，次のように説明できる。つまり問題 1 では，A と B を利得のフレーム（ポジティブ・フレーム）で考えたため，多くの人は確実な利益を求め，リスク回避を行った。また問題 2 では，C と D を損失のフレーム（ネガティブ・フレーム）で考えたため，ほとんどの人は小さな確率でも利益を求めようとして，リスク志向を示した。人々が問題を利得のフレームで考えるか，損失のフレームで考えるかで結果が異なっているのである。要するに，人は得するときはリスクを回避し，損する時はリスクを追い求めるのである。

2）プロスペクト理論　　それでは，なぜフレーミング効果は生じるのであろうか。この問題について，カーネマンとトヴァスキー（1979）は，プロスペクト理論から説明している（図 7-1 参照）。プロスペクト理論によれば，心理学的な基準（これを参照点と呼び，図では原点にあたる）と比較した際に，感じる利得や損失は「価値」と呼ばれる。価値関数は図に示された左右非対称の曲

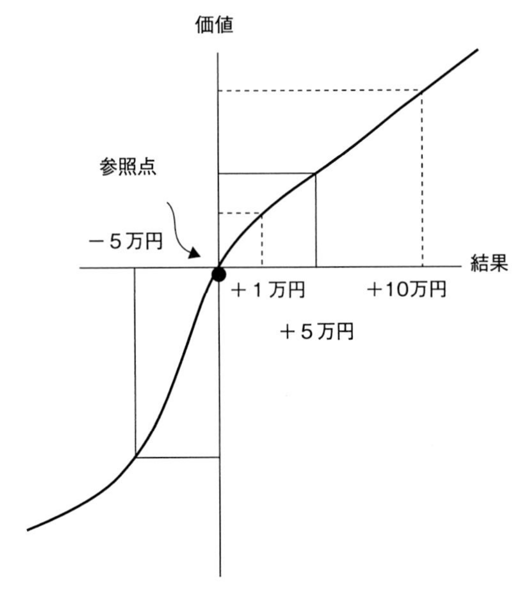

図7-1　プロスペクト理論（Kahneman & Tversky, 1979 を一部改変）
横軸が結果，縦軸が結果に対する価値をあらわす。価値関数の傾きは，利得領域において損失領域より緩やかなので，5万円もらうことによる正の価値のインパクトは，5万円失うことによる負の価値のインパクトよりも小さい。また10万円もらうことによるインパクトは，1万円もらうことによるインパクトの10倍よりも小さい。

線で表現される。

この関数には以下の特徴がある。

①価値関数の利得の領域（横軸の右側）では凹関数（上側に突き出た形），損失の領域（横軸の左側）では凸関数（下側に突き出た形）のS字型の曲線である。これは，「フレーミング効果での利得に対してはリスク回避的（緩やかな曲線）で，損失に対してリスク志向的（急な曲線）である」ことを示している。つまり利得と損失の曲線の険しさが異なることは，たとえば，500円を失う失望感の方が，500円を得る喜びよりも大きく感じられることを意味する。これを「損失回避性」と呼ぶ。

②価値関数の傾きは，参照点付近が他の部分よりも急勾配になっており，特

に，損失の領域でそれが顕著になっている。これは損失の価値は，最初，急激に下がるが，損失額が大きくなるに従って，価値の下がり方が緩慢になることを示している。たとえば，これまで借金したことがない人が1万円でも借りれば，相当な“大変なこと！”と感じるが，すでに1億円の借金がある人がさらに1万円追加で借りたとしても大した違いは感じないであろう。

[2] 心の会計

人は同じ金額であっても，お金の出所や使途に従って，その扱い方を変えることがよくある。たとえば，ギャンブルで得た1万円は簡単に使ってしまうが，給料で得た1万円は何に使おうかと悩んでなかなか決められないことが多い。またギャンブルや幸運によって得たお金は，働いて稼いだお金に比べ，価値を低く見積もって，散財してしまうことが多く，これをハウスマネー（house money）効果と呼ぶ。このような現象を行動経済学者のセイラー（Thaler, 1980, 1999）は，「心の会計（mental accounting)」という理論で説明している。心の会計とは，人が個々の取引や交渉で生ずる費用を，別々の心理的な会計簿に記帳することを意味している。心の会計簿に記帳された費用は互いに独立したものとみなされて，各々の会計簿で処理される。

この理論では，人は心の中に，いくつもの会計簿を持っており，個々の金銭取引が同額であっても，それぞれがどの会計簿に記帳されるかによって，扱いが異なると説明する。

[3] コミットメントのエスカレーション

企業におけるプロジェクトの企画担当者が，もはや成功の見通しがないと分かっていてもプロジェクトにいつまでもこだわり続けて，甚大な損失を招くケースがある（石田，1997)。まさに，「ここまできたらやめられない」といった状況であり，一度，物事に関わると，もう途中から引き返せなくなり，一層，深入りしてしまう場合，これをコミットメントのエスカレーション（escalation of commitment）と呼ぶ。

経済学の分野では，埋没費用（sunk cost）という概念がこれにあたる。これは，既にプロジェクトや事業に費やした資金のうち，撤退や縮小をしても回収

トピックス 13　先払いは人々の心を変える―心の会計

心の会計とは，消費者が金銭取引を記録する際に，心の中で自分のお金がどのように使われたかを把握し，支出をコントロールするための活動といえる（多田，2003）。つまり一家の家計簿の収支項目が心理的にどう認識されるかという仕組みをパターン化して整理したものである。ここでは心の会計理論に関する興味深い事例を紹介する。商品やサービスを実際に手にする前の段階で対価を支払う「先払い」が，消費者の行動にどのような影響を与えるかという点も心の会計にとって重要な問題である。

セイラー（Thaler, 1980, 1999；2017年度ノーベル経済学賞受賞者）によると，コンサートのチケットを1万円で事前に購入した場合には，コンサートを鑑賞せずにお金だけ支払っている状態なので，その時点での家計簿にはマイナス1万円が記録されるが，実際に鑑賞した時点でサービスを受けたことになるので，その段階では，家計簿は収支ゼロでクローズされる。それでは公演当日に大吹雪が来たとする。心の家計簿は，このような状態では先払いした消費者はそうでない消費者に比べ，どんなコストを被っても，より強く会場に行きたがると予測するであろう。なぜなら，コンサートに行けないとその消費者は家計簿をマイナス1万円でクローズしなければならないため，プロスペクト理論が示唆するように，そのような損失を回避するように行動するからである。なおカーネマンらは公演当日に，事前に買ったチケットを失くした場合と，同額のお金を失くした場合では，人々は前者の場合にチケットをもう一度購入するのを嫌がることを発見しているが，これもチケットとお金を「別会計」として扱うために起こる現象である。

このような実際の支払いと商品・サービスを享受するタイミングの分離は，クレジットカードによる商品購入にも同じ意味を持っている。つまりクレジットカードを使ってある商品を購入した場合，引き落としの時期が消費の時点よりも遅れるという理由から，消費者に損失感を持たせないという効果がある。加えて実際に引き落としが行われる時には，その商品への支出額が他の商品の購入額と混じってしまうことが多いため，やはり損失感は軽減されてしまうという効果が出てくる。したがって心の会計が示唆するように，上述の「先払い」にせよ，クレジットカードのような「後払い」にせよ，商品の購入と支払い時点との分離は，損失感が不明確になるという事実にくれぐれも注意したいものである。

できない費用を意味する。このような状況を合理的に考えれば，回収の見込みのない埋没費用は考慮に入れるべきではない。これから投資する費用が将来，期待される利益を上回るのであれば事業を継続し，下回ることが予測されるならば即座に中止か撤退すべきである。しかし，実際には，問題点が明らかになってもなお過去の決定に固執し，場合によっては追加投資をしてさらに損害を大きくしてしまうことが少なくない。

コミットメントのエスカレーションとは，ストーとロス（Staw & Ross, 1987）が提唱した概念であり，「ある程度長期にわたる一連の行動に着手して，時間や労力，金銭などを投資したが，思い通りの結果が得られず，目標達成の見込みも少ないが，それでもなかなか中止することができず，さらにコミットメントを増大させることになってしまう状況，あるいはそのような現象」とされる（石田，1997）。この「コミットメントを増大させる」という意味は，具体的には行動を単に継続してしまうことや，追加投資の額を大きくすることである。

また社会心理学では，こうした現象はエントラップメント（心理的拘泥）として研究され，なかなか抜けられない罠（トラップ）のような状況に陥るという意味で使用されている。

たとえば，バス停でなかなか来ないバスを待ち続けてしまう状況や新車への買い替えのためらい，転職の難しさ，一度決めた専攻を変えられない学生，長く付き合っている相手との別れられない状況，泥沼の戦争に没入してしまった国家などが挙げられる（Brockner & Rubin, 1985）。このように，エスカレーションは非常に適用範囲の広い現象である。

ストーとロス（Staw & Ross, 1987）は，このような状況に共通する特徴として次の３つを挙げている。

①先行決定の結果が何らかの損失を招いている（負のフィードバック）
②１回きりの決定ではなく，何度も決定する機会がある継続状況である
③単なる中止や撤退は，多大な損失を確実なものとし，継続による事態の好転の機会を放棄するために，自明の解決とはいえない

エスカレーションがなぜ起きるのかについてはいくつかの説明があるが，ここでは自己正当化について紹介する。この説では，このような固執は自分の行った決定の誤りを認めたくない，という自己正当化から生まれるとするものである。過去の自分の決定は，間違いではなかったと思いたいという心理がエスカレーションを強めるといえる。

エスカレーションは，経営破綻や倒産など経済的に悲惨な結末を導く可能性

トピックス14　コミットメントのエスカレーション―プロスペクト理論からの解釈

コミットメントのエスカレーションは合理的な意思決定に歪みをもたらす，回避すべき現象である。ここでは，石田（1997）が指摘するように，この現象をプロスペクト理論から考えてみよう。プロスペクト理論は元来，行動経済学の不確実な状況下における人々の意思決定のモデルとして，それ以前の経済学の主観的な期待効用モデルに対する批判として提案されたものである。

意思決定とは，複数の選択肢の中からどれかを選ぶことであるが，その際に，決定を左右する重要な2つの要素は，選択肢がもたらす結果としての損得とその損得が得られる見込み（主観的確率）である。意思決定研究における損得は，金額のような客観的なものではなく，心理的・主観的な損得感情，あるいは望ましさというべきもので，通常，効用と呼ばれる。

プロスペクト理論では，まず効用を，客観的な金額の関数としてではなく，意思決定者が効用の基準として設定している参照点からの増減に基づいて評価する。たとえば，月収40万円という額はそれまで月収20万円だった人には大きなプラスだが，月収60万円だった人には多大な損失と受け取られるであろう。月収40万円と

が高い。こうした現象はできるかぎり回避すべきであろう。それではどうすればよいのだろうか。エスカレーションを回避するために，印南（1999）は，以下の方略を提案している。①事前ないし途中で退却ラインを決めておいて，それを厳守する，②既存の投資は判断に入れず，純粋に現在から未来にかけてのコスト・ベネフィットのみ計算して判断する，③現在みずからが置かれている環境に関して，意識的に自問自答する，④第三者の客観的な判断を仰ぐ，⑤面子に対するこだわりをなくし，競争相手と自分を比較しない，⑥意思決定の評価を，得られた結果ではなくプロセスで判断する，⑦否定的な結果の脅威をなくし，損失がネガティブな意味合いしかもたないと考えることをしない，がそれである。

3　判断とヒューリスティック

冒頭でも述べたように，実際の意思決定場面では，人間は限られた認知的能力と限定された時間の範囲内で有効な意思決定や判断を行っており，これをサ

いう額が一律に効用を決定するわけではないのである。

ホワイト（Whyte, 1986）は，このような特徴を持つプロスペクト理論が自己正当化よりもエスカレーションをよりよく説明すると主張する。失敗しそうなプロジェクトへの再投資を決定する状況を考えてみよう。この場合，もし投資を打ち切ってプロジェクトを放棄してしまえば，それまでの投資は確実に無駄になってしまい，損失が出ることになる。それに対して再投資を選べば，首尾よくプロジェクトが進まなければ，損失は拡大するが，起死回生で利益が生まれる可能性も残される。つまり確実な損失は重くみられること，それまでになされた投資額によって，追加投資の負担感が軽減されることなどによって，投資の継続に設定が否応なく傾くことになるという。ここでのポイントは投資の継続を考慮する時に，効用の基準となる参照点がプロジェクトの開始時点に置かれることである。このように，プロスペクト理論はエスカレーション状況のような限られた場面のみならず，意思決定場面全体に適用可能な理論である。したがって，コミットメントのエスカレーションもごく普通の意思決定過程の一例として解釈できるという点にメリットがあるのである。

イモン（Simon, 1957）は限定合理性と呼んでいる。つまり意思決定や判断過程では，より認知的な資源を節約するような決定方略が用いられやすい。

この方略の具体的な例としてヒューリスティックがある。ヒューリスティックとは，常に正解が得られるとは限らないが，ある問題の正解に近い答えを，複雑な計算や思索を経ることなく導き出す方略，近道選びのことである。

組織において適切な決定や判断を下す際には，このヒューリスティックに十分に留意しておく必要がある。

[1] 代表性ヒューリスティック

代表性ヒューリスティックとは，ある事象が他の事象の典型例にどのくらい似ているか（類似性）を手がかりとして直感的に判断する方略である。

たとえば，開発した新製品がどのくらい売れるかを予測する際に，過去の類似した製品の売上高や経験とどの程度，類似しているかによって，直感的に判断してしまうような場合である。記憶にある典型例と似ているという感覚が強ければ，同じような結果を予測しやすくなるであろう。

[2] 利用可能性ヒューリスティック

利用可能性ヒューリスティックとは，ある事象の起こる頻度や確率をその事象の思い浮かびやすさ（利用可能性）から判断する方略である。たとえば，2011年9月11日に起こったテロのように記憶が鮮明なものは思い出しやすいため，テロの頻度や確率は高く見積もられやすい。また人の死因について考える場合，殺人などはまれにしか起こらなくとも，しばしば大きくメディアに取り上げられるため記憶に残りやすく，殺人と同程度の死亡者数である糖尿病より死者数は多いと判断されやすい（Lichtenstein, 1978)。

[3] 係留と調整ヒューリスティック

係留と調整ヒューリスティックとは，自分が最初に思いついた値や他者から与えられた何らかの基準（係留点）から調整を行って判断する方略である。

たとえば，国連加盟国に占めるアフリカ諸国の割合を推測させる際に，ルーレットでランダムに数字を示し，割合がその数字より大きいか小さいかを回答させた後，割合を見積もらせると，大きい数字（60）が出たときは平均で45%，小さい数字（10）が出たときには平均で25%と判断した（Tversky & Kahneman, 1974)。このように，求められている判断とはまったく関係ない数字が与えられた場合でも，それが係留点となり，また調整も十分に行われないために推論にバイアスが掛かってしまうことがある。

ビジネスの現場でも，最初の提案が交渉の結果を左右したり，当初の設定目標によって営業成績が影響されたりすることが多いが，その背景にはこうした係留の効果があると思われる。

4　集団での意思決定

職場での会議や打ち合わせでは，はっきりとした正解のない問題について，みんなの意見をまとめて1つの結論を出すために話し合うことが多い。

本節では，集団で意思決定を行う際に，一人ひとりのメンバーの意見は，どのような形で最終決定に反映されていくのか，つまり集団の意思決定の特徴について考えてみたい。

［1］集団での意思決定

集団での意思決定は，いろいろと議論しても結論がまとまらない場合，最後には多数決で決定することを原則としており，私たちにとっては非常に慣れ親しんだオーソドックスな方法である。だれも多数決に疑問を差し挟む余地がないと思われるが，ここには意外な盲点が潜んでいることをご存知であろうか。たとえば，ある政党の会議で同じような派閥Ａ，派閥Ｂ，派閥Ｃが，各々ａ，ｂ，ｃという意見で対立していた。一通りの議論が終わり，３つの意見について採決する場合，各派閥の意見に対する選好が以下のようであったとする。

派閥Ａ派：ａ＞ｂ＞ｃ
派閥Ｂ派：ｂ＞ｃ＞ａ
派閥Ｃ派：ｃ＞ａ＞ｂ

このパターンでは３つの派閥で選好の順序が循環している（グループにおける選好の構造が，ａ＞ｂ，ｂ＞ｃ，ｃ＞ａというように一回りしている）。

このようなとき，会議の議長が派閥Ａに属するとすれば，先にｂ案とｃ案で投票すればＡ派とＢ派がｂ案に賛成するので（ともにｂ＞ｃ），ｂ案が通る。そこで２回目は，ａ案とｂ案で投票すれば，Ａ派とＣ派がａ案に賛成するため（ともにａ＞ｂ），議長の派閥のａ案を通すことができるようになる。これを発見した数学者コンドルセの名前にちなんで，「コンドルセのパラドックス」と呼ぶ（田中，2010）。

［2］集団分極化

1960年頃までは，集団の意思決定はメンバーの意見のほぼ平均近くに落ち着くと考えられていた。しかしその後，集団の意思決定の結果は，メンバーが最初に持っていた意見の平均よりも極端な方向へシフトすることが報告された。これを「集団分極化（group polarization)」という。特に，個人の意思決定が，各集団メンバーの討議前の決定の平均よりもリスキーなものに変化することを「リスキー・シフト」（表7-1），逆に，集団での討議を通じてより保守的，安全志向的なものに変化することを「コーシャス・シフト」（表7-2）と呼ぶ

表7-1　リスキー・シフトに関する実験の結果（Wallach et al., 1962；池上，1998）

		討議前の個別回答	討議による集団決定	討議直後の個別回答
実験群	男性	55.8	47.9	47.1
	女性	54.7	46.8	47.8

被験者は「ある心臓病患者が，成功すれば完治するが，失敗すれば命を失うかもしれない手術を受けるかどうか決めなければならない。あなたなら成功確率が何％であれば手術を受けるか」といった質問に答える。まず個別に，回答し，その後６人集団で討議してひとつの答に決定する。表中の数値は各条件での回答の平均値を示す（数値が小さいほどリスク志向的）。集団決定の結果は討議前の個人決定よりもリスク志向的になっている。

表7-2　コーシャス・シフトに関する実験の結果（McCauley et al., 1973；池上，1998）

	安全な選択肢へ変化	変化せず	危険な選択肢へ変化
集団討議条件	16	1	5
単独決定条件	6	13	3

競馬場で馬券を購入した人に，お金を渡してもう１枚任意の馬券を購入するよう依頼する。購入する馬券を単独で決定する条件と，３人で討議して決定する条件がある。表中の数値はそれぞれの方向に変化した人数。討議での決定は，単独決定よりもリスク回避的な方向に変化する率が高い。

(Wallach et al., 1962; McCauley et al., 1973；池上・遠藤，1998)。

集団分極化が生じる理由として，以下の説明がなされている。第一に，情報的影響である。討議の過程で他の人々の意見を知ると，自分よりも社会的により望ましい立場があったことを知るメンバーが出てくる。そうしたメンバーは自分の意見をより望ましい方向へシフトさせようとし，それが集団の決定結果に強く反映されるというものである。第二に，規範的影響である。これはメンバーが集団内の多数派と一致した方向の意見を表明することで他のメンバーからの承認や賞賛を得ようとし，その結果，メンバーが互いに多数派に沿った意見を表明しあうことで集団の決定が極端になることである。

[3] 集団思考（集団浅慮）

集団で意思決定を行う場合，意見が極端になる場合だけでなく，その質にも影響が及ぶことがある。たとえば，メンバーが集団に対して強い愛着を感じている凝集性の高い集団（メンバーの仲間意識が強く，団結力がある；第８章第３節参照）では，おそらくメンバーの動機づけの水準や生産性も高く維持されているはずである。しかし凝集性の高さ以外に，いくつかの要因，たとえば，集団が外部から隔離されている，外的な脅威が存在する，などが加わると「集団思考（groupthink）」あるいは「集団浅慮」という状況に陥ってしまうことがある（Janis, 1972）。

集団思考というのは凝集性の高い集団で，集団内の意見の一致を重視し，自らを過剰に信頼するあまり，取り得る可能性のあるすべての行動を客観的に評

先行要件

A. 凝集性の高い集団である

＋

B-1. 構造的欠陥
1. 当該集団の隔絶
2. 不偏的リーダーシップ伝統の欠如
3. 方法論的手続きを要求する規範の欠如
4. メンバーのバックグラウンドイデオロギーの同質性

＋

B-2. 促解的な状況的文脈
1. 外部のストレス強く，リーダーの考える以上の解答が見つかる望みがない
2 次の要因に引き起こされる一次的な自尊感情の低下（「おちこみ」感）がある
a. メンバーとしての不適切さを目立たせる最近の失敗
b 各メンバーが「可能だ」と思えないような難しい決定次項の出現
C. 道徳規準を破ることなしに実行可能な選択肢がないように見えるモラル・ジレンマの出現

結果として生ずる事象

意見一致追求傾向
＝集団思考の出現

帰結
C. 集団思考症候群
タイプⅠ；勢力・道徳性の過大評価
1. 不敵幻想・過度のオプティミスム
2. 決定の倫理的結末の無視
タイプⅡ；精神的閉鎖性
3. 集団的合理化
4. 外集団のステレオタイプ化
タイプⅢ；意見の斉一化への圧力
5. 発言の自己検閲
6. 意見一致の幻想
7. 不同意メンバーへのプレッシャー
8. 自己指名の用心棒出現

D. 欠点ある意思決定の兆候
1. 選択可能な選択肢を不完全にしか探索・検討しない
2. 目標を不完全にしか検討・考慮しない
3. 選んだ選択肢のもつリスクの十分な検討に失敗する
4. 手に入れた情報の情報処理に選択的なバイアスがかかる
5. 不十分な情報収集しか行わない
6. 当初不十分な選択肢としてとりあえず考慮外とした選択肢を，再評価し損なう
7. 状況に即応した選択肢の実行プランが不十分である

E. 低い成功率

図 7-2　集団浅慮の生起メカニズム（Janis, 1972；池田，1993）

価しようとしなくなったり，成功する確率の低い行動を選んでしまう現象をいう。こうした傾向は危機的な状況でも生じやすく，だれも集団の決定に異議を挟めなくなり，その決定に対する外部からの批判や情報を防衛し，自分たちに都合のよい情報だけを鵜呑みにするようになる。

重大な決定を任された集団が，このような状態に陥ると悲劇的な結末を迎えることになる。たとえば1986年1月28日チャレンジャー号の爆発事故に関連して，最終的に打ち上げを決定した背後にも，この集団思考の症状が存在したことが指摘されている。またケネディ政権でのキューバのピッグス湾侵攻作戦の失敗，ジョンソン政権のヴェトナム戦争への介入などがしばしばその例として指摘される。

それでは，どうすればこの危険を回避できるのか。ジャニスは，①リーダーは率先してメンバーに批判的議論を奨励する，②リーダーは初めから自分の希望を述べず，選択可能な選択肢について公平な立場を守る，③複数の集団に分けて議論させる，といった対処法を提案している。

読書案内

• 亀田 達也（1997）．合議の知を求めて　共立出版
• 多田 洋介（2003）．行動経済学入門　日本経済新聞出版社
• 広田 すみれ・増田 真也・坂上 貴之（編著）（2002）．心理学が描くリスクの世界――行動的意思決定入門（改訂版）慶應義塾大学出版会

第8章

人間関係とコミュニケーション

大森哲至

本章のポイント

この章では，職場集団における人間関係とコミュニケーションの特徴について紹介します。近年，成果主義システムの導入に伴って従業員間の競争が激しくなり，雇用形態も多様化しています。これらの変化は就業環境だけでなく，対人関係やコミュニケーションなどにも影響を及ぼしています。そこで本章では，従業員同士の協力やコミュニケーションを促進するために役立つ心理学の集団研究を紹介します。

本章で紹介する研究

- OECD の Better Life Index（2012）
- タックマン（Tuckman, 1965）による集団発達の5段階モデル
- 藤森（1994）による日本の職場での対人葛藤の研究
- 古川（2004）によるコーチングのエッセンス
- コールマンとボーマン（Coleman & Borman, 2000）による組織市民行動の次元，などの研究を紹介します。

1　日本の職場の人間関係

[1] 日本の職場の人間関係の変化

日本企業は他国の企業と比較して従業員の組織への忠誠心が高く，結束力に優れ，一枚岩であると評価されてきた（ハーバード・ビジネス・レビュー編集部，2009)。しかしながら近年ではその様相も大きく変化するようになってきている。たとえばOECD の Better Life Index（2012）によると，日本で働く人たちの15％近くは「同僚らと一緒に過ごす時間をほとんどもたない」もしく

は「まったくもたない」とされており，OECDに加盟している34ヶ国の中で最も同僚との関係をもたない国であると指摘されている。

また，社会経済生産性本部メンタルヘルス研究所（2006）は，上場企業218社の人事労務担当者に対して，近年の職場の変化について質問している。その結果を見ると（図8-1），「個人で仕事をする機会が増えた（67.0%；そう思う，ややそう思うの合計，以下同様）」，「職場での助け合いが少なくなった（48.8%）」，「職場でのコミュニケーションが減った（60.1%）」という回答が多い。

さらにNHK放送文化研究所（2013）による「日本人の意識調査・2013」（表8-1）では，「職場の同僚とはどんなつきあいをするのが望ましいと思いますか」という質問に対する回答の5年ごとの推移が示されている。その結果，「全面的な付きあいを望む」人は年々減少しているのに対して，「部分的な付きあいを望む」，「形式的な付きあいを望む」人は逆に増加している。

このような結果を参考にすると，近年の日本の職場では，個人で仕事をする機会の増加，職場での助け合いやコミュニケーションの機会の減少が示されているなど，職場の仲間と一緒に助け合いながら仕事をしようとする意識が希薄化している傾向にあることが考えられる。

日本の職場の人間関係が変化してきている背景には，近年，日本の多くの企業で取り入れている成果主義システムの導入によって，職場内での評価や待遇をめぐって従業員間での競争が激しくなってきていることや，契約社員，派遣

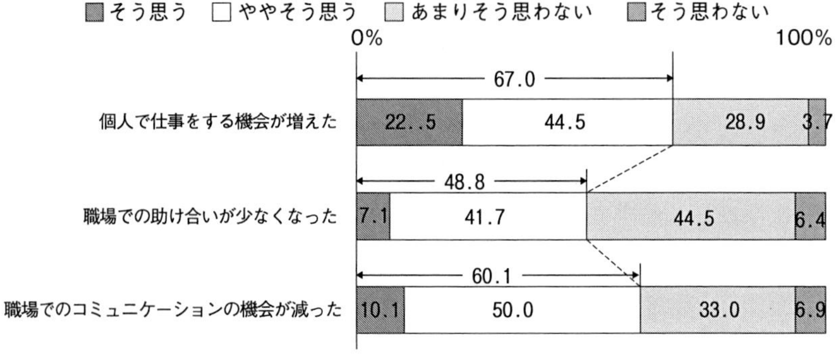

図8-1　職場の変化（財団法人社会経済生産性本部メンタルヘルス研究所，2006を改変）

表 8-1 「日本人の意識調査・2013」(NHK 放送文化研究所, 2013 を改変)

	(略称)	73 年	78 年	83 年	88 年	93 年	98 年	03 年	08 年	13 年
仕事に直接関係する範囲の付きあい	形式的付きあい	11.3%	10.4%	13.6%	15.1%	17.8%	20.3%	21.7%	24.1%	26.2%
仕事が終わってからも話し合ったり遊んだりする付きあい	部分的付きあい	26.4%	31.4%	32.3%	37.6%	38.8%	38.9%	37.5%	34.3%	35.3%
なにかにつけ相談したり，助け合えるような付きあい	全面的付きあい	59.4%	55.3%	52.3%	44.6%	40.4%	38.3%	37.8%	38.9%	36.4%

社員などさまざまな雇用形態の人たちと一緒に仕事をする雇用形態の多様化の影響，さらに職場内のコミュニケーションもメールや LINE で用件だけを伝える IT 化の影響など，いろいろな要因が関係していると考えられている。

[2] 集団で仕事をすることの意味

各メンバーが個人単位で仕事を進めていくよりも，メンバー間で協力して仕事を進めていくことで，時に個人の力を超えた大きな成果を生み出すこともある。集団で仕事をすることの重要性について，フェスティンガー（Festinger, 1954）は，人はだれもが自分の意見や能力を確認したいという欲求（社会的比較）をもっていることから，その判断の基準として，他者からの意見や考え方を手がかりとするなど，個人で仕事に取り組むよりもメンバーと一緒に協力することで，相互の意見，能力，行動にさまざまな変化をもたらすと指摘している。カッツとフレンチ（Coch & French, 1948）は，集団で何かに取り組むことはメンバーの結束を強め，秩序を維持することを意味しているという。そして集団行動から外れた行動をとる人には集団内で何らかの圧力がかかるため，集団からの拒否を恐れ，許容されようとする個人の努力や意欲を促進させるなどの影響をもたらすと指摘している。

これらのことは職場の集団においてもメンバー間で協力し，コミュニケーションを活発にとることによって，メンバーの意識変化や動機づけを促したり，集団としての目標共有や一体感が育まれやすいなどの変化が起こり，職場全体のパフォーマンスの向上につながっていくことが考えられる。

2　職場のコミュニケーション

[1] フォーマル・グループとインフォーマル・グループ

職場の集団には大きく分けると2つの集団が存在し，①地位体系や階層構造によってつくられるフォーマル・グループ（公式集団）と，②対人魅力（好意，受容，魅力など）によってつくられるインフォーマル・グループ（非公式集団）がある。森（2011）によると，フォーマル・グループとは組織構造の中に公式的に位置づけられた集団であり，達成すべき集団目標のために形成されていて，各メンバーの職務や役割，集団の構造が明確に決められているなどの特徴が挙げられる。これに対してインフォーマル・グループとは仲間集団のことであり，自然発生的に形成され，メンバー相互の好意的感情に基づいて成立し，集団の目標や規則，役割分担などが不明確であり，暗黙のうちに共有された規範や目標を持つなどの特徴が挙げられる。

基本的にフォーマル・グループにおいては，集団の中で権限を持つ地位体系を備え，階層構造が大きな影響力を持つ。上司は部下に対して指揮，管理，評価するなど，地位，階層に応じてメンバーの思考，活動を先導していくことが求められる。これに対してインフォーマル・グループにおいては，地位体系や階層構造はなく，メンバー間の心理的な結びつきが優先され，対等性，平等性に基づいた関係である。

[2] 職場コミュニケーションの目的と機能

職場集団の特徴を参考にすると，職場のコミュニケーションが日常のコミュニケーションと異なるのは，役割分担や分業に基づいた関係性が強いことである。職場には大きく分けると2つの集団のコミュニケーションが存在する。①上司と部下など地位体系や階層構造によってつくられる垂直的関係でのコミュニケーションと，②職場の中でも個人的に気の合うメンバーとは一緒にお昼を食べる，仕事帰りに飲みに行くなど，気の合う者同士で自然とつくられる水平的関係でのコミュニケーションである。職場のコミュニケーションにおいては，垂直的と水平的なコミュニケーションと，両方を併せ持ったコミュニケーションが存在し，それぞれの地位，立場，状況に応じてそこで求められる態度，振る舞い方なども違ってくる。

職場におけるコミュニケーションの目的について，デーヴィス（Davis, 1977）は，①職場の作業集団が仕事をするのに必要な情報を与え，その情報を作業集団の人々に理解させること，②従業員の仕事に対する意識を動機づけ，協調させて，仕事への満足度を高めることを挙げている。

山口（2006）は組織運営にとってコミュニケーションが重要な意味を持つ局面として，情報伝達，コンフリクト調整，集団意思決定を挙げている。

情報伝達とは，上司から部下への指示，部下から上司への報告や相談など，垂直的関係におけるコミュニケーションにおいて伝えたい情報をきちんと伝えることを指している。組織の情報伝達で難しいのは，組織が大きくなり分業が複雑になるほど，情報伝達は歪みやすくなり，ときには伝達が途中でとりやめになってしまうこともある。組織全体でまとまりのある行動や判断をするためには，メンバー間で正確な情報を伝達，共有することが求められる。

コンフリクト調整とは，メンバー間・部署間の競争や対立を調整することを指している。組織の中では組織目標を達成しようという目的は同じであっても，その時々でメンバー間・部署間での競争や対立が起こることもある。競争や対立が生じるのは，利害関係だけでなく，信念や態度の違い，感情的な対立などその原因はさまざまである。競争や対立が発生したとき，メンバーは競争・対立関係にあるメンバー間・部署間に対して，共同できるように行動や利害を調整することが求められる。

集団意思決定とは，主に会議などでの意思決定を指している。組織において会議が実施される背景には，個人レベルでは解決が難しかったり不可能だったりする問題が，集団レベルでは解決できたり，より的確な判断ができるという期待が込められていることが多い。このような期待に応えることを考慮すると，会議においてメンバーは，直面している問題を解決するために積極的に話し合いに参加し，アイディアを交換することが求められる。しかし，集団意思決定においては，人と人とのコミュニケーションであるがゆえに，ときに集団浅慮や集団分極化など集団の決定を思いもよらない誤った方向へ導くこともある（第7章第4節参照）。

トピック 15　職場の規範とリターン・ポテンシャル・モデル

職場集団の集団らしさを反映する特性として集団規範がある。集団が機能するためには，メンバーが結束して一体感を持ち，集団の目標達成を目指す態度をメンバー全員で共有することが必要になる。そのときに集団内でどのような行動が望ましいか，あるいはどのような行動が望ましくないかなど，共有する判断や行動の枠組

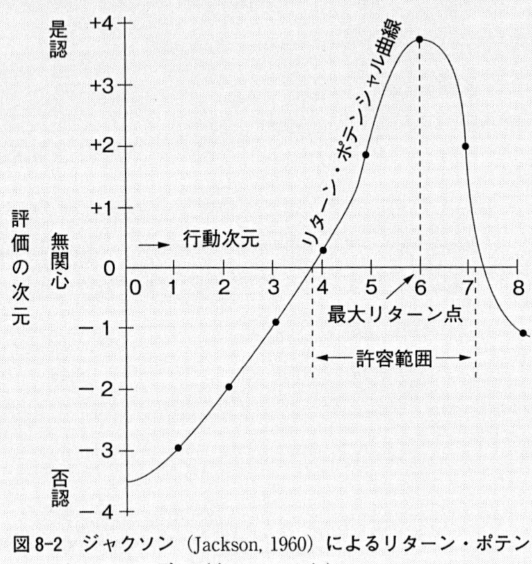

図 8-2　ジャクソン（Jackson, 1960）によるリターン・ポテンシャル・モデル（森，2011 より）

このようなデーヴィスや山口らの考えを参考にすると，職場のコミュニケーションにおいては，仕事に必要な情報の共有と合わせて，職場内でどのようなコミュニケーションが展開されるのかによって，モチベーション，協調性，職務満足，メンバー間・部署間の対立の減少，意思決定，問題解決などさまざまな面に影響してくることが考えられる。

3　職場集団の発達

[1] 集団の発達モデル

どのような集団でも個人の場合と同じように時間の経過とともに少しずつ発

みとなるのが規範である。

規範は集団が活動を進めていくうちに，メンバー間の相互作用が深まり，考え方，態度，行動が類似したものになることから形成される（三沢，2007)。規範から外れた行動をとるメンバーには，集団から規範に従うように説得，勧告，非難など，斉一性の圧力がかけられる。

ジャクソン（Jackson, 1960）は，集団にどのような規範が存在しているのかを把握する有効な測定法として，リターン・ポテンシャル・モデルを示している。

このモデルでは，集団でディスカッションを行う際に，何回くらい発言するのが好ましいかということが測定されていて，図の横軸は発言回数を表し，縦軸は集団メンバーからの評価を表している。この図を見ると，発言回数が3回以下の場合は否定的な評価，4-7回の場合は肯定的な評価， 8回以上の場合は否定的な評価になっている。このことは発言回数が3回以下の場合「積極的に参加していない」という評価がされ，また8回以上の場合は「頑張り過ぎ（目立ち過ぎ)」という評価がされていることを示している。 この図では，集団で理想とされる行動として6回の発言回数が示されていて，これを最大リターン点としている。またこのモデルでは，集団内で4-7回の発言回数（行動）を許容範囲としていて，この範囲内での発言回数（行動）をとっていると他のメンバーからとがめられることが少なくなることを示している。

このモデルは集団にどのような規範が存在しているかといった規範の構造的特性や様相を把握する有効な測定法である。たとえば集団内でこの許容範囲が狭いとメンバーにとって，選択できる行動の幅が狭いことを意味しており，その集団には厳しい規範が存在していると考えることができる。

達していくと考えられている。

タックマン（Tuckman, 1965）は，集団発達のプロセスには，形成期，騒乱期，規範期，遂行期，解散期の5段階があるという，集団発達の5段階モデルを提唱している。

1つ目の段階は，形成期（forming）である。この段階では，集団のメンバーはまだお互いのことをよく知らないことから，集団の一員としての意識の希薄化，集団内での自分の役割が不明確などの特徴があげられる。したがってこの段階では，メンバーを引っ張って行くリーダーの存在や影響力が大きく，メンバーはリーダーの提供する情報や指示に頼りやすくなる。

2つ目の段階は，騒乱期（storming）である。この段階では，まだ集団としてのまとまりがなく，メンバー間で意見の対立や葛藤が生じやすいなどの特徴があげられる。意見の対立や葛藤が激しくなると，集団から抜け出すメンバーも出てくる。意見の対立や葛藤を放置したままにしておくと，仕事に支障をきたしたり，それが高じると集団の存続自体も危うくなる。

3つ目の段階は，規範期（norming）である。この段階になると，ようやく集団内での自分の役割が明確になる，集団内での望ましい態度や行動などの規範が確立してくるなどの特徴が見られ，真の意味で人々の集合から1つの集団になっていく。この段階に入ると，メンバー間の仲間意識や好意的感情も促進されるなど，お互いに信頼関係も築かれるようになる。

4つ目の段階は，遂行期（performing）である。この段階になると，メンバーは自分たちに課せられた集団目標を達成するために，メンバー同士で緊密に連携を取りながら，それぞれの課題に積極的に取り組んでいくなどの特徴があげられる。しかしタックマンによると，この段階に至るまでのさまざまな問題（対立や葛藤を放置したり，個々のメンバーの役割分担が不明確であったり，規範の共有ができないことなど）を解消しないでいると，集団のパフォーマンスも低下すると指摘している。そのため，集団の発達においては，この遂行期に至るまでのさまざまな問題をどのように解消していくかが重要になってくる。

5つ目の段階は，解散期（adjourning）である。人の場合も出会いは別れの始まりとも言われるが，集団の場合もそれが永遠に続くのではなく，いずれは解散に直面する。解散に直面したとき，メンバーはこれまでの経験を振り返り，良いことも悪いことも含め，そこでの経験を次に参加する集団につなげ，活か

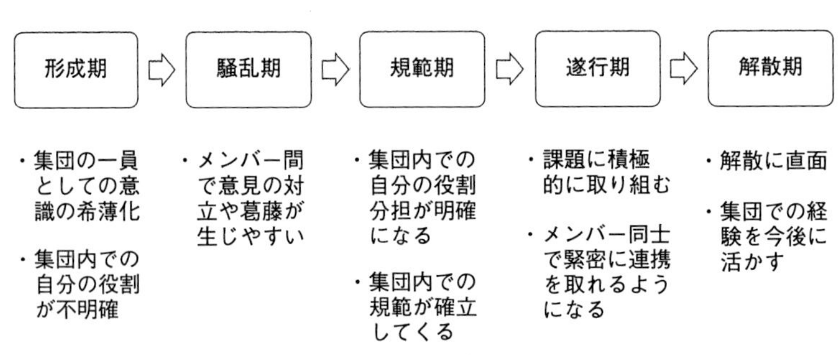

図8-2　集団発達の5段階モデル（Tuckman, 1965）

していくことが重要になってくる。

[2] 集団凝集性

集団の発達モデルでも示されているように，人々の集合が集団らしくなっていくプロセスにおいては，集団としてのまとまりが必要になってくる。このような集団のまとまりの良さを示す概念として，集団凝集性がある。集団凝集性とは，メンバーを自発的に集団に留まらせる力の総体（山口，2007）であり，メンバー間のまとまりやメンバーが集団に対して感じる魅力などを指している。集団凝集性に関する先行研究では，メンバー間の親密さの程度の測定，集団へのコミットメント，メンバーシップの測定など，さまざまな側面から検討されている。

フォーサイス（Forsyth, 2006）は，集団凝集性に関する先行研究を参考にして，集団凝集性の特質を魅力，一体性，チームワークの3つにまとめている。魅力とは，自分にとってその集団がどれだけ魅力的なのか，あるいは自分にとってそこに所属しているメンバーがどれだけ魅力的なのかなどである。一体性とは，集団の持つ価値観が自分の価値観と似ているか，あるいはメンバー同士の価値観が似ているかなど集団に対する安定感や，拠り所感である。チームワークとは，集団の目標を達成するための意欲や態度，あるいは集団の目標に向かってメンバー間の交流が活発になされているかなどである。

集団凝集性の高い集団では，メンバーは集団に所属することの価値を見出し，満足度が高くなる傾向が見られやすい。また集団凝集性は，メンバーがその集団にとどまるべきかを判断する際の重要な要素にもなってくる。しかしながら，集団凝集性の高いことが，かえって外部への注意，意識の低下をもたらしたり，新たなメンバーの受容を低下させ，メンバーに対して集団に同調させようとする圧力が強くなるなど，集団にとってネガティブな影響として働くこともある。

[3] 集団内コンフリクト

集団においては，メンバー間で友好，結束が強まる関係だけでなく，摩擦，葛藤が生じることもある。このような集団内の摩擦，葛藤を集団内コンフリクトと呼んでいる（本間，2011）。これは集団内の1人，あるいは何人かのメンバーの行為，信念が他のメンバーに受け入れられない状態，あるいは反対されたときに生じる不一致の状態である。

集団内コンフリクトを発生させる主な原因として，本間（2011）は，①相手のマイナスの資質（能力，無理強いする，感情的）を問題とする，②活動上のミスを集団，組織より，個人の資質（不注意，怠慢），個人の責任（特に上司）に帰属する，③役割行動に関する期待の不一致（相手の期待，予測と実際の遂行が一致しない）などを挙げている。

藤森（1994）は，日本の職場での対人葛藤の原因と内容について調査している。その結果によると，職場での対人葛藤は，職務に関することが多く61％を占めているとしており，その原因として，「仕事の進め方（38.7％）」が圧倒的に多く，ついで「就業時間（8.0％）」「仕事の成績（5.3％）」「昇進や配置の待遇（5.3％）」などを挙げている。また藤森（1994）は，職場の対人葛藤は個人

トピック16　集団年齢とパフォーマンス

カッツの研究（Katz, 1982）では，さまざま業種の50の研究開発チームを対象に，集団年齢（集団が形成されてからの経過時間）と集団の業績との関係について調査をしている。その結果によると，集団年齢が1.5年から3.5年にかけて業績がピークに達し，その後は集団を維持しても業績は急激に低下する傾向を示していた。この研究では，集団年齢と集団内のコミュニケーション量の関係についても調査をしている。その結果によると，集団内のコミュニケーション量については，集団年齢が3.5年から5年にかけてピークに達し，それを過ぎるとコミュニケーション量も急激に減少する傾向を示していた。

集団年齢が長くなるとパフォーマンスがどうして低下するのかについて，古川（1990）は職場集団が年齢を重ねていくにつれて発生する硬直化現象として，①型にはまりやすい，②刺激がなくなる，③コミュニケーションルートの固定化，④外部情報に対する関心の低下，⑤リーダーの自己呪縛を挙げている。

型にはまりやすいとは，集団年齢が高くなることでメンバーの役割と行動が固定化することである。刺激がなくなるとは，集団内で新しい刺激がなくなりメンバーの考えが均質化することである。コミュニケーションルートの固定化とは，メンバーが集団内で情報を伝達する相手を固定化することである。外部情報に対する関心の低下とは，外部の情報に対して疎遠になり，内部のことに関心を狭めることである。リーダーの自己呪縛とは，リーダーが過去の前例と経験に縛られ，集団内の変化に抵抗を示すようになることである。

的な問題からも生じることがあるとして，その原因として，「礼儀作法，言葉づかい（9.3%）」「価値観，思想，信仰（6.7%）」「性格が悪い（4.7%）」などを挙げている。

集団内コンフリクトは集団にとって緊張を生じさせることから，集団内でのマイナス面が強調されやすい。しかし一方で，これを起点に集団を見直すきっかけにもなる（本間，2011）。それは，①新たな視点への関心，②コミュニケーションの活発化，3. 問題の顕在化（解決しようとする意志），④他メンバーへの配慮（相互理解を促す），⑤葛藤解決の仕方（方法の学習）などの利点である。なお葛藤が生じたら回避するのではなく，あえて関与することも必要である。なぜなら，葛藤に向き合って，本質的な問題を解決できれば，メンバー同士の友好や集団がより良い状態へと移行することもあるからである。

このようにカッツや古川の研究を参考にすると，集団におけるパフォーマンスは集団がつくられてから短くても，逆に，長く維持させても良いパフォーマンスが発揮できない可能性があることが推察される。

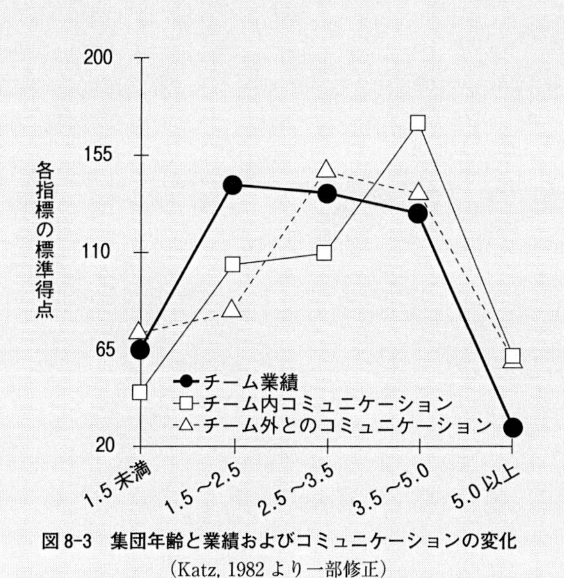

図 8-3　集団年齢と業績およびコミュニケーションの変化
（Katz, 1982 より一部修正）

4　上司と部下の関係性

[1] メンターとプロテージ

仕事をしていくうえでは，個人の努力や頑張りも重要であるが上司や先輩からの支援も無視することはできない。たとえば，「いまの上司に出会わなければ，私の仕事での成功はなかった」ということもあるだろう。心理学ではこうした出会いにおいて，現在のキャリアに導いた人をメンター（恩師・指導者・助言者・先輩など），逆に導かれた人をプロテージと呼んでいる。

メンターとプロテージの関係について，ここではメンタリングという観点から見ていくことにする。メンタリングとは，メンターとプロテージとの間で有形無形に仕事上の技術や態度が伝達されること（山口，2007）であり，メンタリングはプロテージが一人前の社会人，仕事人になるプロセスで大きな役割を果たしていると考えられている。

メンタリングの機能について，久村（1997）はキャリア的機能と心理・社会的機能の側面を指摘している。キャリア的機能とは，プロテージのキャリア発達を促進，向上させる働きであり，この中には仕事上の知識やスキルの伝達，リスクからの保護，プロジェクトへの推薦，挑戦的課題に取り組むことへの支援などが含まれる。心理・社会的機能とは，プロテージに対して能力の意味や明確なアイデンティティ，社会や企業，仕事における役割についての考え方を向上させる働きであり，この中には役割モデルの提示やプロテージを個人として尊重すること，カウンセリング，インフォーマルな人間関係の提供などが含まれる。

メンタリングの機能は，よくプロテージの成長を手助けするという点に注目されやすい。しかしメンタリングにおいてはプロテージの成長面だけでなく，メンターの側も自分の培ってきた知識やスキルを伝達することで，これまで気づくことのなかった問題に気づいたり再確認するなど，メンター自身の成長にも大きな役割を果たしていると考えられている。

[2] コーチングのエッセンス

近年の日本の職場では，メンタリングの重要性が指摘されている一方で，上司と部下の人間関係や信頼関係の希薄化の問題などが増えてきていると言われている。ここでは上司と部下のコミュニケーションにおいて，どのようにすればうまく関係を築くことができるのかについて，コーチングの観点から見ていくことにする。コーチングとは，メンバーの内発的で自律的なモチベーションと行動を引き出して，成長を支援する働きかけである（山口，2008）。

古川（2004）は，コーチングの基本姿勢と4つの働きかけのサイクルを示している（図8-2）。この図を見ると，基本姿勢として，次のような3つが示されている。

①メンバーの成長への強い関心：　職場において上司は部下の成長を期待し，育てていきたいと願う気持ちをもつことが基盤となる。

②メンバーの可能性，能力，意欲への信頼：　上司は部下に対して，さまざまな可能性を備えていること，優れた能力を秘めていること，意欲も旺盛であることを信じる気持ちを持つことが基盤となる。

③リーダー自身の自己管理：　上司は部下に対して，誠実に，倫理をわきまえた行動をとること，前向きな姿勢をいつも忘れない態度が基盤となる。

そして，古川（2004）では，これらの基本姿勢を基盤とし，次のようなコーチングの4つの働きかけを示している。

①「関心と観察」：　職場において上司は部下の可能性，能力，意欲などを信じるとともに，成長を期待しその成長を支えてあげようとする気持ちを抱き，偏見をもたずに関心を持ってよく観察をすることである。

②「傾聴」と，③「質問」：　上司は日頃から部下の話をよく聞き，部下が成功のコツに気づくように質問を工夫すること，また部下に迷いや不安があって悩んでいるようであれば，丁寧に考えや意見に耳を傾け，状況を正確に把握するために質問をすることである。たとえば，何か困難に直面しているようならば「何が難しいと感じているのか」「どのくらい難しいのか」を尋ねたり，どのように行動したらよいのか迷っているようならば「何か分からないことはないのか」「この先どうなるか読めないことは何か」を尋ねたりする。

④「整理と助言」：　上司は部下への観察，傾聴，質問などの結果に基づいて，

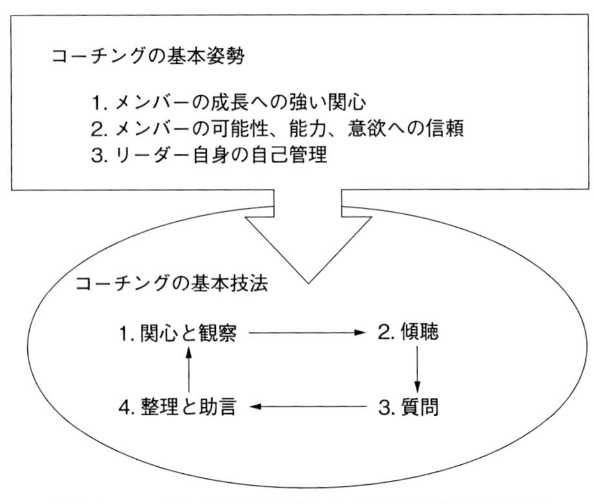

図 8-4　コーチングの基本姿勢と 4 つの働きかけのサイクル
（古川，2004 を参考に作成）

部下が自分の力で悩みや迷いを整理できるように，問題解決ができるように助言をすることである。

コーチングの基本的な考え方においては，上司は部下に答えを与えるのではなく，助言をすることで部下自身の気づきを促すことが重要であり，部下は悩んだり，迷っていたことが解消できると，仕事に対するモチベーションも自然と高くなっていくと考えられている。このように古川のコーチングの働きかけを参考にすると，上司は部下に対して指示，命令することよりも，部下が自分から変わっていけるように気づかせたり支援していくことが重要であることが推察される。

5　同僚との協力関係

[1] 向社会的行動

近年の社会心理学においては，困っている他者に手を貸す行動，援助行動についての関心が大きくなってきている。援助行動とは，困っている他者に対して，他者が望む状態を実現するために手を貸す行動（廣兼，1995）である。このような援助行動の代表的な研究として，向社会的行動がある。向社会的行動とは，外的な報酬を期待することなしに，他者に利益をもたらすためになされた自発的行動（廣兼，1995）であり，分かりやすくいうと集団内におけるボランティア精神とも言い換えることができる。

向社会的行動は，職場においても重要になってくる。職場の中では事前に予測できなかった職務や問題が発生したり，誰の役割にも属さない職務が発生したりすることがあり，そのようなときメンバーが自ら進んで行動や対処をしていかなければ職場はうまく機能していかない。そのため職場においてメンバーが向社会的行動の意識や心構えを持つことは，他のメンバーを支援するなど組織の現状維持を支えるだけでなく，組織自体をよりよいものに変えていくために重要である。

[2] 組織市民行動

組織における向社会的行動の代表的な研究として，組織市民行動（organization citizenship behavior）がある。この組織市民行動とは，公式な報酬システムによって明確にまた直接的に認識されないが，組織を効果的に機能させる個人の任意的な行動（Organ, 1988）である。

このような組織市民行動の代表的な研究として，コールマンとボーマン（Coleman & Borman, 2000）の研究がある。彼らは，先行研究を参考として，組織市民行動の次元を「対人シチズンシップ（市民）行動」「組織シチズンシップ行動」「仕事に対する勤勉な行動」の３つに分類し，それを測定する尺度を作成している（表 8-3）。

対人シチズンシップ行動とは，自らの協力的な取り組みを通じて他のメンバーを支援する行動を指している。対人シチズンシップ行動は，対人関係における利他主義（４項目）と対人関係における誠実性（４項目）の２つに分類できる。

組織シチズンシップ行動とは，組織への忠誠や規則の順守を通じて組織への責任を果たす行動を指している。組織シチズンシップ行動は，組織への忠誠（６項目）と組織の規律（５項目）の２つに分類できる。

仕事に対して勤勉な行動とは，組織の中での役割要件を超えた行動を指している。仕事に対して勤勉な行動には，6項目が含まれる。

組織市民行動は，個人の任意的な行動であることから，役割や職務記述のように強制力はなく，また組織の報酬制度によって，その行動が直接的，公式に報われることも少ない。しかし，組織の中では，与えられた仕事，課題に対して個人の力だけでいくら頑張っても，周囲の協力がなければその遂行はうまくいかいことも多いなど，組織における取り組みとして，メンバーのそれぞれが組織市民行動を意識するような，働きかけをしていくことも必要である。また組織市民行動が組織や職場に及ぼす影響として，組織市民行動の意識の高い従業員は，上司から高い業績評価をされやすい，顧客へのサービスの質が高い，顧客から高い評価をされやすいなどが指摘されている（Spitzmuller et al.,

表 8-3　組織市民行動の3次元尺度（Coleman & Borman, 2000 を参考に作成）

対人シチズンシップ行動	組織シチズンシップ行動	仕事に対して勤勉な行動
・対人関係における利他主義 「他のメンバーを手助けする」 「他のメンバーを助けたいという利他の精神をもっている」 「組織に属するメンバー一人ひとりの利益となるような行動をとる」 「メンバーの個人的な問題に対しても手助けする」	・組織への忠誠 「組織の目的を認め，支え，守る」 「組織に対して肯定的な態度をもつ」 「組織に対して不平，不満を言わない」 「組織に対して忠誠を示す」 「組織の成長を促し，守る」 「困難な状況になっても組織から離脱しない」	「自分の仕事に対する熱意の持続」 「自分の仕事に対して最大限の努力をする」 「自分の仕事でなくても自発的に取り組む」 「自らの能力開発に積極的に取り組む」 「顧客に対して可能な限りサービスや支援を提供する」 「職場で献身的に取り組む」
・対人関係における誠実性 「他のメンバーと協力的な行動をとる」 「他のメンバーに今後計画されている企画，活動に関する情報を伝達する」 「自ら組織に協力することで，メンバー間にシナジーを与える」 「会議，ミーティングに責任をもって参加，従事する」	・組織の規律 「組織の規律，手続きに従う」 「組織に責任をもって参加する」 「組織の方針を順守する」 「組織に利益をもたらす行動をとる」 「組織内の手続き，管理，改善を提案する」	

2008)。

読書案内

- 田中 堅一郎（編）(2011). 産業・組織心理学エッセンシャルズ［改訂3版］ナカニシヤ出版
- 藤森 立男（編）(2010). 産業・組織心理学——変革のパースペクティブ——　福村出版
- 山口 裕幸（2003). チームワークの心理学——よりよい集団づくりをめざして　セレクション社会心理学24　サイエンス社

第9章

人材育成とキャリア

小川悦史

本章のポイント

この章では人材育成の方法やキャリア開発について，両者の関係性にも注目しながらそれぞれの特徴を学びます。能力開発がこれからの企業と個人の双方にとって重要な取組みであることを学びましょう。

本章で紹介する研究

- コルブ（Kolb, 1984）の経験学習モデル
- スーパー（Super, 1980）の発達論的アプローチ
- ホランド（Holland, 1997）の職業選択理論，などの研究を紹介します。

私たちは社会に出るまでに，短い人でも通常は9年，長い人であれば十数年という期間にわたり，学校などで教育を受けている。しかし，私たちが社会に出るまでに受ける教育は，社会人として仕事を遂行する際に必ずしもすぐに役立つものばかりではない。そのため企業には，職場で直接必要となる知識やスキルを改めて教えることが求められる。そうした個人に対する取り組み（教育）が人材育成である。企業による人材育成は，すぐに役立つ短期的な教育ばかりでなく，将来必要となる長期的な教育も含まれる。また，こうした人材育成への取り組みは，キャリアを踏まえて行われることが多い。つまり，人材育成が行われる際には，個人がもつ能力，適性，興味などを前提とするだけでなく，通常は将来のキャリアも考慮されていると考えられる。本章では，個人に対する育成とそれに関わるキャリアについて説明をする。なお本章で使用する

「個人」と「従業員」という用語は基本的に同義として扱う。

1　人材育成とキャリアとの関係

人材育成とは，教育訓練などにより従業員の能力や価値を高めるために企業が行う人材への投資である。人材育成には２つの目的があり，１つは個人の能力を向上させ，将来にわたり会社に対する貢献の可能性を高めることである。一般的に考えると，時間の経過とともに職場で求められる従業員の能力は変化する。そのため将来にわたって継続的に貢献できる人材を確保するには，企業による長期的な育成が不可欠である。２つ目は，組織の能力を高めることである。いくら個人の能力が向上しても，組織全体のレベルが向上しなければ，企業にとって人材を育成する意味はなくなってしまう。企業は従業員に対して，戦略の立案や構築，またそれを効果的に実現し成果に結びつけられるような能力を付与するため，教育訓練に投資するのである。さらにそこでは，将来を見据えた育成も不可欠となる。現在求められる能力が，数年先も同様に求められるという保証はどこにもない。仕事で必要となる能力は，社内外の環境的要因が大きく影響する。そのため企業には，先を見据えた長期的な人材育成が求められるのである。

以上は企業側の人材育成に対する根拠である。それでは働く個人にとっての育成とはどういうことか。それはまさに，成長を前提としたキャリア発達にあるといえる。個人は教育訓練などを通じて仕事で求められる能力を身につけ，職業人としての価値を高めていく。個人の能力を反映する職業人としての価値は，その人のキャリアとして第三者にも認識され，新たな可能性をもたらすだろう。個人にとって人材育成とは，キャリア発達による職業人としての価値向上を意味し，またそれは職業人生だけでなく，人生そのものが豊かになる可能性をもった取り組みといえる。

以上のように，企業による人材育成と個人のキャリアは，密接に関連したものである。本章では両者の特徴について学んでいく。

2 人材育成の方法

［1］OJT

ここからはまず企業が行う人材育成について説明する。人材育成で最も一般的な方法として，OJT（on the job training）を挙げることができる。OJTとは職場での教育を意味し，実際の仕事経験を通じて行われる能力開発のことである。たとえば営業職であれば，上司や先輩に同行し，外出先などで必要な知識やノウハウなどを身につける。事務職であれば，上司や先輩から具体的な作業を教わりながら，処理した内容をチェックしてもらうなどである。

このようなOJTは，誰を対象としてもある程度の高い効果が期待できる。その理由は，第1に実際の仕事を通した学習により，対象者の学習意欲の向上が期待できるためである。仕事に直結した知識を学ぶことで，職場で求められる能力が明確となるため，学習意欲もその分高まるといえる。第2に，暗黙知の伝達が可能なためである。暗黙知とは，文書などにまとめることが困難な言語化しにくい知識のことである。OJTであれば，実際にやって見せたり，頻繁なコミュニケーションなどを通じて暗黙知（感覚的な判断や基準）も伝えやすくなる。第3に，対象者に合わせた教育が可能なためである。OJTを受けている個人の理解度や性格などに合わせて，その教え方やペースなどを調整することもある程度可能である。また一方で，これらの特徴により，OJTは教える側の知識の定着や訓練機会にもつながっているといえる。

さらに，OJTの大きな特徴として，実際の経験を通して学ぶという点から，「経験学習」に通じているともいえる。経験学習とは，①学習における経験や実践の重視，②経験の内省の2点が重視される概念である（中原，2013）。これはジョン・デューイ（Dewey, 1916）がそれまでの保守的な教育のあり方を批判し，そのアンチテーゼの中核として掲げた概念でもある。そしてこれを経験学習モデルとして理論化したのがコルブ（Kolb, 1984）である（図9-1）。

コルブの経験学習モデルは，経験（concrete experiences：学習者が他者に働きかけることで起こる相互作用），内省（reflective observation：いったん実践の場を離れ，自らの行為などを俯瞰的に振り返ること），概念化（abstract

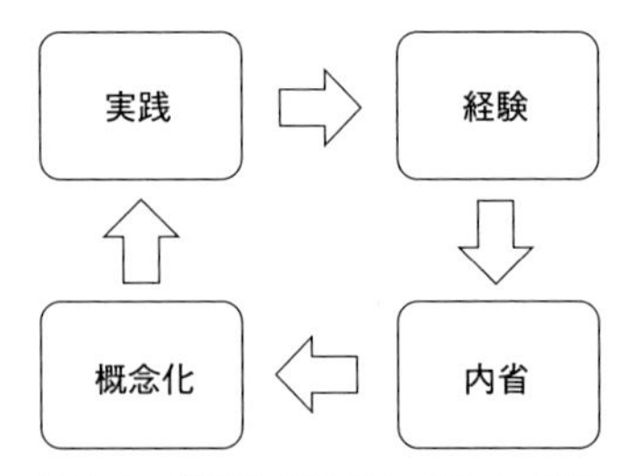

図9-1　経験学習モデル（Kolb, 1984 より一部修正）

conceptualization：経験を一般化し，応用可能な知識などに自らつくりあげる），実践（active experimentation：概念化を実践し，それに続く経験や内省を再び生み出す）の循環を仮定している。OJT はここに掲げた経験や実践を踏まえた活動であり，OJT の合間には，内省や概念化が個人レベルでも行われていると考えられる。

こうした経験に基づく学習をベースとした OJT において，個人はそれまでに味わったことのない「修羅場」や「正念場」のような状況にしばしば身を置くこととなる。それは日常生活では起こりえないような，精神的・肉体的なプレッシャーを伴う経験である。しかしそれこそが，OJT を成功させるポイントでもある。つまり，スポーツなどで厳しいトレーニングが必要なように，仕事においても成長するためには，一定の負荷が不可欠である。OJT を通した厳しい経験が，対象者の精神や肉体に一定の負荷をかけ，それを克服できたときに人は職業人として成長することができるのである。

［2］Off-JT と自己啓発

次に Off-JT とは，off the job training のことで，仕事（job）を離れて（off）行われる教育訓練（training）である。これは OJT では身につけることができない知識の獲得や，日頃獲得した知識を整理するために行われる教育訓練である。Off-JT は一般的に研修とも呼ばれ，職場から離れて講義形式やグループワークなどの形で行われる。経験学習モデルでいうと，内省や概念化に該当するような訓練機会ともいえる。企業が行う研修として，その代表的なものをここでは3点挙げる。

第1に階層別研修である。新入社員や管理職など階層ごとに行われる研修で，職種や部門の垣根を越えて実施される。たとえば新入社員研修であれば，社内の仕組みや基本的なビジネスマナーなどを学ぶ機会であり，管理職研修であれば，コーチングや業務分析などを学ぶ機会である。大企業では，役員クラスを対象とした研修も行われている。第2に職能別研修である。これは職種や部門など仕事ごとに行われる研修で，業務で必要となる専門的知識やスキルの習得を目指すものである。営業研修，販売研修，製造部門研修などがそれである。第3に選択型研修である。これは個人が自由にその内容を選択できる研修である。現在の業務をより円滑に進めるため，あるいは将来のキャリアを見据えるための研修といえる。たとえば，語学研修，情報処理研修，財務管理研修などがそれである。また，選択型研修は，一般的にカフェテリア・プランと呼ばれる方式を採用することが多い。会社が従業員の職位などに見合ったポイントなどを付与し，そのポイント内であれば希望する研修を自由に受講することができるというものである。これにより会社任せの能力開発ではなく，従業員主導による能力開発が可能となる。

また，Off-JT と類似した教育訓練として，自己啓発がある。これは従業員が自らの意思で能力開発に取り組む訓練形態である。自ら社外の教育機関などを選定し利用するという点で Off-JT とは異なる。テレビやラジオなどを活用した学習，資格取得のための専門学校や通信教育，MBA（経営学修士）のような社会人大学院や学士編入などがそれである。

[3] 選抜型研修

通常行われる教育訓練とは一線を画し，社内の特定の人材に対して行われる教育訓練に，選抜型研修がある。これは幹部候補など社内のコア人材に対する研修で，後継者の育成という意味でサクセッション・プランと呼ばれることもある。その主な特徴は，入社後数年以内に早期選抜を行い，20代のうちから選抜訓練を行うという点にある。これはファスト・トラック（fast track）とも呼ばれ，将来経営を担うような人材に対して，早いうちからそれに適した育成プログラムを実施することを意味している。また，もう1つの特徴として，海外勤務の経験が挙げられる。特に海外に事業展開をするグローバル企業の場合，

トピック17　研修費用とその効果について

人材育成を費用の面から見たリクルートワークス研究所（2015）によると，176社（メーカー95社・非メーカー81社）を対象とした年間1人あたりの能力開発費用は，新人が20万円以上，課長相当職の場合は6万円から10万円が最も多かった。一方，厚生労働省職業能力開発局（2016）の企業が支出する教育訓練費の推移データでは，バブル崩壊後とリーマンショック後にそれぞれ大きくその割合が低下している。つまり，企業業績の悪化は教育研修費の削減をもたらしているといえる。

このように教育研修費が削減されるような状態はなるべく改善されるべきだが，そのためには教育研修に対する効果を考える必要がある。たとえばドナルド・カークパトリックとジェームス・カークパトリック（Kirkpatrick & Kirkpatrick, 2006）は，4段階の研修評価プログラムを提唱している。レベル1は，研修満足度など参加者の反応（reaction）を確かめる。レベル2は，理解度や態度の変化などから学習の習熟度（learning）を確かめる。レベル3では，実際の職場における行動の変化（behavior）を確かめる。レベル4では，生産性向上や品質改善など業績（results）への影響を確かめる。またレベル5としてフィリップス（Phillips, 1997）は，投資利益率（return on investment：ROI）を掲げ，研修コストに対して得られる利益の割合を挙げている。

このような評価の実態を探るためにリクルートワークス研究所（2004）では，人材開発協会の調査をまとめている。82の事業所を対象とした調査の結果，上記の研修効果尺度におけるレベル1は9割以上の事業所が実施，レベル2は6割程度，レベル3が3割程度，レベル4以降は実施する事業所がみられなかった。こうした結果は現場への追跡調査の難しさを示していると同時に，成果の算定には研修以外のさまざまな要因が影響し，効果測定そのものが困難であることを示唆している。また，9割以上の事業所で実施されていたレベル1についても，参加者がフロー状態（やっていること自体に没頭している状態）にあったり，カプセル効果（研修室という特定の場所でのみ研修効果がみられる）を反映しているに過ぎなければ，効果測定の意味は乏しいだろう。

このように教育訓練費用や効果測定そのものが，さまざまな影響を受けやすいものだと考えると，教育訓練は特定部門による取り組みではなく，全社戦略として経営層を巻き込んだ取り組みにする必要があるといえる。

（参考：大久保幸夫（2014）．会社を強くする人材育成戦略　日本経済新聞社）

若いうちから他国の文化や仕事の流儀などを複数の国や地域をまたいで知る必要がある。そのうえで，より難度の高い業務を任せ，人材管理や収支管理などのマネジメント業務にも責任を持たせるのである。

以上のように，会社が主導する育成手法として，OJT，Off-JT，選抜型研修がある。次節では，個人のキャリアに焦点を当て，従業員主導による能力開発との関係を見ていく。

3　キャリアとは何か

[1] キャリアの概念と発達理論

キャリア（career）とは一般的に，経歴や職業，あるいは職業生活全般を意図するような場合に用いられる概念である。キャリア研究で著名なホール（Hall, 1976）は次のようにキャリアを定義している。「キャリアとは，個人の生涯を通じて，仕事に関わる諸経験や諸活動と結びついた態度や行動の，個人的に知覚された連続である」。つまり，ここで言うキャリアとは，生涯を通じた仕事に関する諸経験の連続である。それではキャリアとともに頻繁に用いられるキャリア発達という概念はどういうものか。

山本（2010）によるとキャリア発達とは，キャリアの重要な特性である発達性を踏まえた概念である。発達性とは，ある特定の志向をもち，それが集積されることで専門的に分化することを示している。つまり，職業・職務上の経験をある特定の方向に積み重ねることで，（専門的な）知識や技能を獲得していくことなどを意味する概念である。以降ではキャリアの概要についてもう少し詳しく見ていく。

キャリアの定義は，その対象とする範囲によって大きく2つに分けることができる。1つ目が，ワーク・キャリア（職業キャリア）である。ワーク・キャリアとは，キャリアの概念を職業生活に限定した狭義のキャリアである（山本，2010）。つまり，上記の職業に関する一般的なキャリアの意味といえるだろう。そしてもう1つのキャリアの概念が，ライフ・キャリアである。ライフ・キャリアとは，人間が一生の間に通過する，乳幼児期から老年期等の人生における各段階のキャリアである（山本，2010）。

こうした生涯を通じたキャリアの発達理論にスーパー（Super, 1980）がある。スーパー（1980）はキャリア発達を，「時間」の視点による「ライフ・スパン」（life-span）と，「役割」の視点による「ライフ・スペース」（life-space）の2つ

表9-1　キャリア・ステージ（髙橋，2006を参考に作成）

成長段階（-14歳）	他者との関わりを通じて職業への興味・関心を抱く段階。
探索段階（15-24歳）	課外活動やアルバイトなどの経験から試行錯誤しながら自らに適した職業を選択する段階。
確立段階（25-44歳）	適した職業に就き，職業生活を展開する段階。
維持段階（45-64歳）	成功が得られれば自己実現の時期であるが，その反面，保守的にもなる段階。
下降段階（65歳以上）	職業世界からの引退とその後の生活について方向を見出す段階。

の次元で捉え，ライフ・キャリア・レインボー（life career rainbow）（Super, 1990）を表した。時間に基づくライフ・スパンとは，年齢やそれに関連する発達段階を示している。発達段階とは，成長・探索・確立・維持・下降の5つのライフ・ステージで表され，人生全般における生活段階を示したものである。一方，ライフ・スペースとは，子ども・学生・余暇を過ごす人・市民・労働者・家庭人という生活上のさまざまな役割を表している。ライフ・キャリア・レインボーは，個人が発達段階に応じて複数の役割を担うことを示唆し，また現在の位置づけやキャリアの方向性を考えるのに役立てることができる。たとえば，10代後半から20代前半の探索期にある個人は，まだ子どもでありながら学生や市民という役割もあり，いずれ労働者という役割も有するようになる。20代から30代の確立期にある個人は，市民や労働者という役割がある一方，結婚などをすることで家庭人としての役割も有するようになる。

また，職業生活に焦点を当てて発達段階の特徴を表したものに，キャリア・ステージがある。表9-1のようにスーパー（1990）は，個人のキャリアは生涯にわたって展開されることを提唱している。

[2] キャリアの選択

一般的に，職業選択を伴うキャリアの節目（転機）では，選択に際して，個人の興味がそれに強く影響を及ぼすと考えられる。とりわけ職業経験が乏しい若年層の場合，自らに適した仕事を探す手掛かりは，興味や関心がまずそのきっかけとなりうる。

こうした職業興味に基づくキャリアの選択として，スーパー（1969）は職業適合性（vocational fitness）を説明している。これはキャリアの選択に際し，個人と職業の適合という観点から，その関係性をダイナミックに捉えたものである。具体的には，人と職業との適合を考える場合，能力（ability）とパーソナリティ（personality）が大きな要素を占めるとしている。能力とは，適性（aptitude）と技量（proficiency）のことである。適性は，「自分には将来何ができるのか」，「これから達成できる可能性」など，将来どのようなことができるのかということを表す概念である。これは顕在的な知的能力である知能（intelligence）などに加え，未開発の潜在能力によっても構成されている。また技量とは，「現在何ができるか」のように，現在到達している状態を表すものである。それは学力（achievement）や仕事における技能（skill）によって構成されている。こうした個人の能力に加えてスーパー（1957）では，パーソナリティ（人格）の重要性が指摘されている。パーソナリティは，個人の欲求（needs），特性（traits），価値（value），興味（interest）からなり，とりわけ欲求と特性は，職務への適応（adjustment）を表している。このようにスーパーは，職業適合には能力だけでなく，職業興味を示すパーソナリティが重要だとしている。

一方，個人と環境との相互作用に着目したホランドは，職業選択理論（Holland, 1997）を提唱した。職業選択理論とは，個人の職業興味を表すパーソナリティ・タイプと，それに対応する職場環境の特徴を同じ6つのタイプで示した理論である。それらの特徴を理解し，その組み合わせを考えることで，職業選択をはじめ就業上の安定性や職業的満足感などにつながるとされている。また，6つに分けたパーソナリティ・タイプと環境は6角形で表されることから，6角形モデル（hexagonal model）とも呼ばれている（6つのタイプの頭文字をとってRIASECモデルともいう）。これは職業選択の際に現在でも最も普及しているモデルの1つであり，わが国では就職支援ツールとしてVPI（vocational preference inventory）の日本版（VPI職業興味検査）がよく知られている。ホランドの職業選択理論に基づき，職業興味で類型化したパーソナリティとそれを取り巻く環境の特徴をまとめたものが表9-2である。

スーパーとホランドはともに職業興味を発達的観点から捉えている。すなわち，パーソナリティはさまざまな要因から形成されるものであり，それは変わ

表 9-2　パーソナリティと環境の 6 タイプ（ホランド（1997）を参考に作成）

現実的（realistic）	物，道具，機械等を対象とした明確で秩序立った，かつ体系化された操作を伴う活動を好む
研究的（investigative）	情動的な活動よりも物理学的，生物学的，文化的諸現象の理解を目的とした調査研究を伴う活動を好む
芸術的（artistic）	芸術的作品の創造を目的とした自由で体系化されていない活動を好む
社会的（social）	人を助けたり，人に教えたりなど，他者と接触し影響を与えるような活動を好む
企業的（enterprising）	組織目標の達成や経済的利益を目的とした他者との交渉などを伴う活動を好む
慣習的（conventional）	データなどの具体的・体系的な操作を行い，定められた方式や規則に従うような活動を好む

り得るという前提がある。現代のキャリア選択が必ずしも若年層に限らず，中高年層にとっても重要な問題であることを考えると，こうした理論やツールの幅広い活用は今後も求められるだろう。

[3] 組織内キャリア発達

本章は組織内の人材育成やキャリア開発を前提としている。そこで本節では，組織の中のキャリア発達を表す概念である，組織内キャリア発達について説明する。

山本（2010）によると組織内キャリア発達とは，組織と個人それぞれの活動における相互作用によって促進される。組織の活動とは，配置・訓練・評価など人的資源管理領域の活動である。個人の活動とは，キャリアの目標設定を行い，それを達成するための方向性やタイミングを考えることである。こうした組織と個人の活動の相互作用から組織内キャリア発達は生じる。

組織内キャリア発達に関してシャイン（Schein, 1978）は，組織内での個人の移動を3つに分類している（図 9-2）。1つ目は垂直軸上の移動であり，職階上の昇進や降格である（階層）。2つ目は放射軸上の水平移動であり，個人は所属組織の影響が大きい中心部またはその周辺を移動する（中枢）。3つ目は円周軸に沿った水平移動であり，所属や部署の移動である（職能）。しかし，山本（2014）が指摘するように，実際の組織内キャリア発達の過程は，これらの

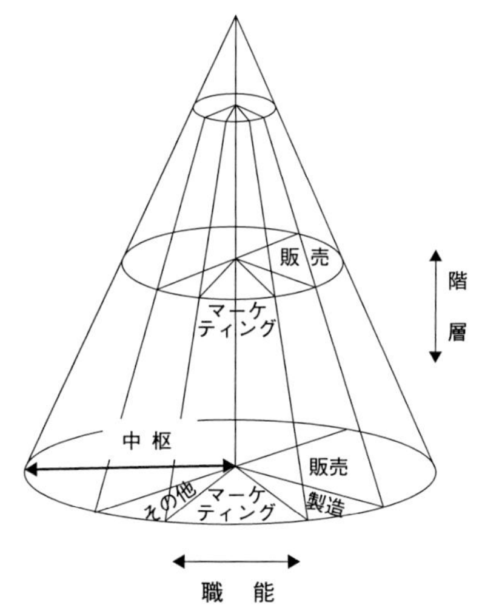

図 9-2　組織内キャリア発達モデル
(Schein, 1978／邦訳, 1991 より一部修正)

移動が複雑に関連し合う形で展開されることが多いだろう。

4　キャリア開発

[1] キャリア開発の主体

キャリア発達が個人を主体とする概念であるのに対し，キャリア開発とは，個人と組織の両方を主体とするような概念である。個人のキャリア発達を組織が支援するというのがキャリア開発であり，その意味で組織内キャリア発達に通じるような概念といえる。それではキャリア開発の主体，すなわちキャリア開発を伴う人事異動などの際に，その主導権を握るのはだれになるだろうか。一般的にその主体は，従業員本人，現場管理者（上司），人事部門という三者の力関係によって決められる。しかし，三者の思惑はそれぞれ異なり，力関係という意味では本人の影響力は往々にして低いといえる。そのため異動などに伴うキャリア開発には，上司の判断や人事部門の力が大きく影響するのである。つまり，キャリア開発における主体は，企業主導型であることが多いといえる。

しかしながら近年は，企業による長期雇用が崩れつつあり，また多様な働き方が広がるなかで，個人のキャリア開発を企業が主導することは困難となっている。そのため，企業主導によるキャリア開発から，個人の意図を反映する個人主導型のキャリア開発が広がりをみせている。そこでの企業の役割は，個人を支援するという側面がより強く表れたものである。

［2］個人主導によるキャリア開発

実際に企業で行われている個人主導型キャリア開発の具体例として，佐藤（2015）を参考に以下３点を挙げる。

1）自己申告制度　自己申告制度とは，事前に会社に対して，個人が職務などの希望を提出する制度である。提出後に条件やタイミングなどが合えば，個人の希望は実現される。たとえば，入社前後に行われる将来の希望職種に関するヒアリングなども自己申告制度の１つである。かつては参考程度という意味合いも強かったが，近年は積極的に活用されるケースも珍しくない。

ただし，自己申告制度は個人の希望が実現に至っても，そこまでに要する時間が長期に及ぶことも珍しくない。そのため，申告の時期と実現の時期との間にタイムラグが生じ，ミスマッチとなる可能性もある。こうしたタイムラグを防ぐ方法として，次に掲げる社内公募制は有効である。

2）社内公募制　社内公募制とは，社内の欠員等に対して外部からの採用ではなく，社内で広く募集をかけて従業員の中から適任者を選抜する制度である。従業員自身にまず手を挙げさせることが，従来の企業主導型の異動とは異なる点である。これは社内で擬似的な労働市場を形成する求人型異動といえる。

このような社内公募制を運用する際の主な留意点は次の３点である。第１に，従業員が自由に応募できる環境をつくることである。上司や同僚の目を気にすることなく人事部門等へ直接応募できる仕組みや，応募の事実が明らかにならないようにするための仕組みが必要である。第２に，管理職の理解を促すことである。応募者が社内公募を通過すると，それに伴う戦力ダウンなどで上司は快く思わないことが多い。そうした状況を回避するためにも，日頃から制度理解を促す情報提供や定期人事異動の際に人員を補充するなどの対策が必要である。第３に，人選にもれた従業員に対するフォローである。公募に落選した従業員のモチベーションが低下しないよう配慮することも必要である。

トピック 18　キャリアの停滞：キャリア・プラトー現象

キャリアに関して，発達という上昇的なプラスの面だけでなく，「停滞」というマイナスの面を表す概念にキャリア・プラトー現象がある。プラトー（plateau）とは直訳すると高原状態のことで，それ以上向上しない横ばいの状況を表す。キャリアにおけるプラトー化とは，自分がこれ以上昇進できないと判断し，キャリア発達が停滞してしまうことである。こうしたキャリア・プラトー現象を，階層プラトー現象とも呼ぶ。階層プラトー現象は，「従業員が組織内の職階において，現在以上の職位に昇進する可能性が将来的に非常に低下する現象」（山本，2014）である。

このような階層プラトー現象は，大きく3つの状態に分類することができる。1つ目は，有能なプラトー状態と無能なプラトー状態である。前者は，満足のいく業績を残しながらも，昇進の機会がほとんどないとみられている人々で，後者は，業績が期待水準以下でリストラの対象にもなりうる人々である。この分類では，前者が後者に移行することを防止するためのマネジメントが求められる。2つ目は，組織的にプラトー化した人々と個人的にプラトー化した人々である。これは1つ目の有能なプラトー状態の人々をさらに分類するもので，階層プラトー化の原因の違いによるものである。前者は，高水準の能力があるにもかかわらず，組織の管理職位不足のためにプラトー化するケースであり，これには年齢の高さなども関係するといわれている。一方後者は，空いた職位があるにもかかわらず，それをこなす能力に欠けるか，その職務を望んでいないと組織からみられている人々で，スキルや昇進意欲の低さが関係する。わが国の状況を考えると，組織的プラトー化に陥る方が多いといえそうである。3つ目は，客観的プラトーと主観的プラトーである。前者は，現職位の在任期間などのことであり，同じ職位に一定期間以上長く留まっていることが，将来の昇進可能性の低さを表す可能性がある。一方後者は，本人自らの認識（意識）に基づくプラトーかノンプラトー（プラトー化していない）かの判断である。こうした2つの基準は，その両方を考慮する必要があり，それらの一致がプラトー状態の判断基準となり得るだろう。

（参考：山本　寛（2016）．昇進と仕事におけるキャリアの停滞　山本　寛（編著）働く人のキャリアの停滞―伸び悩みから飛躍へのステップ―（pp. 1-26）創成社）

また，社内公募制には，公募情報がだれにでも均等に伝わる異動機会の公平性がある一方，現実逃避型の安易な応募や前任者と同レベルの人材確保が難しいなどの短所もある。

3）社内FA（フリーエージェント）制度　社内FA制度は，現部署での勤続期間や業績など，会社が定める一定の条件をクリアした個人が，自ら手を挙げて異動先を決めることができる制度である。社内公募制との違いは，募集の有無にかかわらず，条件をクリアした個人が異動を志願することができるという点である。またその際には，FA権を行使することで自ら異動先を選択できる会社もあれば，各部署からオファーが来るような仕組みをとる会社もある。社内FA制度は求職型異動といえる。

ここで挙げた3つの制度は，会社主導によるキャリア開発ではなく，自らの希望や判断に基づく異動を通して，新たな組織内キャリア発達を目指すものである。それは自らの意思でキャリアの実現を目指すことでもあるといえる。

読書案内

- 中原　淳（編著）(2006). 企業内人材育成入門――人を育てる心理・教育学の基本理論を学ぶ――　ダイヤモンド社
- 山本　寛（2017).「中だるみ社員」の罠　日本経済新聞出版社
- 渡辺三枝子（編著）(2007). 新版 キャリアの心理学――キャリア支援への発達的アプローチ――　ナカニシヤ出版

第10章

人事マネジメント

小川悦史

本章のポイント

この章では人事マネジメント（従業員の管理）に関して，募集・選考，人事評価の2つの機能に焦点を当て，それに関わる重要な取り組みを学びます。さらに，現代的課題の1つでもある正社員以外の従業員に関しても，その特徴やマネジメントの方法などを学びましょう。

本章で紹介する研究

- ワナウス（Wanous, 1973）のRJP採用理論
- レーヴェンソール（Leventhal, 1980）の手続き的公正理論，などの研究を紹介します。

一般的に，ヒト・モノ・カネ・情報は，企業の代表的な経営資源である。本章の対象であるヒトは，経営資源の中でも人的資源（human resource）と呼ばれ，その管理については主に3つの役割や機能がある（上林，2010）。1つ目が作業能率を上げることである。肉体的な作業における能率はもちろん，事務職や管理職のようなホワイトカラーの作業についても同様である。従業員の管理を通じた作業能率の向上である。2つ目がヒトを組織に留まらせ，一体感をつくることである。いくら作業能率が上がっても，それが長期間継続されなければ企業経営は決してうまくいかない。長期的な作業能率向上を目指すためにも，従業員を引き留め，組織としての一体感をつくることが大切である。3つ目が経営戦略との適合である。個々の作業能率が上がり，従業員に一体感が出たとしても，作業そのものが戦略と適合していなければ組織全体としての効率は高まらない。ヒトの管理は，経営戦略と個人の作業との適合機能を担っている。

本章では，こうしたヒトの管理に伴う取り組みを，募集・選考，人事評価，多様な人材のマネジメントという側面から説明する。なお，本章で使用する「従業員」と「人材」という用語は基本的に同義として扱う。

1　人事マネジメントとは何か

[1] 人事マネジメントの概略

人事マネジメントとは，企業等の経営において人的資源の管理を意図する用語である。これは一般的に，労務管理（labor management）や人事管理（personnel management），または人的資源管理（human resource management）などと同様の概念と捉えることができる。すなわち人事マネジメントとは，募集・選考から退職管理に至るまでの雇用管理，人事評価や賃金管理などの報酬管理，さらには労使関係管理なども含む一連の従業員管理といえる。本章ではそのなかでも，本書の趣旨と第9章を考慮し，募集・選考と人事評価について説明する。

[2] わが国の人事マネジメントにおける特徴

従業員を対象とする人事マネジメントの領域は，特に募集・選考，採用，配置・異動，退職などの部分を雇用管理という。雇用管理とは，企業が必要とする労働サービス量（従業員から提供される労働力）に関して，従業員の確保や調整を伴う行為のことである。たとえば，従業員が不足すれば，直接的または間接的な採用で不足分を充足し，逆に超過すれば，雇用調整や異動などが行われる。これらをバランスよく行うことが雇用管理である。

こうした雇用管理におけるわが国の特徴，すなわち人事マネジメントの特徴の1つが，終身雇用（長期雇用）である。終身雇用とは定年やそれに相当する長期的な雇用のことである。終身雇用により従業員は，会社に対する強いコミットメント（愛着心や一体感）や生活上の安定などを獲得し，会社は年功序列（年齢の高い従業員や勤続期間の長い従業員ほど良い処遇を受ける）や長期的な人材育成を可能とした。しかし，このような終身雇用は，1990年代以降の度重なる経済不況や，変化と競争の激しい現代の経営環境において，大きな打撃を受けるようになる。そのなかで近年，人事マネジメントの重要な役割として指摘されているのが，多様な人材に対するマネジメントである。これまでの男性中心による正社員（正規従業員）だけでなく，女性，非正社員（非正規従業員）さらには高年齢人材などが，人材不足の現代において重要な役割を果たしている。そこで本章の第4節では，多様な人材のマネジメントについても概観する。

2　募集・選考

[1] マッチングのためのプロセス

企業が職務（仕事）や組織に最も適合する人材を外部労働市場（社外）から獲得することを採用という。採用以外の主な人材獲得方法としては，派遣社員や請負社員のように，職場となる企業とそこで働く人材が直接的な雇用契約を結んでいない間接雇用のケースがある。また，社内の配置転換や出向・転籍などによって企業内もしくは準企業内（関連会社や子会社）から人材を獲得する方法もある。

外部からの獲得を基本とする採用の機能とは，人と職務のマッチング（適合）にある。守島（2004）によればマッチングのためのステップは，①要員計画（人的資源計画），②募集，③選考（選抜）に分けることができる。まず要員計画とは，会社にとって必要な人材の採用方針を決めることである。採用方針のポイントとしては人材スペックの明確化がある。人材スペックの明確化とは，どのような条件で人材を獲得するかということである。たとえば，応募者の能力，適性，技量（学力やスキル），パーソナリティなどはもとより，雇用形態として正規か非正規か，新卒か既卒か，総合職か一般職かなど，求める人材の条件を定めることである。要員計画が決まれば次は募集である。募集の際には一定数の応募者が必要である。応募者が少なすぎれば絞り込み（選抜）ができない。そこで，一定の応募者数を確保するためには，採用ブランドの向上が求められる。採用ブランドとは，採用時における企業ブランドのことであり，就職希望企業としての人気度である。採用ブランド向上のために企業は，業績向上はもちろん，積極的なプロモーション，社会貢献の推進，さらに既存従業員と

表10-1　面接時の評価エラー（髙橋，2006を参考に作成）

即時的決定 (snap decision)	開始後数分（いわゆる第一印象）で採否の決定がなされてしまうこと。まだ面接に慣れていない時間に，本人らしくない情報を基に採否が決まれば，誤った判断となる確率は高まる
確証バイアス (confirmative bias)	履歴書や適性検査結果などから，先入観や思い込みに基づく質問を行い，その誤った印象に合った評価を引き出すこと。たとえば，知的に劣っているという印象のもと，とりわけ難しい質問を投げかけ，やはり知的レベルが低いという印象を確認する
不都合な情報 (negative information)	選考ミスを防ぐため，応募者の不都合な情報ばかりを重視すること。落とすための口実ばかりを探すこと
厳格化 (strictness)	経験ある面接官が，過去の経験から積み上げた理想的応募者を基準に考えることで評価が厳しくなること。多くの応募者が低い評価となってしまう
非言語的行動 (nonverbal behavior)	話の内容や話し方など言語的要素より，振舞い，容姿，化粧など非言語的要素が重視されること。一歩間違えると，差別的な面接となる可能性もある

の関係や応募者への面接対応などに気をつける必要がある。一方で，逆に応募者が多すぎると，採用プロセスの停滞（遅延）をまねいてしまう。さらには，マッチングしている人材を見逃してしまうというリスクもある。そのため応募者過多の場合には，エントリーの際に何らかの条件をつけるなど，ある程度の事前の絞り込みが行われていると考えられる。そして最後が選考である。選考の方法としては，履歴書などの書類審査，一般常識的な知識・思考力を問う学力試験，職業適性や性格テストなどの適性検査，意欲やマッチング要素を見る面接試験などがある。一般的にほとんどの会社で行われているものとして，書類審査と面接試験が考えられる。とりわけ面接試験では，要員計画の際の条件を応募者がどれだけ満たしているのかも見られている。しかしその際には，表10-1のような評価エラー（誤謬）が生じやすいとも指摘されており，マッチングにはこうした要素も影響しているといえる。

[2] ミスマッチの回避に向けた取り組み

採用の機能として人と職務のマッチングを挙げたが，ミスマッチによる従業員の早期離職やモチベーションの低下などは，いまだ雇用管理上の大きな課題である。ここではそうしたミスマッチを回避するための企業による取り組みを4点紹介する。

第1にインターンシップである。インターンシップは就業体験と呼ばれ，学生が企業等で通常数日から数週間ほど働きながら就業意識を養う取り組みである。学生はインターンシップで実際の仕事の様子に触れることができ，企業は一般的な採用活動では伝えきれないことを伝えることができる。双方が実際の様子をより詳しく知ることで，ミスマッチの回避が期待される。しかし一方で，最近では1日型のインターンシップ（1 day インターン）も増えている。これは，学生にとっては就職活動の長期化をもたらし，企業にとっては学生の個人情報収集機会になっているとも指摘されている。つまり1 day インターンの場合，インターンシップの本来的な目的である就業体験を実施することが困難であるため，企業にとっても学生にとっても表面的な情報収集機会で終わる可能性が高いのである。そのため，インターンシップといっても1 day インターンの場合，残念ながらミスマッチの回避までは期待しにくいだろう。第2に紹介予定派遣である。紹介予定派遣とは，最長6ヵ月間の派遣期間終了後に，派遣先企業と本人が双方合意に至ることで，その後は社員（正社員や契約社員）になれるというものである。これにより，事前に職場の雰囲気や仕事の内容を知ることができ，それらが自分に合っているかどうかの判断材料となりうる。第3にRJP（現実的職務予告：realistic job preview）（Wanous, 1973）による採用手法である。RJPとは，募集や選考過程を通して会社の良い点も悪い点もすべて応募者に伝え，現実の状態を知らせるという手法である。良い点だけを伝えるために生じる現実との乖離（リアリティ・ショック）を防ぐ効果があるとされている。RJPの具体的な効果を表10-2にまとめる。

これらのミスマッチ回避に向けた取り組みで共通する点は，情報の開示である。企業側の開示はもちろん，応募者の情報も開示されることで，ミスマッチの回避も可能となる。一方，近年注目を集めている4つ目の取り組みとして，HR Techがある。HR Techとは，human resource（人的資源）とtechnology（科学）を組み合わせた人事システムである。具体的には，AI（artificial intelligence：人工知能）やIoT（internet of things：モノがインターネットに接続された仕組み）などを活用することで，選考時の評価を客観的かつ迅速に遂行

表 10-2　RJP の効果（金井，2002 を一部修正して作成）

ワクチン効果	過剰な期待を事前に緩和し，入社後の幻滅感を和らげる
役割明確化効果	入社後の役割期待をより明確かつ現実的なものにする
スクリーニング効果	自己選択，自己決定を導き，向き不向きを考えさせる
コミットメント効果	入社した組織への愛着や一体化の度合いを高める

することが可能となる。たとえば，応募者の属性や選考状況など大量のデータをAIが分析することで，書類選考を効率化するなどがこれにあたる。それまで経験則や暗黙知（感覚的な判断や基準）に頼っていた部分も，AIなどの活用で客観的に判断されたデータとなり，ミスマッチの回避を可能とする。しかし，こうした人事システムもまだ完璧とはいえないため，人によるチェック機能や最終判断は今後も必要である。その際にはこれまでどおり，評価エラーやミスマッチ回避に向けた取り組みが不可欠といえる。

3　人事評価

[1] 人事評価の目的

人事評価とは，一般的に人事考課や業績評価なども呼ばれる従業員に対する通知表のようなものである。会社からの従業員に対する職務上の評価である。ここでは人事考課や業績評価などの用語を区別することなく，すべてを人事評価と表記する。

人事評価の主な目的は，①報酬や職位などに関する処遇の決定，②適正な人材配置，③情報開示を通した人材育成の3点である。3点目の情報開示を通した人材育成とは，従業員へ現状の評価結果やその基準を伝えることで，不足している部分や今後の期待に対して能力開発を促すということである。

[2] 評価基準と評価方法

人事評価における評価基準には，絶対評価と相対評価がある。絶対評価とは，あらかじめ決められた評価基準に照らし，それを満たしているか否かを評価する方法である。これは達成度や保有度を評価基準に基づいて評価するため，他者の結果が対象者（自分）の評価に影響することはない。一方，相対評価とは，他者と比べたときの対象者の位置づけや順位を評価する方法である。決められた基準を満たしているか否かというより，他者の評価次第で対象者の評価も決まる手法である。一般的な人事評価では複数の段階を経ることが多く，直属上司による１次評価は，明確な基準のもとに絶対評価で行われることが多い。その後の２次評価では，部門長などさらに上位の役職者が担うため，細かい基準と照らした評価は困難であり，相対的な評価で行われることが多い。

ただし，これらの評価手法は，あくまで評価軸をどこに置くのかという違いによるものである。実際の人事評価では，より具体的な基準のもとで評価が行われる。以下では，厨子（2010）を参考に，人事評価における要素を４つの基準に分けて説明する。

1）能力評価　将来性を見極める評価として能力評価がある。これは職務遂行能力（仕事を遂行するための能力）を重視した評価といえる。ただし，職務遂行能力とは，特定の職務というより，あらゆる部門に共通する組織横断的な能力として括られることが多い。そのため，厳密には必ずしも現在発揮されている能力ではなく，過去から現在にわたって蓄積された組織横断的な能力を意味することが多いといえる。能力評価の際に多く用いられる制度として，職能資格制度が挙げられる。

2）成果評価　一定期間にどの程度目標を達成できたかを評価する方法である。数日，数ヶ月，１年単位など，一定期間の成果そのものに対する評価である。ただしこの方法は，異なる職種をどのような基準で評価するのかという課題，従業員が比較的容易に達成できてしまう目標を立てるリスク，さらには会社が定める目標に必ずしも合致しない目標を立ててしまうリスクなどが懸念される。こうした問題に対処するため，成果評価には上司との面談やフィードバックを伴う目標管理制度（management by objectives）を活用するのが一般的である（第３章第１節参照）。

3）行動評価　行動評価はコンピテンシーの評価ともいえる。コンピテンシーとは，仕事と密接に関連した行動や能力のことで，高業績者が一貫して示すスキルである。これは能力評価を補うような側面があり，組織横断的な能力を有しているだけではそれが最終的な成果に結びつくかどうか不確かである。そこでコンピテンシーを評価項目に加えることで，成果に結びつく行動がとられているか否かを見極める。

4）情意評価　仕事で高い成果をあげるからといって，わがままな態度や姿勢が許されるわけではない。協調性などに欠ける行為が多ければ，組織としての機能を損ない，結果として会社に損失をもたらすこともありえる。そこで，成果評価では補うことのできない，仕事への姿勢や意欲などを測るための情意評価が必要となる。たとえば，規律性，責任性，協調性などを測るために，社内規定の順守，勤怠状況，トラブル発生頻度やその対応などを評価する。これらを評価することが，組織の規律を保つことにつながる。

［3］人事評価におけるエラー

人が観察できるさまざまな情報から他者のことを考えたり理解する過程を対人認知（person perception）という。これは他者の意図，態度，感情などにおける内面的特性や心理過程を推論することである。しかしその際には，評価者自身の経験が影響したり，相互作用の影響（評価者あるいは被評価者それぞれの行動などが相手に影響を与えること）が生じることもある。そのなかで評価者は，自らが見たものや解釈したものを時として客観的現実のように思い込んでしまうのである。そこには判断を歪める要因（バイアス）が存在し，職場での人事評価では表 10-3 のようなエラーが広く指摘されている。

このような評価に関するエラーは，対人認知や帰属過程（人の行動などの原因を推論する心理作用）における認知バイアスといえる。一方で，評価に対する公正感（公正知覚）を高めることで評価エラーを回避しようとする社会心理学理論として，手続きに関する公正（手続き的公正：procedural justice）がある（Leventhal, 1980）（第 3 章第 3 節参照）。手続き的公正とは，だれに何を分配するかを決定するための，その手続きやプロセスの公正性を重視する考え方

表 10-3　人事評価におけるエラー（厨子，2010 を参考に作成）

期末誤差	長期的な評価の際に直前の出来事に基づいて評価をしてしまうこと。例：通年の業績評価にもかかわらず，最近の失敗が評価に大きく反映されてしまう
ハロー効果	特定の際立った評価要素を他の要素にも反映してしまうこと。例：英語ができるから，頭が良いだろう
論理誤差	評価者が評価結果の一貫性を求めるあまり，評価項目間に密接な関係があると思い込んでしまうこと。例：仕事での優秀な成績は，顧客からの信頼によるものだから，部下からの信頼も同様に厚いだろう
対比誤差	評価者が自らの能力や価値観に基づき評価を行うこと。例：自分は入社１年目でこれができたから，部下も同じようにできるはずだ
寛大化傾向	実態よりも良く評価をしてしまうこと。例：部下から嫌われたくないから，本来よりも良い評価にしておこう（逆に実態より厳しく評価することを厳格化傾向という）
中心化傾向	平均的もしくは中心的に評価をしてしまうこと。例：可もなく不可もないから，とりあえず３（５段階評価）にしておこう

である。手続き的公正には，「一貫性（個人や期間を限定しない）」，「偏向の抑制（利己的な考えや偏見をもたない）」，「情報の正確性（情報は正確でなければならない）」，「修正可能性（修正の機会がなければならない）」，「代表性（多くの人の関心や価値観を反映）」，「倫理性（一般的な道徳観や倫理観と一致）」という６つの基準が重要だとされている。また，アダムス（Adams, 1963）の衡平理論（equity theory）に代表される分配的公正感（distributive justice：だれに何がどれくらい分配されたか）が，他者よりも低いか評価しづらいような場合に，手続き的公正の公正知覚に対する影響が特に強いと指摘されている。つまり，だれもが納得のいく分配的公正感を高めることはほぼ不可能であるため，企業は分配の公正知覚よりも，手続きの公正を追求することの方が，従業員からの納得感は得やすいといえる。手続き的公正感を高めるための人事施策としては，たとえば「情報公開」，「苦情処理」，「発言（意思決定プロセスへの参加）」の３要素が効果的だとされている（守島，1997）。特に情報公開は，多くの研究者や経営者が指摘するところでもあり，手続き的公正感を高めるのに不可欠な要素といえるだろう。

トピック19　日本と海外の賃金制度の違い

ここでは人事マネジメントの賃金制度について少し触れてみる。日本企業の給与水準は外国企業と比べた場合に決して高くないと言われている。それは部課長から役員クラスに至るまで全般的に言えることで，その主な原因の1つが，日本の賃金制度にあるとされている。それでは日本の賃金制度とはどのようなものなのか。

日本の賃金制度の大きな特徴は，職能給にある。職能給とは，職務遂行能力（職能）を評価する給与形態である。職能とは，本文「能力評価」にもあるとおり，過去から現在にわたって蓄積された組織横断的な能力を表している。しかし，職能を評価するその基準に関しては，それ自体が曖昧な場合も多く，結局は年齢・勤続期間・経験等による年功的要素も加味されることが少なくない。すなわち職能給とは，年功的要素も影響しうる人基準（その人の能力を基準とした評価）の賃金形態といえる。年功的要素を踏まえた職能給の下では，人事異動の際に部署等が変わり，一から仕事を覚えなければいけないような状況になっても，給与水準は変わることなく（下がることなく），異動を可能にしている。

一方，アメリカをはじめとした海外企業の賃金形態は，その多くが職務給である。職務給とは，人基準ではなく，職務（仕事）を基準とした給与形態である。職務の難度に基づき給与が決まり，同一労働同一賃金の考え方をベースとしている。難度の高い仕事を担えば，受け取る給与の額もそれに応じて高くなるという仕組みである。これは仕事の価値が賃金に反映されていることを意味している。加えて，海外企業の賃金形態はボーナス比率が高く，アメリカと日本では，一般的にアメリカの方が高いボーナス比率を有している。

これらの特徴から，日本企業は年功的な要素が強いため，業績が向上してもそれが直接すぐに賃金へ反映されることは決して多くない。一方で海外企業は，仕事の価値が給与に反映する職務給とボーナス比率の高さによって，企業業績の向上が直接賃金に反映されるような仕組みといえる。

現在わが国で検討されている働き方改革は，同一労働同一賃金，残業規制，脱時間給のいずれもが，基本的には後者（海外の賃金形態）を目指すような取り組みである。この取り組みがいっそう広がるかどうかは，これからはじまる改革の結果にかかっているといえるだろう。

4　多様な人材のマネジメント

[1] 非正規従業員

厚生労働省（2017）によると，役員を除く雇用者全体に占める非正規従業員の割合は4割弱で，僅かながらだが毎年のように増え続けている。このような非正規従業員は，就業先企業と直接雇用の形で契約を結んでいるパートタイマー，アルバイト，契約社員等と，就業先とは直接的な雇用関係にない間接雇用の派遣社員や請負社員とに分けられる。本節では，非正規従業員の中でもその代表的な雇用形態といえるパートタイマーおよび派遣社員について概観する。

1）パートタイマー　パートタイマーとは，正規従業員よりも1週間の所定労働時間が短い従業員である。アルバイトとの法的な区別はなく，一般的には主婦層がパートタイマー，若年層がアルバイトと呼ばれている。パートタイマーとして働く理由の多くは，都合の良い時間に働けるという点にある。一方，企業がパートタイマーを活用する目的は，①雇用の調整弁，②業務の繁閑への対応，③コア業務以外の周辺業務への対応が挙げられる。これらの特徴は，人件費の抑制を踏まえたものでもあり，そうした状況下では雇用する側とされる側との間に流動的な関係が形成されている。しかし，人材不足が深刻化している現在では，パートタイマーに流動的な関係を求めるよりも，戦力としての期待の方が高まっている。これらを踏まえると，パートタイマーに対するマネジメント上のポイントは，柔軟な勤務時間制度の維持や充実にある。勤務時間を配慮することで離職を抑制し，時間をかけて戦力へと育てていく。また意欲あるパートタイマーには，職務拡大（仕事の量を増やす）や職務充実（責任を付与する），さらには社員への転換制度などで動機づけを促すことも大切である。

2）派遣社員　派遣社員としての働き方は，就業先企業との直接雇用ではなく，派遣会社との契約に基づく間接雇用である。かつての専門26業務と自由化業務の区分は廃止され，多くの派遣社員が同一組織内で働ける期間が最長3年となった。つまり，これまで専門26業務として働いていた派遣社員は，無期限での就業が不可能となった。同様に，いくら専門的なスキルを持っているとしても，派遣先や派遣元で無期雇用とならない限り，派遣社員として安定的に働くことが難しくなったといえる。有期雇用契約の派遣社員に対して派遣会社は，雇用安定措置（派遣先への直接雇用の申し入れ，新たな派遣先の提供，派遣元での無期雇用など）や段階的かつ体系的な教育訓練などを講じることが求められている。派遣社員として働き続けなければならない人々にとって，自らの雇用を守る上で，こうした対策をきちんと講じている派遣会社を選択することも重要である。

[2] 女性従業員のマネジメント

厚生労働省（2016a）によると，労働力人口総数に占める女性労働力率や女性の就業者数は微増ながら年々増え続け，現在の女性労働力率は43%を上回るまでになった。また，配偶者の有無とも関係なく，女性の労働力率は上昇し続けている。こうした現状を踏まえると，女性従業員のマネジメントの重要性があらためてよく分かる。

女性の場合，結婚・出産・育児などのライフイベントごとに可能な働き方が変わるため，短時間勤務制度の運用は多くのケースで定着などに良い影響をもたらしている（日本生産性本部，2017）。また同様に，勤務地や職種に関する限定社員制度，あるいは在宅勤務制度など，仕事と家庭の両立支援策を可能な限り導入することも大切である。ただし，アンコンシャス・バイアス（無意識の偏見）のように，上司の思い込みや先入観による仕事中の過剰な配慮等は，逆に女性の成長機会を奪い，モチベーションを下げる要因となってしまう。また，育児休業制度などの長期化は，女性の私生活を支援することになっても，キャリアを支援することにはつながらない。長期的な休みになることで復帰しにくい雰囲気となり，職場の環境も変わってしまうため，就業機会を奪うことになりかねないのである。

以上のように，現在ではこれまでとまったく異なる人事マネジメントが求められている。それを理解するためには，従来からの人事機能を心理学的観点から見直すことがきわめて重要である。また，近年増え続けている多様な働き方に目を向けることも，企業の存続・成長にとって不可欠な要素といえるだろう。

読書案内

- 上林 憲雄（編著）（2016）．人的資源管理（ベーシック＋）中央経済社
- 服部 泰宏（2016）．採用学　新潮社

• 大久保 幸夫・石原 直子（2014）．女性が活躍する社会　日本経済新聞出版社

トピック 20　高齢者と障害者の雇用

多様な人材のマネジメントを考えるうえで，近年注目すべき雇用の変化が 2 つある。1 つは高齢者の雇用，もう 1 つは障害者の雇用である。前者は高年齢者雇用安定法，後者は障害者雇用促進法で，それぞれ法律的にも雇用が促される状況にある。それでは実際の雇用はどのようになっているだろうか。

まず高齢者の雇用に関して見てみる。総務省統計局（2017）によると，高齢者（65 歳以上）の就業者数は 13 年連続で増加し，その数は 770 万人で過去最多となっている。その内訳は，男性が 400 万人余り，女性が 300 万人余りである。また，就業者総数に占める高齢者の割合も，男性が 12.6%，女性が 11.0%とこちらも過去最高となっている。こうしたわが国における高齢者の就業率は，アメリカなどの主要国と比較しても最も高い水準にあるといえる。さらに，雇用形態に関しては，正規・非正規ともに増加しているが，特に非正規の職員・従業員は 301 万人にのぼり，10 年間で 2.5 倍と大きく増加している。

一方，厚生労働省（2016b）による障害者の雇用では，民間企業（50 人以上規模）に雇用されている障害者は 47 万人余りで，前年より 2 万人以上（4.7%）増加し，13 年連続で過去最高となっている。雇用者のうち，身体障害者は 32 万人余り（前年比 2.1%増），知的障害者は 10 万人余り（前年比 7.2%増），精神障害者は 4 万人余り（前年比 21.3%増）といずれも増加を示している。また，国，都道府県，市町村の各機関における就業者数もそれぞれ， 7 千人余り（前年比 0.9%増）， 8 千人余り（前年比 1.6%増）， 2 万 6 千人余り（前年比 0.9%増）で，ここでも就業者数の増加がみられている。

以上のように，高齢者と障害者の就業者数は近年増え続けており，高齢者に関しては必ずしも正規ではなく，非正規雇用としての短時間勤務などが急増している。つまりそこには，高齢者や障害者の働き方に配慮した人事マネジメントが必要となっている。こうした意味からも多様な人材に対するマネジメントは，今後いっそう企業に求められるといえるだろう。

第11章

消費者行動の心理学

永野光朗

本章のポイント

消費者の理解は製品開発や広告宣伝をはじめとする企業活動において重要ですが，消費行為は現代に生きる私たち人間にとって不可欠なものであり，その客観的理解は消費者自身とっても重要な意味を持ちます。本章ではこのような視点から消費者の心理と行動のメカニズムについて学びます。

本章で紹介する研究

- レヴィン（Lewin, 1935）の図式
- マッカーシィ（MaCarthy, 1960）のマーケティング理論
- ブラックウェルら（Blackwell et al., 2001）による購買意思決定モデル
- マズロー（Maslow, 1970）の欲求階層理論
- 中谷内（1993a, b）による悪徳商法に関する研究
- 小嶋（1986）による心理的財布理論，などの研究を紹介します。

現代社会に生きる私たち人間は例外なく消費者である。商品やサービスの購入は単に生活において必要であるというだけではなく，それらを入手し利用する過程において「期待感」や「よろこび」をもたらしてくれる。さらに消費という行為は社会的関係の形成，維持や自己実現といった高次の欲求の充足とも強い関連性を持つ。消費行為には人間の欲求，認知，感情，パーソナリティといったさまざまな心理的特性が反映されることになる。

心理学の立場から消費者の心理・行動特性を客観的かつ中立的に把握することは，企業が消費者をターゲットとして展開するマーケティング活動の遂行に役立つ。また消費者にとっては企業戦略や悪徳商法に惑わされないための消費

者自身の自己理解に役立つ。本章ではとくに心理学の応用という立場から，心理学的理論をベースにした考察を行う。

1　消費者行動研究の目的

心理学に基づく消費者行動研究の目的は，消費者の行動や主観的経験の「記述（description）」，「説明（explanation）」，「予測（prediction）」，そして「制御（control）」であるということができる。

ここでの「記述」とは，消費者の行動を客観的に書き表すということである。たとえばあるスーパーマーケットにおいて来店者を対象とした面接調査を行い，購入品目数や購入金額，個々の商品の購買についての計画性（来店前から買うことを計画していたか）を調べたとする。それを統計的な数値（購入品目数，金額の平均や計画購買の割合など）により客観的に表すのである。

つぎに「説明」とは，消費者の行動が生じた理由を述べることである。たとえばこのスーパーマーケットの来店者は一般的な店舗に比べて計画購買（来店前から計画されていた購買）の割合が低かったとする。来店者の内訳を調べたところ，他店舗に比べて有職の主婦の割合が多く，そのような主婦は非計画的に商品を購入する割合が高かったとする。このことから時間的に余裕のある専業主婦に対して，時間的に余裕がない有職の主婦は店内で購買品目を決める傾向があり，非計画購買率の高さはそれが反映された結果であると説明される。

説明ができれば事象の「予測」が可能になる。たとえば他の地域に新規にスーパーマーケットを出店した場合の計画購買率は，その地域に住む人々の人口構成から予測することができる。すなわち有職の主婦が多く住む傾向があるならば，店舗における非計画購買率は高くなると予測できる。

これをふまえて消費者の行動を「制御」することもできる。非計画的な購買をする傾向の強い有職の主婦が来店者の多くを占めるのならば，夕食前の時間帯に調理の手間がいらない総菜類を充実するとか，夕食の献立を提案したうえでの関連陳列（刺身とワサビなど相互に関連性のある品目を同じ売場に陳列すること）により来店者の購買行動を引き出す（制御する）ことが可能になる。

以下ではこのような4つの目標を達成するための枠組みを提供したうえで，

それに基づく消費者理解がどのような意味を持つのかについて説明を行う。

2　消費者行動を捉える枠組み

レヴィン（Lewin, 1935）は，人間の行動を理解する枠組みとしてB = f（P・E）という図式を提案した（図11-1）。Bは行動（behavior），Pは行動する主体である個人（person），そしてEは個人が置かれている環境（environment）を表す。この式は人間の行動は個人の特性（パーソナリティ，価値観，ライフスタイルなど）と，個人がそのときに置かれている状況（どのような店舗でどのような商品を買うかといったことなど）の関数として表されるということである。

このレヴィンの図式からは，人間行動に関する基本的原理を引き出すことができる。第1の原理は「同一の環境に置かれていたとしても，個人特性が異なれば，そこでとられる行動は異なる」というものである。第2の原理は「同じ個人特性を持つ者であっても置かれた環境が異なれば，そこでとられる行動は異なる」というものである。

上記の考え方は，企業が人間としての消費者に対して効果的に商品やサービスを販売するために行うマーケティング（後述）の基本的な枠組みと一致する。個人特性（P）という考え方は，消費者の嗜好や購買傾向は個人によって異なることを前提とする市場細分化（後述）に一致している。また環境・状況要因（E）が消費者行動に及ぼす影響のメカニズムを知ることも重要である。たとえばスーパーマーケットやコンビニエンスストアの店頭における消費者行動の実

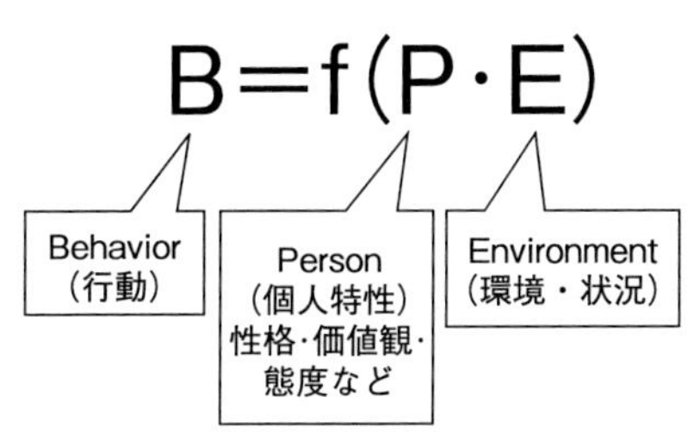

図11-1　レヴィンの図式（Lewin, 1935）

態についてはかなり研究がすすみ，その成果が店舗内の環境づくりに生かされている。陳列方法や店内配置を工夫することで，来店前には予定していなかった購買（非計画購買）を店舗内で引き起こすといったことなどである。

3　マーケティングと消費者行動

[1] マーケティングとは？

消費者行動研究は，企業におけるマーケティング活動の遂行という視点からその必要性が示される。アメリカ・マーケティング協会（AMA, 2004）によれば，マーケティングは「顧客に向けて価値を創造し，伝達し，届けるための，そして組織とそのステーク・ホルダー（利害関係者）に対してベネフィット（利益）を与えるやり方で顧客との関係を管理するための組織的機能および一連の過程」と定義される。

マッカーシィ（MaCarthy, 1960）は，マーケティングは製品（product），価格（price），流通経路（place），販売促進（promotion）の 4 つの構成要素から構成されるとした。すなわち「性能やスタイル，パッケージなども含めてどのようなコンセプトの製品をつくり，ブランドを育成していくかということ」（製品），「小売価格の設定や値引き」（価格），「卸売り，小売り，通信販売なども含めて，どのような経路を経て消費者に商品を供給するかということ」（流通経路），「広告や広報（パブリシティ）などによる消費者へのコミュニケーションや人的販売など」（販売促進）を組み合わせて効果的なマーケティング戦略（これらの頭文字から 4P 戦略という）をすすめていくことが可能であると述べている。

[2] マーケティング遂行における消費者理解の必要性

企業がすすめるマーケティング戦略の一手法である「製品差別化戦略」は，自社製品の性能，機能，デザインなどに特徴を持たせ，他社製品との差別化を図り，自社製品の優位性を獲得する方策である。このためには製品のコンセプトを明確にし，位置づけ（製品ポジショニング）を明確にしたうえで新奇性や独自性を持たせて差別化をはかることが重要である。また他社製品との違いを消費者に対して明確に訴求するための広告表現手法も重要である。

また同様に重要なマーケティングの手法である「市場細分化戦略（マーケット・セグメンテーション）」は市場（消費者の集合体）を均質なものとして捉えるのではなく，それを形成している個人の特性を把握してグループ分け（細分化）することである。それぞれのグループ（セグメント）のニーズに応じた適切な商品開発や，効果的で無駄のない広告戦略をすすめることが可能になる。

消費者を細分化する手法としては性別，年齢，家族構成，居住地域など人口統計学的指標に基づく「デモグラフィック・セグメンテーション」が伝統的な細分化の方法である。たとえば衣服は性別や年齢によって体型や嗜好が大きく異なると仮定できるので，それぞれの性別，年代に応じた衣服がデザインされ，生産されている（図 11-2）。

一方で成熟化した今日の市場では同一の性別・年齢集団内での価値観や嗜好の多様化がすすみ，消費傾向の差違を識別する他の指標が必要になってきた。そのなかで用いられたのがライフスタイル・セグメンテーションという手法である。ライフスタイル（生活様式）は人々の生活行動や事物への関心に反映されるものであり，消費性向や様式の差異を規定する要因（消費者行動の個人差を説明する要因）として重要な概念とされている。

4　消費者の購買意思決定過程

[1] 購買意思決定モデル

消費者行動研究の流れのなかでは，心理学的構成概念を相互関連的に組み入れて消費者行動を定式化するモデルの構築が試みられてきた。この代表例がブ

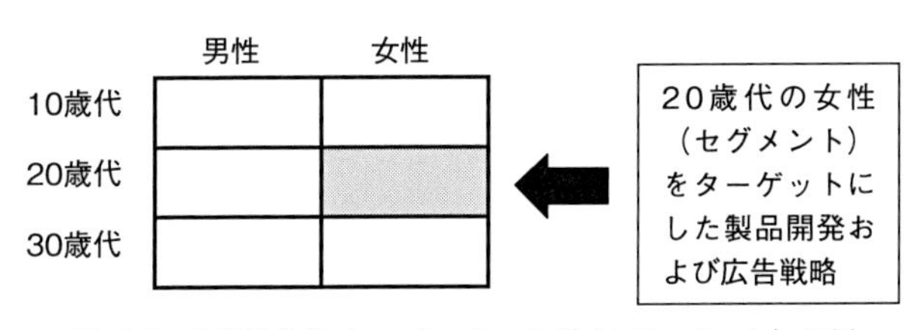

図 11-2　市場細分化（マーケット・セグメンテーション）の例

ラックウェルら（Blackwell et al., 2001）による購買意思決定の過程を図式化したモデルである（図11-3）。

このモデルでは，消費者の購買意思決定過程を，欲求認識→情報探索→購買前代案評価→購買→消費→購買後代案評価→処分，という段階でとらえ，さらにその過程に対する影響要因を記述している。このモデルに示されている各段階を追って，消費者の購買意思決定過程について述べてみよう。

［2］購買意思決定過程の諸段階

1）欲求認識　「のどが渇いたので飲み物がいる」とか「暑くなってきたので夏用の服を買おう」といったように，消費者がなんらかの欲求を認識する段階のことである。マズロー（Maslow, 1970）による欲求階層理論に従うと，日常生活のなかでの商品やサービスの購買は表11-1に示したように説明される。このような欲求を認識し，商品やサービスを購入することで欲求を充足するという問題解決の過程が購買意思決定過程であるということができる。

2）情報探索　問題解決のためにはまず情報が必要であり，その入手のための情報探索が行われることになる。情報探索は「内的情報探索」と「外的情報探索」に分けられる。前者は商品やブランドに関して消費者が内部に蓄えている情報（つまり知識や記憶）を引き出すことである。この情報だけでは不十分な場合には外的情報探索が行われる。これは広告を見たり店舗に出向いたりすることにより，あるいは家族や友人を介して，新たな情報を取得することであ

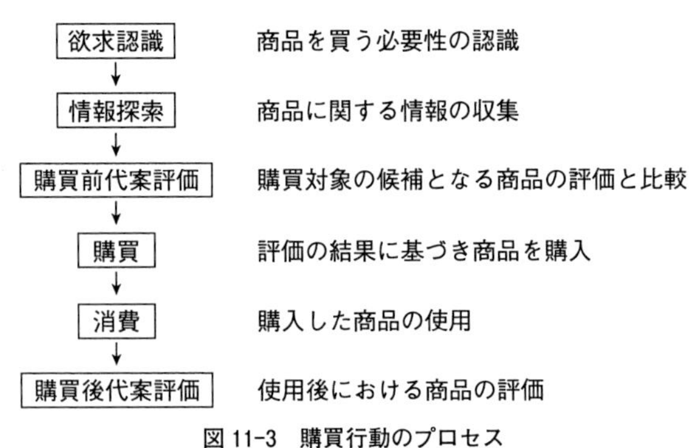

図11-3　購買行動のプロセス
（Bkackwell et al., 2001 に基づいて作成）

表 11-1　人間の欲求と商品・サービスの購買（Maslow, 1970 に基づいて作成）

欲求の種類	内容	商品・サービスの購買の例
生理的欲求	食欲，睡眠などの生命維持に関する欲求	飲食物，睡眠用具
安全欲求	危険や恐怖を避け，安定，依存を求める欲求	防寒着，ヘルメット，生命保険
所属・愛情欲求	他者との友好，愛情関係や集団への所属を求める欲求	親しい人への贈り物，所属集団に同調した衣服
承認・自尊欲求	高い自己評価や自尊心を維持したいという欲求	高級ブランドの衣服や装身具，ステータスシンボルとなる所有物（外車，別荘など）
自己実現欲求	自己の成長の機会を求め，自己の能力を最大限に発揮したいという欲求	能力を高めるための教育，能力を発揮するために必要な道具

る。

3）購買前代案評価　情報探索の結果，選択の候補となった代案（ブランド）を評価する段階である。たとえば情報探索の結果，生地が良いが価格が高いAという衣服と，生地は良くないが価格が安いBという衣服の存在が明らかになったとする。そこでそれらが消費者の欲求に基づいた選択基準（生地を重視するのか価格を重視するのか）に基づいて比較検討される。

4）購買　代案の評価に基づいて商品の銘柄，量，購入場所（店舗）などを決定し購買する段階である。

5）消費　購買された商品が実際に使用される段階である。ここでは購買した商品やサービスの品質や機能が期待に一致したものかどうかの認知がなされる。

6）購買後代案評価　購買した商品を使用することによりさまざまな評価が生まれる。購買後の評価が購買前の商品への期待を上回る場合には「満足」となり，下回る場合には「不満足」となる。「満足」の場合は同一商品（銘柄）の再購買へとつながり，また「不満足」の場合には新たな商品（銘柄）の探索へとつながっているが，このように代案評価の結果（満足か不満足か）は次回以降の購買に影響を及ぼすことになる。この結果が他の消費者に伝達されることで（いわゆる口コミ），広範囲にわたる影響力を持つ場合もある。

7）処分　使用されなくなった商品は何らかの形で処分される。廃棄，リサイクル，あるいは再販売といった方法が考えられる。

トピック 21　心理的財布理論（第 7 章トピック 13 も参照）

デパートに買い物に行き，気に入ったジャケットがそうでないものよりも 1 万円高くても苦にしないで買った主婦が，帰りのタクシー代 800 円を惜しんでバスに乗って帰る，といった消費者の矛盾に満ちた行動をどのように説明できるであろうか？　このような「価格をめぐる商品の評価・判断」を小嶋（1986）は「心理的財布」という概念を用いて以下のように説明している。

私たちは通常 1 つの財布（物理的財布）を持ち歩いているが，購入商品・サービスの種類や，それを買うときの状況に応じて別々の異なった財布（心理的財布）から支払っていると考える。これらの心理的財布は，それぞれが独自の異なった価値尺度を持っているので，同じ金額を出費した場合でも，出所の財布が異なれば得られる満足感や心理的な痛みも異なることになる。上記の主婦の例で言うと，「コートを買うための財布（外出着用財布）」の中の「1 万円」はあまり痛みを伴わないが，「交通費の財布」の中の 800 円はかなりの心理的痛みが伴うということになる。

小嶋ら（1983）は，質問紙により各種の商品について「購入に伴う痛みをどれくらい感じるか？」を尋ね，その結果を因子分析にかけて表 11-2 に示すような 9 つの因子を抽出した。これらの因子は一般に消費者が暗黙のうちに所有している心理的財布に対応していると考えられる。

表 11-2　心理的財布の因子分析結果（小嶋・赤松・濱，1983）

因子名（心理的財布）	含まれる商品・サービスの例
ポケットマネー因子	目薬　週刊誌　チューインガム　チョコレート
生活必需品因子	冷蔵庫　洋服ダンス　洗濯機　ハンドバッグ
財産因子	分譲土地　分譲マンション　別荘用土地
文化・教養因子	絵・彫刻の展覧会　音楽会　観劇　映画鑑賞
外食因子	友人との外食　買い物先・勤務先での外食
生活水準引き上げ因子	電子レンジ　ルームクーラー　百科事典
生活保障・安心因子	保険料　ヘアセット代　お歳暮
ちょっとぜいたく因子	自動食器洗い機　ビデオレコーダー　乗用車
女性用品因子	ペンダント　ブローチ　外出用のワンピース

5　消費者保護と心理学

消費行為は人間にとって不可欠で死活問題であるがゆえに，消費者の意識や行動のメカニズムを理解することは，企業がすすめるマーケティング活動においてだけではなく，消費者自身にとっても重要である。企業が行う営利活動は消費者の利益と相反するので，それによって消費者が何らかの損失を被る可能性が存在する。その典型がしばしば問題になる悪徳商法である。

中谷内（1993a，b）は，悪徳商法の１つの類型である催眠商法（SF 商法とも言われる）についての研究を行っている。中谷内によれば催眠商法は「人集め段階」と「追込み段階」の２つの段階からなる。「人集め段階」では業者が５人程度で一組となり，街角の一角にダンボール箱を並べ「宣伝のため商品を無料で進呈している」と歩行者を 20 人前後集める。そして品物を配りながら独特の話術で誘導し「もっと良い品をあげるから」とそのまま近くのビルの一室へ移動させる。つぎは「追込み段階」で，品物の配布を続けながら雰囲気を盛り上げて話題を徐々に健康問題に移す。そして羽毛布団や健康食品を登場させて，最終的に高額商品（数十万円の羽毛布団など）を購入するように説得するのである。

観察によるデータ収集を踏まえてこの商法のプロセスを詳細に分析した結果，商品を購入させるために人々の行動を適切にコントロールするための巧妙なテクニックが用いられていることが指摘されている。たとえば「人集め段階」において業者が常に冗談をとばして愉快な雰囲気を作り上げ，興奮を引き起こして業者への親密感を形成する，などである。

上記の商法は消費者の心理的弱点を利用して利潤を得ようとする極端な事例であるが，消費者が行う価格判断は特有の心理的な仕組みを持つために客観性が保証されない場合があり（トピック 21 参照），また商品販売に多く見られる「限定商法（数量や期間を限定して販売する方法）」など消費者の冷静な商品評価を損なう可能性がある商法が多く存在する（トピック 22 参照）。

菊池（2007）は悪質商法には，①商品情報自体を偽装して，不当に情報をコントロールすることと，②消費者側の心理をコントロールして購入や契約へ追い込む，という2つの特徴がみられることを指摘し，これらに対抗するためには消費者自身がクリティカル・シンキング（批判的思考）を身につけて実践することが重要であると述べている。クリティカル・シンキングとは「主張を無批判に受け入れるのではなく，その根拠を批判的に吟味し，論理的に意思決定を行うことを目指した一連の思考技術と態度のこと」であるとしているが，これは心理学研究において最も重要な考え方である。したがって消費者の心理学的理解は消費者の自衛策としても有効であることを最後に強調しておきたい。

トピック22　「限定商法」の心理的効果

広告や店頭での表示を見ると「期間限定」や「数量限定」を強調した商品販売（いわゆる限定商法）が使われていることが非常に多くある。これによる効果を心理学の立場からはどのように説明できるのであろうか？

1）商品の品質評価への影響　消費者が商品に対して行う品質評価は客観的事実よりは主観的判断に基づいており，しばしば商品それ自体の品質ではなく商品の外部的情報や購買の文脈に影響を受ける。「限定商品」と言われると「手に入りにくい商品」であることが「品質が高いはず」という信念（思いこみ）を形成してしまう。「高価な商品は良い商品である」と単純に考えるのも同様の仕組みといえる。

2）スノッブ効果　「限定＝手に入れにくい商品」であること自体が商品そのものの価値（いわゆる希少価値）を高めて購買の欲求を引き上げたり，それに対して支払う代価の上限を高めることで，このような影響のことを「スノッブ効果」と言う。手に入れにくい商品を所有することが個人を他者から差別化し自尊心を高めるという働きがあるためと考えられる。

3）チャンスを逃したくないという思い（認知的不協和の低減）

たとえば「期間限定」と書かれた商品を買わなかった場合には，後日になってから「手に入れるチャンスがあったのに，なぜそれを買わなかったのか？」という「後悔」にとらわれるかもしれない。人間は行動の結果と自身の判断が適合していない場合には不快感（認知的不協和）を持つために，それが生じないような行動をとる傾向がある（Festinger, 1957）。先々の予測を踏まえて判断するために「限定」がついた商品を買わずにはいられなくなるのである。

4）リアクタンス理論

「限定商品なので手に入れられない」と言われて自分自身の行動が制限されると心理的抵抗（リアクタンス）が生じて（Brehm, 1966），それを振りほどこうとする行動（つまり商品を手に入れるという行動）が生ずる。「自分の自由にならない」ことは不快感を喚起するのでそれを避けようとするからだと言われている。

読書案内

- 杉本 徹雄（編著）(2012).『新・消費者理解のための心理学』福村出版
- 青木 幸弘他（2012）『消費者行動論―「マーケティングとブランド構築への応用
 有斐閣
- 松井 剛・西川 英彦（編著）(2016).『1からの消費者行動』碩学社

第12章

広告の心理学

前田洋光

本章のポイント

私たちは日々，多くの広告に接触しながら生活しています。本章では，心理学や行動科学の研究成果を中心に，これら広告の心理・社会的機能を学習し，広告の送り手・受け手の双方の視点から種々のトピックについて検討します。

本章で紹介する研究

- コーレイ（Colley, 1961）などのさまざまな広告効果階層モデル
- 広告表現手法が説得効果に及ぼす影響
- セール表示と大台割れ価格が購買行動に及ぼす影響
- プロダクト・プレイスメントの効果
- 広告における記述的規範と命令的規範，などの研究を紹介します。

1　広告心理学とは

広告とは，「明示された広告主が，目的をもって，想定したターゲットにある情報を伝えるために，人間以外の媒体を，料金を払って利用して行う情報提供活動」と定義される（嶋村，2006）。この定義の掘り下げた議論や，現代における広告の多様性などは他の書籍に譲るとして，ここでは広告を心理学の観点から検討する意義について整理しておきたい。

まず，心理学と広告の主たる接点に，広告効果に関する諸研究が挙げられる。心理学の世界でS（刺激）-R（反応）モデルからS-O（有機体／生活体）-Rモデ

ルへ関心が移ってきたなかで，広告研究もその影響を受け，広告への接触（刺激）に対する購買行動（反応）の間にある〈心理的な変容プロセス〉が模索されてきた。購買行動のような「目に見える指標」も当然重要ではあるが，それに至るまでのプロセスやメカニズムの理解を促進した点については，広告分野における心理学の大きな貢献といえる。次に，広告心理学は，社会心理学研究における説得的コミュニケーション研究の応用・実践としても位置づけられる。そもそもコミュニケーションとは，メッセージの〈送り手〉が，〈メッセージ内容〉を，〈メディア〉を通して，〈受け手〉に伝達することで成立する。その説得効果とは，各要因いかんによって異なる（たとえば送り手が誰であるかによって説得のされやすさが変わる）。すなわち，どのような広告効果を獲得すべきか，また，そのためにはどのような広告表現や広告媒体が適切であるかといった，効果的なマーケティング戦略の立案に，広告心理学は寄与しているといえよう。

それと同時に，広告は，情報処理モデルや意思決定研究など，多様な切り口が可能であり，広告を題材とした研究が，社会心理学，産業・組織心理学，認知心理学，感情心理学などの科学としての発展にも貢献してきた。広告心理学は，特定の研究領域にとどまらず，多様な領域と関りをもちながら，理論的・実証的・実践的に発展してきた学問といえる。

2　広告効果モデル

広告の最終的な目標は，広告対象の商品やサービスを，消費者に購買・利用してもらうことといえる。つまり，最初に考えるべき広告効果とは，広告を投下直後に当該商品やサービスの売り上げがどの程度向上したのかを示す「販売効果」である。一般に広告はこの販売効果があるとされている。

しかし，商品やサービスの性質によれば，広告への接触の直後に購買行動が生起するとは限らない（たとえば住宅，車など）。そこで，広告に接触してから購買行動に至るまでの心理的・行動的プロセスを明らかにする，種々の広告効果階層モデルが提案されている。

古典的なモデルの中で代表的なものが，AIDMA モデルである（図 12-1a）。

これは，①広告への注意を引きつけ，②興味・関心をもたせ，③欲望を喚起させ，④商品情報等を記憶させることによって，⑤最終的な販売効果である購買行動が生じるというプロセスを仮定したモデルである。

コーレイ（Colley, 1961）は，このAIDMAモデルを発展させたDAGMAR（defining advertising goals for measured advertising results）モデルを提唱している。このモデルでは，広告の受け手は，特定の商品についてまったく知らない「未知」の段階から，「認知」，「理解」，「確信」，を経て「購買」に至ることを仮定している（図12-1b）。そのうえで，広告の目標は「購買」のみで捉えるのではなく，その前段階であるコミュニケーション効果に焦点を当て，現状から次の段階に進めることが妥当であるとしている。たとえば新商品の場合，いきなり「購買」を目標に据えるのは不適切であり，「未知」の現状からブランド名を憶えてもらう「認知」を想定すべきであると考えられる。コーレイの理論は「目標による広告管理」と呼ばれ，時間・対象をあらかじめ決めて広告活動を行い，想定された広告効果が得られているか測定して管理する必要性を提示している。前述の例であれば，想定されたターゲットのブランド認知率がど

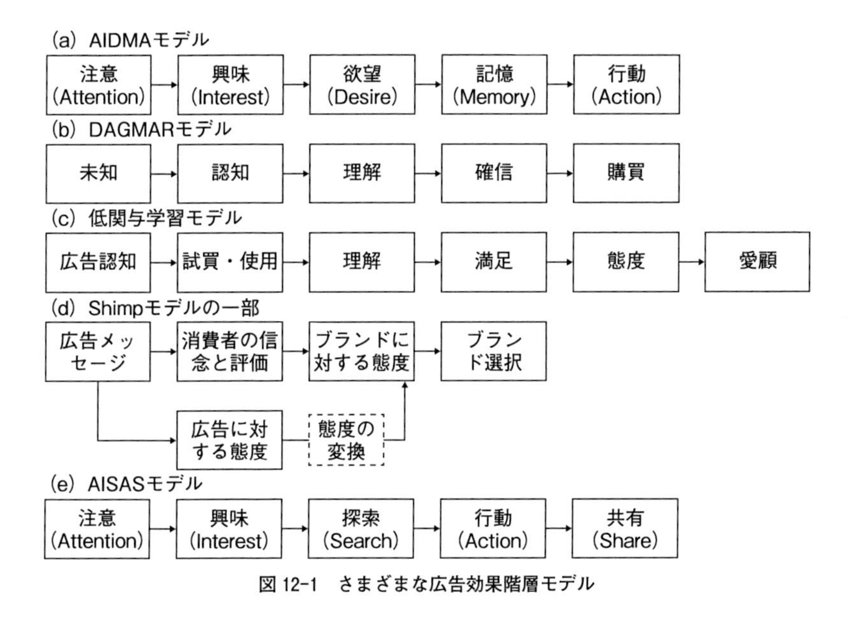

図12-1　さまざまな広告効果階層モデル

の程度向上したかを測定することで，広告効果を検討することができよう。

DAGMARは，使いやすさや分かりやすさから，実務でも幅広く応用された。しかしながら，それと同時にさまざまな批判もなされている。その1つが，一方向のフローだけでは十分に説明できないケースが多々生じることである。またAIDMAやDAGMARは，新聞や雑誌の印刷媒体における広告をもとに理論化されてきたが，テレビ広告が主要になり，近年ではインターネット社会へと変容するなかで，新たな視点を導入する必要があった。そのため，これらの問題の修正案として，それ以降の広告効果階層モデルが検討されていった。

広告メディアの主流が印刷媒体からテレビに変容するに従い，広告のコミュニケーション効果にも変化が生じた。その代表例が，クラグマン（Krugman, 1965）の低関与学習モデルといえる。クラグマンによれば，通常，テレビ広告の内容に対して受け手は特別な注意を払っていないため，メッセージの反復によって知名度の向上は得られるものの，認知構造を変容させる効果はごくわずかであり，購買前の態度変容をもたらす影響力は小さいとされている。すなわち，DAGMARのように理解や確信を経て購買に至るのではなく，図12-1cに示すように，低関与下では試買や使用経験を通して，事後的にブランドイメージや態度が決まることが想定される（仁科，2007）。また，このモデルでは，最終的に〈買い続けてもらう〉という「愛顧」に到達することが重要となろう。

また，印刷媒体とは異なり，テレビ広告では，消費者の広告に対する情緒的な反応も喚起されやすいことから，「広告に対する態度」のもたらす影響も検討する必要がある。たとえば人情味のある温かい広告を見て，〈この広告そのものが好き〉という意識が，〈この商品も好き〉という意識を形成することもあろう。シンプ（Shimp, 1981）は，従来のモデルと同様に，広告メッセージが評価を経てブランドへの態度を形成するプロセスに加え，「広告への態度」が「ブランドへの態度」を規定するプロセスをモデル化している（図12-1d）。

近年では，インターネット社会に対応したモデルなど，新たな広告効果階層モデルが提案されている。その1つに，AISASモデル（図12-1e）が挙げられる（秋山・杉山，2004）。これは，AIDMAモデルをベースにしつつも，たとえばくちコミサイトなどでの購買前の情報収集や，購買後のSNS上での情報共有も含んだ，消費者の積極的な情報行動が反映されたモデルといえる。

3 広告表現

広告心理学の応用領域の１つに，効果的な広告表現に関する研究が挙げられる。ここでは，いくつかの表現手法の有効性について検討していく。なお，紙面の都合上，恐怖喚起広告や有名人起用広告など，メジャーな手法を省いているが，これらの詳細は章末の読書案内を参照されたい。

[1] 比較広告

比較広告とは，自社製品を他社製品と比較して，優位性を強調する手法の広告を指す。アメリカやカナダではポピュラーな手法であり，数多くの研究が蓄積されている。グリュワルら（Grewal et al., 1997）は，これらの諸研究を統合して再分析にかけ，知見の整理を行っている。その結果，比較広告は，訴求内容の注意や記憶などの認知処理や購買意図を高める一方，広告に対して非好意的な態度が形成されやすいことを明らかにしている。つまり，相手ブランドと比較することによって分かりやすさが向上するというポジティブな側面をもっている反面，相手ブランドに対して攻撃を仕掛ける表現を快く思わず，反発を招くネガティブな側面も併存している。

日本においては，長らく比較広告そのものが規制されていたが，事実上の解禁となった1987年以降，特に1990年代前半を中心に，実証研究が盛んに行われた。特に，アメリカ社会で得られた比較広告の知見が，謙遜を美徳とする文化である日本においても適用されるのかについては，検討すべき課題であった。石橋・中谷内（1991）では，ハンバーガーを題材にした架空の印刷広告をもとに，比較広告の効果を検討している。その結果，上述の知見をおおむね支持し，比較広告は注目を集めやすいが反感を持たれやすく，特に，大規模企業が小規模企業に対して比較広告を行った際に，その傾向はより顕著になることが示されている。近年，比較広告に関する研究は停滞気味ではある。しかし，たとえば秋山・小嶋（1992）が操作した，比較対象の具体的ブランド名を明示しない「暗示型の比較広告」のように，日本の文化に適した比較表現のあり方を模索することも重要な課題である。

[2] ユーモア広告

ユーモアとは，送り手からの刺激に対して，受け手にもたらされるおもしろいという知覚反応を指す。ユーモアは，葛藤場面で潤滑油的役割を果たしていたり，場を和ませるなど，対人関係をポジティブにする。教育場面に適用すると，ユーモアを交えた箇所に対する記憶の水準は，ユーモアを交えていない箇所よりも高いという知見も見受けられる（Kaplan & Pascoe, 1977）。こうしたさまざまなポジティブな効果は，広告にも同様に期待され，そのためテレビ広告の約24.4%，ラジオ広告の約30.6%がユーモアを用いている（Weinberger & Campbell, 1991）。

ユーモアを含む広告は，一般に説得効果を高めると考えられているが，その原理として次の2つがある。1つは，受け手の認知処理を高めるということである。たとえば雑誌広告を対象としたマッデンとウェインバーガー（Madden & Weinberger, 1982）は，ユーモアは受け手の注意を高めることを明らかにしている。また，ラマーズら（Lammers et al., 1983）は，実在のラジオ広告を用いて実験を行っている。その結果，広告提示後，しばらく時間がたってからでも，ユーモア広告は非ユーモア広告より，広告内容のことを反芻して考える傾向があり，長期的な思考を促進することを見出している。これらユーモアと説得効果に関する先行研究をレヴューした牧野（1999a）によると，ユーモアは①注意を引く，②メッセージの理解を促進する，③肯定的な思考をもたらし，反論を妨害する，④メッセージ評価や送り手の魅力を高めるという。広告の文脈に当てはめると，前述の広告効果階層モデルにおける「注意」や「理解」などの各段階を促進するため，結果的に説得効果が高まると考えられる。

もう1つに，感情心理学研究の面からも説明可能である。たとえばブレスら（Bless et al., 1990）は，ネガティブ感情のときには，分析的な思考が促進されるのに対して，ポジティブ感情では，ヒューリスティック（直感的・短絡的）な情報処理が行われやすいために，たとえ論拠の弱いメッセージであったとしても説得されやすいことを検証している。ユーモアはポジティブな感情を生起させるため，そのユーモアが含まれる広告は，唱導方向に態度変容がなされやすくなると考えられる。

ただし，ユーモアの中身においては注意が必要である。牧野（1999b）では，

〈しゃれ〉などの「遊戯的ユーモア」に関しては，含まれている量が多いほど説得効果を高めるが，皮肉やブラックジョークなどの「攻撃的ユーモア」は否定的気分を高め，特にそれが多く含まれているメッセージでは，送り手の親しみやすさや説得効果を低減することも示されている。

[3] 性的表現

広告表現の中には，たとえば過剰な肌の露出など，性的な演出を施すものも少なからず存在する。リンストローム（Lindstrom, 2008）によれば，全広告の約 1/5 には露骨な性描写が含まれているとされている。では，こうした過剰な肌の露出をする性的表現は，いかなる効果をもたらすのだろうか。

セヴァーンら（Severn et al., 1990）は，Travel Fox の実際のスポーツシューズの広告を題材に，性的表現（有り・無し）と情報量（多い・少ない）の条件間で，種々の広告効果に差が生じるかを検討している。その結果，性的表現がある広告に関しては，広告そのものに対する注意を引きつける反面，広告コピー（キャッチフレーズや説明文）に関する記憶や，製品に関する思考に関しては低水準であった。つまり，性的表現に注意が割かれてしまったことによって，コピーなどのメッセージへの注意が疎かになったと考えられる。広告を通して製品理解を促進することを目的にする場合には，性的表現は不向きであるかもしれない。

[4] ティーザー広告

断片的な情報だけを公開して消費者の興味を引くことを意図したプロモーションをティーザー広告（tease：じらすを語源とする）という。たとえば，商品の姿全体を提示せず，シルエットのみを提示したり，タイムラグを設けて情報を小出しに提示するなどの方法がある。一般に，ティーザー広告は，消費者の期待感を高めたり，くちコミを生みやすいとされている。これは，曖昧な状況を構築すると，そこから新しいうわさが発生しやすいというシャクターとバーディック（Schachter & Burdick, 1955）の知見とも対応する。つまり，全貌を明らかにしないことによって生じる曖昧さが，多様なくちコミを生起させると考えられる。

トピック23　プロダクト・プレイスメント

映画やテレビドラマを見ていると，実在するブランドが登場することもある。このように，映画・テレビ番組の中で，広告主の商品を使用することによって，商品の認知度や好感度を高めたり，使用方法の理解を深めたりする手法をプロダクト・プレイスメントという。その最も有名な成功事例は，映画『E.T.』のReese's Pieces（ピーナッツバターのキャンディー）であろう。ストーリーの中で，異星人E.T.と主人公エリオット少年がつながるきっかけとなったのが，このReese's Piecesである。映画そのものの大ヒットもあり，封切り後，売り上げは実に65%も向上した（Russell & Belch, 2005）。

プロダクト・プレイスメントは，映画においては必要とする多額な製作費の資金源となり，テレビ番組に関してはザッピング（チャンネルを頻繁に切り替えて視聴すること）などのテレビ広告の視聴を阻む行為に対する対策として機能している。また，従来の広告よりも自然で押しつけがましくないため，好感が持たれやすいという知見もある（Nebenzahl & Secunda, 1993）。ただしそれは製品の特徴によって異なり，たとえばグプタとゴウルド（Gupta & Gould, 1997）では，「タバコ」や「銃」のプロダクト・プレイスメントの受容度は低いことが示されている。これは，社会的に悪影響を及ぼしうる製品のマーケティング活動に対する反発と考えられる。

プロダクト・プレイスメントの広告効果を認める研究もいくつか散見される。オンとメリ（Ong & Meri, 1994）によると，『アサシン 暗・殺・者』または『フォーリング・ダウン』を見に映画館へ来た人を対象に調査を実施した結果，まったくプロダクト・プレイスメントに気づかなかった人は11%しかいなかった。先行研究をレヴューしたカー（Karrh, 1998）によると，『ウェインズ・ワールド』を題材に検討したベイカーとクロフォード（Baker & Crawford, 1995）では，ペプシ（90%）やピザハット（65%）などに高い再生率が認められ，購買意欲も高まることが示されている。

ただし，これらの研究は，映画の「目立つ場面」で登場する，視認性の高いプロダクト・プレイスメントを扱っている。近年のプロダクト・プレイスメントは，1つの映画の中できわめて多数のブランドが登場し，氾濫状態にある（Lindstrom, 2008）。その中で，どのような場合にポジティブな効果をもたらすのか，さらなる研究の蓄積が必要である。

4　店舗内での広告

テレビや新聞，雑誌などのマスメディアのみならず，店舗内購買行動の分野でも，広告に関する種々の研究が蓄積されている。店頭・店内などの購買時点における広告を，POP（point of purchase）広告という。

かつてより，消費者の店舗内での購買行動は，非計画購買の割合がきわめて高いと指摘されている。デュポン社の行った Point of Purchase Advertising Institute（1978）の調査では，全体で実に 64.8％もの購買が店内で決定されていることが明らかにされている。わが国においては，デュポン社と同一の方法で検討した流通経済研究所の調査において，それ以上の高い割合（87.0％）が示されている（大槻，1986）。すなわち，消費者の購買意思決定の多くは，店舗内で行われているため，POP 広告はきわめて重要であるといえる。本節では，心理学の知見を応用した，特に価格の POP 広告の戦略について検討していく。

店頭では，「SALE」「大安売り」など，安さを強調する POP 広告が散見される。ここでは，これらをまとめて「セール表示」と称する。アンダーソンとシミスター（Anderson & Simester, 2001）は，カタログに掲載されているドレスを対象に，同じ商品・同じ価格であっても，セール表示を付けるかどうかで消費者の反応が異なるのか検討している。その結果，セール表示が有る場合は無い場合と比べて，商品の需要度が 57％増加した。このことは，客観的な価格ではなく，消費者が主観的に安いと感じるかどうかが購買行動に直結することを示唆している。ただし，セール表示は次のような反作用もある。アンダーソンたちは，全商品中におけるセール品の割合の適切性についても検討している。冷凍ジュースを対象にした場合，セール品の割合が高まるにつれ，需要度は増加するものの，全商品の 35％を超えると逆に低下する。

セール表示と同様に，多くの小売店で，たとえば￥500 ではなく￥498 と提示されたり，￥10,000 ではなく￥9,800 と提示された POP 広告も見受けられる。このように，キリのよい数字から少しだけ安く設定された価格を「大台割れの価格」という。日本の場合は，縁起のためか「8」が多用されるが，海外では「9」が多いようである。大台割れの価格は，消費者に〈安く見せる〉ためのマーケティング戦略として，古くから用いられている。

その効果について，アンダーソンとシミスター（Anderson & Simester, 2003）は，女性向けアパレルの通販カタログにおいて，4種のドレスを対象に，「大台割れ価格を設定した場合（A群）」，「A群を基準として5ドル増額した場合（B群）」,「5ドル減額した場合（C群）」の価格設定を行い，実際の売上数を比較検討している。その結果，大台割れ価格であるA群は，価格が最も高いB群や，より一層低価格を提示しているC群よりも売上数が高いことが示された（表12-1）。アンダーソンたちは，大台割れ価格が効果をもたらす理由の1つとして，消費者に対して可能な限り値引きを行っていることを伝達する情報提供機能を挙げている。

アンダーソンたちはさらに，他のマーケティング変数の影響も加えて検討を行っている。具体的には，特に「新商品」の場合に大台割れ価格は効果をより一層高める一方で，前述のセール表示を併用した場合や，全商品が大台割れ価格である場合では，効果が低減することを明らかにしている。これらはいずれも，前述の情報提供機能の観点から説明できよう。すなわち，新商品は製品情報の伝播が十分ではないため，大台割れ価格によって与えられる情報の価値が高く，結果的に影響力が強まると考えられる。また，セール表示は，それのみで十分に値引きを行っている情報を伝達することができるため，全商品が大台割れしている場合では差別化が図れないためと推察される。

ただし，消費者は，価格と品質は対応しているという信念を持っているため（Dodds, 2003），〈安く感じさせる〉広告戦略には注意も必要である。たとえば大台割れ価格の場合に，当該製品の品質がネガティブに評価されやすいという知見も見出されている（Stiving, 2000）。

表12-1　大台割れ価格が購買行動に及ぼす影響（Anderson & Simester, 2003）

	価格			売上数（A群からみた割合）		
	A群	B群	C群	A群	B群	C群
商品1	$39	$44	$34	21	17（ 81%）	16（76%）
商品2	$49	$54	$44	14	8（ 57%）	10（71%）
商品3	$59	$64	$54	7	7（100%）	6（86%）
商品4	$79	$84	$74	24	12（ 50%）	15（63%）
全体				66	44（ 67%）	47（71%）

トピック 24　公共広告の功罪

本章では，主にマーケティング活動と関連する営利的な目的の広告を中心に研究を紹介している。しかし，世の中の広告の目的は，営利的なものだけではない。よりよい社会構築を目指すことを目的としたテーマの広告もある。環境・福祉・道徳・青少年問題など，さまざまな公共問題への理解と問題解決を狙って行われる公共広告はその代表であろう。

こうした公共広告は，さまざまな社会的問題に対する認知の向上と態度の形成に寄与している。しかしながら，時には公共広告が，送り手の意図とは異なり，社会的に望ましくない行動を誘発してしまうことも起こりうる（Goldstein et al., 2007)。「Keep America Beautiful」の公共広告の失敗事例は，その代表である。この広告は，アメリカ先住民が，川を下って都会に降り立つまでに，大気汚染や水質汚濁の環境破壊を目にし，最後に車からごみをポイ捨てする人々の様を見て一粒の涙を流すという構成である。実際，この公共広告は評判がよく，多くの人の胸を打った。にもかかわらず，人々の環境配慮行動はむしろ悪化したという。なぜだろうか。

この背景には，命令的規範と記述的規範の食い違いが考えられる。命令的規範とは，多くの人によって適切・不適切が一義的に知覚される規範である。たとえば，「ごみをポイ捨てしてはいけない」というのはこれに対応する。その一方，記述的規範とは，多くの人々が実際にとる行動によって示される規範を指す。両規範が食い違うときには，命令的規範に厳しい罰が伴わない限り，記述的規範に従いやすい（北折，2000）。

先の公共広告の内容は，命令的規範では環境問題の改善を訴えているにもかかわらず，記述的規範は多くの人が環境問題に無関心であることを描いていた。薬物乱用，非環境配慮行動，虐待，非行など，社会的に望ましくない行為を「多くの人が行っている」「最近増えてきている」と注意喚起する公共広告も見られる。このような表現が，かえってその行為を増長させる危険性にも留意する必要があろう。

読書案内

- ロシター，J. R.・ベルマン，S.（著）　岸志 津江（監修）　東急エージェンシー（編集）　東急エージェンシー マーコム研究会（翻訳）(2009)．戦略的マーケティング・コミュニケーション：IMC の理論と実際　東急エージェンシー出版部
- 深田 博己（編著）(2002)．説得心理学ハンドブック：説得コミュニケーション研究の最前線　北大路書房
- リンストローム，M.（著）　千葉 敏生（訳）(2008)．買い物する脳：驚くべきニューロマーケティングの世界　早川書房

第13章

ファッションの心理学

中川由理

本章のポイント

この章では「ファッション」とは何か,「装う」とは何か, について考え, 私たちの外見がもたらす影響について学びます。ファッション・外見が対人認知, 対人関係にどのような影響を与えるのか, また, 社会や職場においてファッション・外見がどのような役割を担っているかについて学びましょう。

本章で紹介する研究

- ロジャース（Rogers, 1962）の流行の採用者分布
- カイザー（Kaiser, 1985）の被服行動の動機
- 神山（1996）の被服がもたらす情報の種類
- ギーノ, ノートンとアリエリー（Gino, Norton & Ariely, 2010）の外見が道徳性に与える影響
- ガイルズとチャヴァス（Giles & Chavasse, 1975）の被服情報と言語情報の矛盾
- ジンバルドー（Zimbarardo, 1969）の匿名性の影響, などの研究を紹介します。

「fashion（ファッション）」の訳語である「流行」は, 社会的慣習の文脈の中で, その慣習とは少し異質なものが集団内に広がる現象を指す（山本, 1972)。この流行はインフルエンザなどの感染の広がりを指すこともあるが, 多くは衣服やアクセサリーなど身に装うために用いられるアイテムの普及を指して使われている用語である。装うこととしての「ファッション」の関連用語も, 装い（array, attire), 粧い（make-up, toilet), 装飾（adornment), 被服・衣服・服装・衣装・洋服（apparel, clothes, clothing, dress, garment, wear）などがあるものの, 一括りに「ファッション」と一般的には理解されており, これらの用語の境界は曖昧である。

しかし「ファッション」の研究は心理学のみならず，社会学や文化人類学，美術史学，家政学，経営学，工学などさまざまな分野からのアプローチがなされている。本章では，集合行動としての「流行」について触れ，装うための「被服」や「被服行動」に関する「ファッション」について多面的に理解する。

1　「ファッション」とは何か

[1]「流行」の理論

ファッションを被服の文脈で捉えた神山（2000）は流行について，新しいスタイルが創造され，市場に導入され，大衆によって広く受け入れられるようになる集合過程であるとした。そこには個性を発揮するか大衆に同調するのか，また自己顕示欲求に従うのか大衆への所属欲求に従うのかといった個人にとっての両面的価値（アンビヴァレンス）があり，そのいずれの価値を重視するかは，流行事象への関与のレベルをどの程度にするか，あるいはファッション・トレンドとどの程度の距離をおくかなどを決める要因になると解説している。

流行はどのように普及するのであろうか。タルド（Tarde, 1907）のトリクルダウン（trickle down）説を継承したジンメル（Simmel, 1911）によれば，流行は「上から水が滴り落ちる」ように，上級階級から下流階級に伝わっていくという。中流階級以下にとっては上流階級の生活様式などは憧れの対象であり，上流階級にとってはアイデンティティを維持するものであるとされたことから流行に関する研究が隆盛をみた。しかし，現在のネットワーク社会においては以前には見られなかった新たなタイプの流行が出現してきていると中島（2013）が指摘するように，メディアやコミュニケーションの多様化とともに流行の普及も多様になっているといえるだろう。田中（1971）は集合行動や被服の意味をもつ広義のファッションの意義に関する従来の諸説をまとめ，その4つの実態を挙げている。それは，①ファッションは大衆の許容があって成立するというファッションの発生のメカニズム，②ファッションはあるサイクルをもち流行を続け，やがて消滅し，新しいファッションが始まっていくことによりそれが継続していくというファッションの流動性，③ファッションは自我を主張し，他者と区別するという点，④広義に解釈するとファッションは広範な領域に及ぶ点，の4つである。

流行には意図的なものと非意図的なものの2つに分類することが可能である。マスメディアなどによって商業的な利益を目的として，市場に導入して流行を作り出すという意図的な場合と，ある特定の立場にある人が使っていたものが共感されて人気になったりすることで，その時の社会情勢が影響を与えることにより流行が作り出されるという非意図的な場合である。意図的な流行の代表例としては流行色のなりたちの仕組みが挙げられる。国際流行色委員会（International Commission for Color）がシーズン前にさまざまな背景を基に選定を行い，約30色の流行色を発表し，この色を参考にして各アパレル企業は生地を選定・製品を製造し，情報会社を通じて世間に発信されることでその色が流行する仕組み（渡辺，2017）である。非意図的な流行の例としては，SNS（social networking service）でフォロワーを多く集めるファッションリーダーが着用していたアイテムが注目を集め，それが多数の人に共有されることにより流行することなどが挙げられる。しかし，このような場合も偶発を装い意図的に仕組まれている場合も考えられるため，大衆が意図的か非意図的な流行かを見分けることは困難であろう。

鈴木（1977）は，流行の特徴として，①新しいもの，珍しいものが取り入れられる「新奇性」，②役に立ったり，利益を生み出すこととは無関係である「効用からの独立」，③発生から終息するまでの期間が短いという「短命性」，④生活の本質的な部分に関連するようなことはないという「瑣末性」，⑤流行の対象以外に選択肢があるという「機能的選択肢の存在」，⑥流行が反復することもあるという「周期性」を挙げている。また，鈴木（1977）は流行採用の動機と心理的機能には，①自分の価値を高くみせようとする動機，②集団や社会に適応しようとする動機，③新奇なものを求めようとする動機，④個性化と自己実現の動機，⑤自己防衛の動機があるとしている。

流行の普及過程に関して，ロジャース（Rogers, 1962）は流行の採用者分布を正規分布に基づく5つのカテゴリーによって時系列に即して分類した（図13-1)。それによると，①新しいアイデアへの関心が強くせっかちで冒険的である革新的採用者（イノベーター），②オピニオンリーダーとして影響力が強い初期少数採用者，③革新性と慎重性をあわせもつ前期多数採用者，④保守的

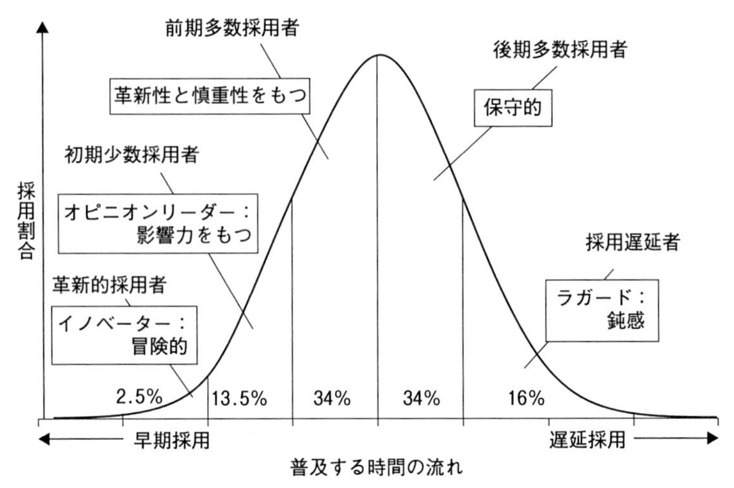

図13-1　ロジャース（1962）の流行の普及過程モデル（筆者による）

で用心深い後期多数採用者，⑤流行に無関心か鈍感な傾向である採用遅延者（ラガード）の5つがそれである。

流行採用時の5つのカテゴリー（採用者）の特徴を検討した川本（1981）は，革新的採用者は，自分を目立たせてくれているかどうかといった個性顕示欲求が高く，後期多数採用者は自分の生活に取り入れて便利かどうか，周囲の人が採用をしているかといった同調欲求が高くなっていたことを示した。

つまり流行の普及は人々の他者に対する意識の程度からどのように自己を表現したいかという過程の中で，現れる集合行動であるといえるだろう。

[2]「被服行動」の動機

次に「被服行動」について心理学研究の視点から見ていく。着る服としてのファッションを指す「装い」の心理学研究においては，着る人，そしてその影響を受ける人の視点から検討がなされている。また，被服行動の適応範囲も広く，神山（1996）は，身体の外見を変えるために用いるすべてのものを被服として捉えており，ここから考えると，衣服，かぶりもの，履き物，ヘアスタイル，かつら，ヒゲ，化粧，アクセサリー，タトゥー，痩身（ダイエット），ピアッシング，美容整形などの使用に至る過程そのものが被服行動ということになる。

私たちはなぜ装うのだろうか。カイザー（Kaiser, 1985）は被服行動の動機について，①皮膚を守り，体温を調整するなど健康維持に関する保護と実用のため，②身体を隠して他者の注意を引かないように自制することに関する慎みのため，③身体を美しくする装飾のためという3つに分類し，さらに，「装飾」の下位分類として性的魅力の増大，地位の顕（誇）示，自己の拡張の3つを挙げている。マッカラら（McCullough, Miller, & Ford, 1977）はニットのボディシャツやミニスカート，ノースリーヴは性的魅力のシンボルであると認知されていることを示しており，衣服により性的魅力を増大させる効果があることは十分に認識されている。また，高価なブランド品の所持により地位を誇示することもよく知られている。家族の豊かさを示すために宝石などを身に着けたり，業績を示したりするために勲章を付けるなどということと同一の意味を持つ。自己の内面に働きかけるために利用することもある。人前で発表するときなど重要な機会に自分が自信を持って堂々とパフォーマンスができるように，自らを鼓舞するような衣装を選ぶことはないだろうか。それが自己の拡張である。つまり，被服行動の動機にはこのように生理的機能と社会・心理的機能が影響を及ぼしている（神山，1996）ことが理解できる。

[3]「被服行動」としての機能

神山（1996）は被服行動の社会・心理的機能として，①被服による情報伝達機能，②被服における自己の確認・強化・変容機能，③被服による社会的相互作用の促進・抑制機能を見出している。たとえば，ある衣装を目にしてそこから何らかのメッセージを読み取り，その人の性格や置かれた状況を（暗黙のうちに）判断することがあるだろうし，また，何らかの装いを選択したことが自己のボディイメージを形成してしまうことで，自己を肯定的に捉えたりあるいは否定的に捉えたりすることがある。そしてさらに，他者の被服に込められたメッセージを読み取った結果が他者との関係のあり方に影響を及ぼすのである。

このように，被服と自己のイメージは密接な関係にあるといえる。装いは自己にどのような影響を与えるのであろうか。ギーノら（Gino, Norton, & Ariely, 2010）は自己の外見が自己の行動に影響を与えることについて興味深い実験を行っている。その実験は，高級ブランドのサングラスを実験参加者にかけてもらい，そのサングラスが本物のブランドであると教示する群と偽物であると教示する群に分け，それぞれに課題を実施させた。その課題は正答数に応じてお金が獲得できるというものであり，課題終了時に自身で課題用紙を破棄し，実験者に自己採点した正答数だけを伝えるというものであった。その結果，本物ブランドと教示した群と偽物ブランドと教示した群の実際の正答数には差がみられないにもかかわらず，実験者に自己申告された正答数は偽物ブランドと教示した群の正答数が有意に高いことが示された。この結果は，偽物ブランドだと教示された群は，正答数を水増しするという不正を行ったことを示している。つまり偽物ブランドを着用するだけで非倫理的行動が起こることから，偽物ブランドによる自己の外見の変化は，無意識のうちに本人の道徳的行動にも影響を与えてしまうことを意味している。

被服行動は自尊感情と関連が高い。自尊感情とは自分自身で自己に対する尊重や価値を評定する程度である（Rosenberg, 1965）。自尊感情との関わりはチャルディーニ（Cialdini, 1976）のフィールド調査研究から理解できる。チャルディーニはアメリカの７つの大学の大学生を対象にして，所属する大学のフットボールチームがフットボールの試合をした翌日の学生が着用する衣服について注目した。その結果，自身の大学のフットボールチームが勝った翌日には負けた時よりもその所属大学がはっきりと分かるジャージやスウェットを着用してくる傾向が見出された。この現象は成功した他者との心理的近さを強調するという栄光浴によるものであると説明されている。そして自尊感情が高い人よりも低い人の方が他者の栄光に浴しやすく，他者の栄光にあやかって自尊感情を高めようとするのである。その１つの表れとして成功した他者とのつながりを表現するためにそれを誇示できる衣服を着用するのである。サッカーのワールドカップで日本が勝利した際に，街に日本代表チームのユニフォームを着用した人々が溢れた現象を見ると，それは日本代表チームの栄光を利用して自尊感情を高めようとしたのであろうと考えられる。

以上のことから，「被服行動」とはまさに自己を変容させる機能を果たしており，自尊感情を高めるために効果的なツールとなりえるのである。

トピック 25　ダイエット行動

いつの時代も「ダイエット」に関する話題は注目を集め，2017 年現在では筋肉を鍛え上げたボディラインが流行し，女性のみならず男性も筋肉トレーニングというダイエット行動に勤しむという現象が見受けられる。「痩せる」と聞けば主食をリンゴにするし，食前にキャベツを食べるし，スーパーフード（チアシードやアサイーなど，栄養価が高く，低カロリーの食品を指す）と総称された恐らく初めて聞く食品さえも食するのである。

鈴木（2014）のダイエットに関する調査によると，認識している自分の現在の体型よりも，一般的な同世代の平均体型や理想とする体型，女性目線での魅力的な体型の方をより細く認識しており，そのズレが大きいほど身体に不満が高く，痩身願望が強く，ダイエット行動を行っていた。このように自身の体型の認識と理想体型のズレがダイエット行動を促進させるのである。

また，理想体型はメディアからの影響が強いと指摘されている。つまり，その時代に注目を集めるアイドル，モデルなどの体型と自身の体型を比較してその理想に近づくためにダイエットを行うのである。皮肉な言い方をすれば，ダイエット業界は，平均からかけ離れた痩身モデルに注目させることによってダイエット関連商品やサービスの売り上げの向上を期待しているのである。しかしながら，この過度な「ダイエット」が引き起こす影響は大きな問題となっている。たとえば摂食障害がそれである。これは身体的な健康被害だけではなく，精神的な問題もある。自身の体型と理想体型のズレが大きいと身体の満足度が低下してしまい，その結果，自尊感情が低くなると考えられる。

近年，ファッション業界を牽引するフランスを中心にして痩せすぎモデルのショー出演を禁止しようといった動きがある。理想体型としてのモデルを現実的なものに近づけようとするものであるが，いまだ平均的な体型からかけ離れたモデル達が活躍しているのが現状である。健康的な生活を営むうえで適度な「ダイエット」を行い健康的な身体を維持することは重要ではあるが，それが過度になることは避けなければならない。理想体型をかけ離れたものとしないことも重要なことであるが，「装い」の効果を利用し，自己の確認，強化，変容を行うことも自尊感情を向上させる一助となりうることを提言しておく。

2　非言語的コミュニケーションとしての被服行動

[1] 非言語的コミュニケーションの種類

被服行動が対人関係のプロセスに影響を及ぼす可能性について述べたが，それに加えて対人コミュニケーションにも影響を与えることが考えられる。コミュニケーションは言語によるものと非言語による対人的相互作用である。言語によらないコミュニケーションのことを非言語的コミュニケーションと呼び，声の調子（大きさや高さ，速さ，明瞭さなど）や動作（身振り，姿勢，表情，視線，瞬目，瞳孔反応など），接触行動（握手，腕を組む，肩を抱く，手をつなぐなど），空間行動（他者との距離，パーソナルスペース，座席の位置など），環境（建築様式，インテリア，照明，温度など）もその範疇であり，化粧や服装，装飾品などの人工物の使用や，容貌やスタイル，頭髪，皮膚の色，体臭などの身体特徴によってもコミュニケーションがなされるとナップ（Knapp, 1972）は主張している。コミュニケーションは，このように言語の情報と非言語の情報を組み合わせながら行われるため，時には複雑になり，混乱を生じさせることすらある。メラビアン（Mehrabian, 1967）は表情（非言語）と言語の情報を同時に提示し，言語と表情の情報が一致した場合と不一致の場合で，その情報がどのような情報か，それと同時に何を根拠にして結論づけたのか尋ねた。その結果，言語と非言語の情報が不一致の場合，つまり矛盾した情報が示された場合は，言語ではなく非言語の情報をもとに情報を読み取ることが示された。これは，言葉では「楽しい」と言っていても，表情が楽しい表情ではなく怒っているような表情であると，受けとる側は非言語の情報を重視して，「怒っている」と判断を行うことを示している。このことから考えると，たとえ言葉では「私はとても控えめで大人しく真面目な人間です」と言っていても，着装している被服が派手なものであると，それを認識した他者は目立つ存在で明るい人物であると認知する可能性が示唆されるであろう。

ガイルズとチャヴァス（Giles & Chavasse, 1975）は非言語情報である被服情報と言語情報の矛盾が及ぼす影響について検討を行っている。男性の実験者が女性を対象に言語条件（高地位条件：「調査責任者です」対 低地位条件：「調査補助の学生です」）と非言語条件（フォーマル条件：ワイシャツ，ネクタイ 対 カジュアル条件：セーター，スニーカー）で意識調査を依頼し，女性参加者の回答文字数に与える影響について実験を行った。その結果，言語情報では差が見られず，フォーマル条件でカジュアル条件より回答文字数が有意に多かった。この結果も，メラビアン（1967）の実験の知見と一致しており，非言語情報の優位性を示した結果であることから，いかに被服による情報の効果が強いかがうかがえる。

[2] 被服による情報伝達機能

被服はどのような情報を他者に伝達しているのだろうか。神山（1996）は被服がもたらす情報の種類について次の6つに分類している。①アイデンティティに関する情報，②人格に関する情報，③態度に関する情報，④感情や情報に関する情報，⑤価値に関する情報，⑥状況的意味に関する情報である。

このように，被服はそれ自体（素材，色，デザインなど）がもつ象徴的な意味とともにそれが着用される状況と合わさり，多様な情報を与える手段となっているのである。これが被服が非言語的コミュニケーションとして機能する所以であろう。

3　外見の効果

[1] 対人認知

人物についてのさまざまな情報を手がかりにしてその人の感情や態度，性格などの内的属性を推論することを対人認知と呼ぶ。どのように対人認知が構築され，それがどのように変容していくのか，またそれは人によってどの程度異なっているのかなどについては，多面的に検討されてきた。たとえば，第一印象に一致する情報と矛盾する情報を提示された場合は，矛盾する情報の再生率が低いことが示されている（Cantor & Mischel, 1977）。

被服の情報によって対人認知が形成されることについては，数々の研究がある。池田・近江（1999）は，色について注目し，鮮やかで強いトーン（vivid）と濃い深みのトーン（deep）の赤は活動性認知を高め，グレーや deep トーンの黄色は活動性が低く評定されていた。親しみやすさは明るく軽いトーン（light）が高く，deep トーンの青・紫は低かった。また，社会的望ましさは白と黒が高く，vivid トーンの黄色は低かった。マキーチ（McKeachie, 1952）は口紅が対人認知に及ぼす影響について検討した。実験参加者にインタビューをするように依頼し，その女性の印象を評定させた結果，口紅をつけた女性はつけていない女性よりも軽薄，おしゃべり，心配性，非良心的，異性に興味を抱きやすいという傾向が確認された。しかし，この評定についての手がかりを挙げさせたところ，口紅を挙げた参加者はいなかった。つまり，これらの印象が口紅によって生じていることに参加者自身が気づいていない点は興味深い。以上のことからこれらのファッションアイテムという手がかりも暗黙裡に対人認知に影響を与えていることが分かる。

[2] 対人魅力

外見の魅力が対人魅力に大きな影響を与えることは周知の事実である。バーンとネルソン（Byrne & Nelson, 1965）は身体的な魅力が高い異性に対して好意を持つこと，自身と身体的魅力の類似度が高い異性に対して好意を持つことを示している。これを被服行動の文脈で検討したのが，バックリー（Buckley, 1983）である。その結果，被服の類似度が高いほど相手に対する魅力が高まることが示され，バーンとネルソンの知見と一致した。ハッブルとゲルソ（Hubble & Gelso, 1978）は心理学を専攻する学生を実験協力者（サクラ）とし，被服を伝統的（ジャケットとネクタイ），少しカジュアル（スポーツシャツとスラックス），きわめてカジュアル（スウェットとシャツとデニムパンツ）に分け，その協力者にカウンセラーとしてクライアントにカウンセリングをさせる実験を行った。カウンセリングの最後にクライアント（実験参加者）に不安の程度とカウンセラーへの好意度，クライアント自身の被服について回答を求めた。その結果，クライアント自身が少しカジュアルでカウンセラーが伝統的の場合，およびクライアントがきわめてカジュアルでカウンセラーが少しカジュアルの場合が不安度を低くし，同時にカウンセラーの好意度を高めていた。必ずしも被服の類似度がまったく一致するときではなく，自身の被服がカウンセラーより少しカジュアルな方にずれている場合の方が効果的（不安が低い）であったことは，相手がどのような立場（この場合はカウンセラーとクライアント）かを踏まえて少しの違いを感じる程度の類似度が重要であることを示唆しているといえる。

［3］同調と逸脱

社会や集団に属する私たちは何らかのルールに基づいて意思決定や行動を行っている。そのようなルールのことを社会的規範という。社会的規範とは，社会や集団において個人が同調することを期待されている行動や判断の基準や準拠枠（小関，1994）である（第8章トピック15参照）。シェリフ（Sherif, 1935）は人々の社会的規範が形成される過程を「光点の自動運動」という錯覚の現象を利用した実験によって調べた。実際には動いていない光点を提示し，この光点がどの程度移動したかを実験参加者に単独で推定させると各参加者の推定値はさまざまでばらつきがあったにもかかわらず，その後2，3人の集団で一緒に推定させると回を重ねるにつれ，推定値がある値に収束していった。このようにして集団の基準が形成され徐々に集団の成員はその基準に合わせ同調していくのである。

被服行動もこの社会的規範に基づいていると考えられ，被服に関わる社会的規範を着装規範（福岡，1999）と呼ぶ。たとえば，「TPO（time, place, occasion）に合わせた格好をしなさい」という言葉をよく聞くが，これはつまり，時と場所や機会に即した服を着るべきであるという着装規範を反映したものであり，何らかの社会的場面においてはその場面に適した衣服が存在していることを示唆している。このような社会的場面とそこでの着装の意識の関連を福岡ら（1998）は大学生と社会人を対象にして検討している。それによると，社会的場面は繁華街へ出かけるというような「インフォーマル場面」と病院へ見舞いに行くときや友人宅を訪問するという「セミフォーマル場面」，結婚式や入学式などに出席するという「フォーマル場面」において，それらの場面で意識される着装の基準（「個性・流行」，「実用性」，「社会的調和」）と意識の程度が示されている。フォーマル場面においてはどの年代も着装が強く重視され，社会的調和が高く，実用性が低い着装の基準が意識されていた。また，インフォーマル場面で着装を意識する程度が高い人ほど，自分を引き立て自己表現ができる個性・流行の基準を意識していた。私たちは場面によって調和を意識して周りの人と同じような着装を行ったり，個性や流行を意識して周りと異なった着装を行っており，状況に合わせて必要に応じた自己を被服により表現している。

トピック26　性役割観とファッション

いつから，女性はスカートを履きピンク色の服を着用し，男性はパンツを履きブルーの服を着用するということを意識するようになったのだろうか。これはいわゆる，性役割ステレオタイプの影響であろう。女性は女性らしく，男性は男性らしく行動することを期待されることを性役割観というが，被服の選択においてもその性役割観が関連している。この性役割に対して自分自身をどの程度男らしく認知し，女性らしく認知しているかによって被服行動を決定させるのである。しかし，この男性か女性かによって被服を分類することは可能であろうか。性の認知は生物学的な性に基づいて行われるのではなく，ジェンダーと呼ばれる社会的性（遺伝的・生物学的性に基づいて社会的に男女に振り分けられた役割）によっても認知する。また恋愛対象の性によっても自認する性を規定することもあり，自身がどの「性」を認知しているのかは非常に複雑であり，多様である。ファッションの多様性，また性自認の多様性という背景を考慮すると，このように男性か女性かという二分法によって被服を規定させるのは非常に困難であろうし，ナンセンスなのかもしれない。男性が女性のような服を着ることを被服行動のクロス・セックス，異性の服を着用する意図がなく異性の服を着ることを被服行動のユニ・セックスという（矢島ら，1998）が，近年ではそのクロス・セックス化，ユニ・セックス化は進んできていると言われている。性役割観に基づいた被服行動は減少しているのかもしれない。

またファッション業界に目を向けてみると，メンズのコレクションでピンクや花柄など今まで女性的なものとされてきたものが目立つようになり，レディースのコレクションでは伝統的な男性的スーツスタイルも見られるようになり，デザイナーによっては性別を区別せずにモデルを起用しコレクションを発表するようになっている。それでは現在のレディースファッション，メンズファッションというような性別に規定された被服はどのように考えるべきなのであろうか。これらのムーブメントは非常に興味深いが，心理学の領域において，ファッションと性自認の多様性が検討されているものはあまりない。被服が持つ機能からこの問題を検討することが求められているのではなかろうか。

日本では個人主義と同調主義のパラドックスが存在しているとカイザー（Kaiser, 1985）が指摘しているように，確かに私たちは他の人たちとは別の存在として自己を示したいという独自性欲求（Snyder & Fromkin, 1980）と1人だけ異なるとは認識されたくないという同調性欲求を併せ持ち，個性を重視しながらも周囲との調和を目指すといったパラドックスの中で生活している。独自性を示すには同調とは逆の「逸脱」行動をしなくてはならない。牛田ら

(2001) はこの独自性欲求と着装意識について検討をしている。これによると独自性欲求が高い人ほど規範逸脱的な着装を意識する程度が高く，その規範逸脱的な着装を行った場合には快感，安心感，誇らしさ，優越感の快感情を強く経験する。

集団や社会に属していると，私たちは，社会の一員であるという所属意識を持ちながら，規範に適合した行動を行う（同調）と同時に，他の人たちとは異なり個性的な存在であるという独自性を示す行動を行う（逸脱）というアンビヴァレントな行動を着装という表現方法で試みているということが理解できる。

4　職場における被服の役割

[1] 印象管理

集団に対して良い印象を与えようとして働きかけるときに被服を利用するが，それは仕事をする場面においても同様である。つまり，職場の人間関係や職務上の成功を期待して被服を利用する可能性が考えられる。

ウォン（Kwon, 1994）は，着装者は職場での適切な被服によって，責任があり，有能，博識，専門家，信頼できる，知的である，勤勉であるという印象を示すことができると信じていることを明らかにしている。つまり，職場での印象を重視している人ほど積極的に被服を使用していると考えられ，この印象管理傾向をみると，仕事上会社外の人と会う機会が多い人ほど印象管理傾向が高く（大石，2006），また被服が仕事の結果に影響を及ぼすという信念が高い人ほど被服による印象管理傾向が高い（Peluchette et al., 2006）という。中川・髙木（2011）は，職場では他者に与える印象が重要であることと被服を楽しみながら印象を良くしたいという意識が印象管理欲求を形成しているとし，性別の違いよりも，取引先や社外の人など職務を遂行するうえで人に会う機会が多い人の方が少ない人よりも印象管理欲求が高いことを示している。職場においての被服の利用は個人の被服に対する信念が大きな要因となりえるだろう。

[2] 制服の機能

仕事をする際に着用する衣服といえば，ビジネススーツが主流であると考えられるが，その集団に属する人が着るように定められた衣服である「制服（ユニフォーム）」もまた一般的である。高橋（1992）によると，仕事場面での制服はワーキングウェア，オフィスウェア，サービスウェア，官公庁の制服の4つに分類できる。仕事場面での制服の機能は，着用感や快適性，活動性，安全性，衛生性，耐久性，取り扱いやすさなどの実用的な機能を持ち合わせており，効率的な職務遂行が可能になる重要な要因である。しかしながら，制服を着用することで職務遂行者としての意識が高まる，連帯感が高まるなどといった心理的な機能も有している。

制服を着用することで心理的にどのような影響があるのだろうか。制服の着用は人とまったく同じ被服を着用するという外観上の「統一性」がもたらされる。つまり，制服を着用することによって瞬時にある集団やある職種の一員であることが認識されることになる。これは内集団と外集団を区別することになりえるので，集団のカテゴリー化がなされる。タジュフェルとターナー（Tajfel & Turner, 1986）の社会的アイデンティティ理論によれば，内集団と外集団が明確に意識されると内集団成員に対しては類似性が強調され，外集団成員に対しては異質性が強調される。制服によって類似性を強調された集団成員たちは我々意識が高まり，一層集団としてのまとまりが強化されるだろう。このような集団のまとまりのことを集団凝集性（Festinger et al., 1950）と呼ぶ（第8章第2節参照）。集団凝集性の高い集団の特徴としてコタら（Cota et al., 1995）は集団の同一視（集団アイデンティティ），成員間の協力・影響関係が高く，集団課題の遂行がポジティブに働くことを示している。永田・広田（1961）は集団凝集性の高い集団は作業状況が協同的な条件の場合において好ましい効果をもつとしている。

他方で，統一性がもたらす負の側面として，集団への同一視が高くなりすぎることで個性が抑制され，個人が埋没する結果としての匿名化が起こる。ジンバルドー（Zimbardo, 1969）が行った匿名性の影響について検討した実験では，フード（頭巾型のかぶりもの）を被らせて互いに顔も名前も分からない匿名条件の実験参加者は互いに顔も名前も見せ合った識別可能な条件の参加者よりも攻撃性が高まっていた。

しかしながら，1人の時よりも集団状況の方が個人が発揮する能力が低下する社会的手抜き（Latané et al., 1979）が引き起こされるとの指摘もあり，制服がもたらす統一性をうまく利用し効果的な職業集団へ導く指針が求められる。

［3］被服が採用や職務評価に与える影響

就職活動を行う際は，白のシャツにネイビーのスーツ，黒のバッグ，革靴といった着装規範に従うことが一般的だが，これは1人だけ異なるとは認識されたくないという同調性欲求によるもの（本章3節参照）であるだろう。採用する側は求職者の着装を見てどのような判断を下すのであろうか。

ディオンら（Dion et al., 1972）は外見的魅力度の異なる女性の顔写真を提示し，その女性達の性格や幸福度などの判断を求めた実験を行った。それによると，外見的魅力度の高い女性（美人）は低い女性よりも性格の社会的望ましさが高く，職業的地位が高く，社会的および職業的幸福度も高いと評価されていた。また，ディボイら（Dipboye et al., 1975）は美人という特徴だけでその人の全体的な印象を過度に高く評価することは美人ステレオタイプによるものと主張している。ステレオタイプとは，ある社会的集団に関する知識，信念，期待よって構成された知識構造である（池田，2010）。この美人ステレオタイプにより対人認知がなされ，その後の採用に影響を与えることが考えられるが，被服によって外見的魅力を高めた場合はどのような効果があるのだろうか。

職場で適切な着装をしている人は有効な役割の実行ができる人であるとみなされ（Rafaeli et al., 1997），伝統的なスーツスタイルはカジュアルなスタイルよりも野心家で高学歴，製品知識があり，良いサービスを提供する人であると認知される（Elnora & Barbara, 1991）などということが明らかになっている。

一方，伝統的なスーツスタイルからカジュアル服に変更するといった改革を行った場合，長い間席を外す者や居眠りをする者などの軽薄な振る舞いが増加した（Kaplan-Leiserson, 2000）との報告がある。これは，カジュアルな服装が許される場所であるという認知が気軽な行動が許される場所として職場を認識し，実際の仕事でも緊張感に欠けた行動が増えていった可能性が考えられるとキャプラン＝レイザーソンは述べている。このことは，職場における着装規範に沿った場合は全般的に有能なイメージが認知されるが，沿うことができない場合は個人の規範意識が低下し，職場における集団から逸脱する結果になるという意味も包含しており，被服が規範に沿っているか否かの指針になっていることを示している。

読書案内

- 髙木　修（監修）神山　進（編著）(1999)．シリーズ21世紀の社会心理学8　服行動の社会心理学　北大路書房
- ジョンソン，K. K. P.・レノン，S. J.（著）髙木　修・神山　進・井上和子（監訳）(2004)．外見とパワー　北大路書房

第14章

文　化

竹村幸祐

本章のポイント

国際化の進展に伴い，「異国の人々」が以前よりずっと身近な存在になっています。同僚や顧客として，異なる文化で育った人と付き合う機会は増加しているでしょう。本章では，文化が異なることで心の働き方がどのように異なるか，そしてなぜ異なるのかを検討してきた文化心理学の知見を紹介します。文化が違えば考え方や振る舞い方が異なることがあり，そうした差異から確執が生じることがありますが，差異の理由を理解することができれば，無用の確執を回避しやすくなるでしょう。

本章で紹介する研究

- 文化的自己観（北山，1998; Markus & Kitayama, 1991）
- 原因帰属の文化差（Menon et al., 1999; Miyamoto & Kitayama, 2002）
- 動機づけの文化差（Heine et al., 2001; Iyengar & Lepper, 1999）
- 幸福感の文化差（Kitayama et al., 2000; Uchida et al., 2008）
- 一般的信頼と社会構造（山岸，1998）
- 文化とリーダーシップ（Rule et al., 2010, 2011）
- 認知の文化差（Masuda & Nisbett, 2001, 2006），などの研究を紹介します。

1　文化と人間観

[1] 相互独立的自己観と相互協調的自己観

文化心理学の主要なメッセージのひとつは，「文化によって人間観が異なる」ということである。たとえば，欧米では「他の人や回りのものごととは区別され，切り離された実体」として人間を捉える見方が広く共有されているのに対し，日本を含む東アジアでは「他の人や回りのものごとと結びついて高次の社会的ユニットの構成要素となる本質的に関係志向的実体」とする人間観が主流であるとされる（北山，1998，pp. 38-39）。このような，人の主体（＝自己）のあり方について文化内で共有された通念は「文化的自己観」と呼ばれる（北山，1998; Markus & Kitayama, 1991）。そして，上で挙げた欧米で主流の捉え方は「相互独立的自己観」，東アジアで主流の捉え方は「相互協調的自己観」と呼ばれる（図14-1参照）。

[2] 原因帰属の文化差：内的要因と外的要因

こうした人間観は心の働き方に影響する。そのひとつが原因帰属への影響である。人間は，他者（または自分）の行動の原因を推測する。たとえば，A氏が同僚の仕事の進め方を批判したとする。A氏はなぜそうした行動を取ったのか。A氏の行動の原因は，大きく分けて，内的要因（A氏の性格，考え方，態度など）と外的要因（A氏の職場での立場，その時の場の空気など）が考えられる。従来の社会心理学では，人間は他者の行動を内的要因に帰属し，明らかに外的要因があってもそれを無視する「帰属の基本的エラー」を起こしがちであるとされてきた（Nisbett & Ross, 1980）。しかし，これは主として欧米での実験結果に依拠した主張であり，比較文化研究が進むにつれて，東アジアでは

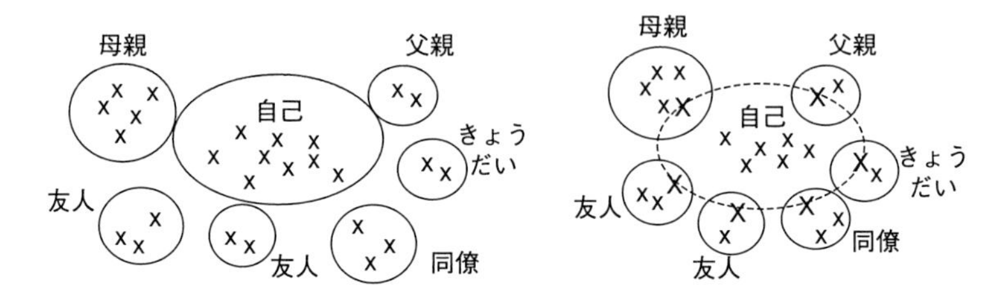

図14-1　相互独立的自己観と相互協調的自己観の概念図（Markus & Kitayama, 1991; 増田・山岸，2010をもとに作成）

相互独立的自己観では，自己は他者（親，兄弟姉妹，友人など）とは明確な境界線で区切られている。自己を規定するものは自らの内的属性（図中のX；性格，態度，能力など）である。一方，相互協調的自己観では，自己と近しい他者は明確な境界線では区切られていない。近しい他者は境界線を超えて自己の枠組みに入り込んでいる。

外的要因も重視した原因帰属がなされやすいことが知られるようになった。

まず，アメリカで実施された古典的実験を見てみよう。この実験では，文章を読んで書き手の態度を推測する際に帰属の基本的エラーが生じることが示されていた。ジョーンズとハリス（Jones & Harris, 1967）のこの実験では，当時のアメリカで敵視されていたキューバのカストロ政権を支持する立場の文章，または，反対する立場の文章を実験参加者が読んだ。この時，「文章の書き手は自由な立場で文章を書いた」と伝えられた条件と，「文章の書き手はどの立場（カストロ政権支持 vs. 反対）で書くかを指定されていた」と伝えられた条件があった。実験の結果，たとえ「立場を指定された」と言われても，文章の立場と対応した意見（たとえば，カストロ政権支持の立場の文章であれば，カストロ政権を支持する意見）を書き手が持っていると実験参加者は考えがちであった。

これと類似の実験を日本人とアメリカ人を対象に実施した宮本と北山（Miyamoto & Kitayama, 2002）は，日本人は「書き手は立場を指定された」という情報（外的要因についての情報）を考慮しやすく，帰属の基本的エラーを起こしにくいことを見出した。宮本と北山は文章の種類を増やし，説得力のあるしっかりした文章と，説得力のない文章を用意した。説得力のある文章を読んだ時には，日本人もアメリカ人と同様に，「立場を指定された」と言われても文章と対応した意見を書き手が持っていると考える，帰属の基本的エラーを示した。しかし，説得力のない文章を読んだ時に，アメリカ人は同じ帰属エラーを示したのに対し，日本人は帰属エラーを示さなくなった（類似の知見にMasuda & Kitayama, 2004 など）。

この原因帰属の文化差は，人間観の文化差から説明可能である。人間を周囲から独立した存在と見る欧米と違い，人間を周囲と結びつけて理解する相互協調的自己観の優勢な東アジアでは，人間は周囲の状況・場に合わせて行動するものだと理解されている。この人間観から，行為者の外的要因にも注意を向ける傾向が促進され，東アジアでは欧米より帰属の基本的エラーが生じにくいのだと解釈されている。

原因帰属に文化差が存在するということは，同じ行動も文化によって異なる解釈がなされることを意味する。先に例で挙げた同僚を批判したＡ氏の行動は，東アジアではA氏の立場・置かれた状況まで考慮に入れて解釈されるかもしれないが，欧米文化圏ではA氏個人の内的要因（性格など）に原因を求められがちなのである。

[3] 原因帰属の文化差：個人への帰属と集団への帰属

原因帰属の文化差は，「連帯責任」という発想の違いにもつながる。アメリカの学生と香港の学生を比較したメノンら（Menon, Morris, Chiu, & Hong, 1999）は，チームに問題が発生した時に，個人に原因を求める程度とチーム全体に原因を求める程度に文化差があることを見出した。この研究では，ある会社のプロジェクト・チームで生じた問題についてのシナリオを参加者に提示した。シナリオでは，チーム・メンバーのZ氏が遅刻などの問題を繰り返してチームに迷惑をかけ，プロジェクトが失敗に終わった場面が描かれていた。シナリオを読んだ参加者は，プロジェクトが失敗に終わった原因として，Z氏個人の特性（たとえば，Z氏の軽率さ）の重要性，ならびにチーム全体の特性（たとえば，チームの無責任さ）の重要性を評定した。その結果，Z氏個人の特性に原因を求める程度は香港よりアメリカで高く，チーム全体の特性に原因を求める程度はアメリカより香港で高かった。この結果は，集団内で問題が生じた時に責任の所在がどこにあると考えるかが文化によって異なることを含意している。

同様に，従業員の不正な振る舞いを報道する際，メディアの扱い方が日米で異なることをメノンらは報告している。同じ事件（たとえば，1995年の大和銀行でのスキャンダル）を報道する場合も，不正を行った従業員個人に原因帰属する傾向は日本の新聞よりアメリカの新聞で強く，逆に企業全体に原因帰属する傾向（「内部の統制ができていないことを恥ずべき」などの言及）は，アメリカの新聞より日本の新聞で顕著であった。このように，現実世界で生じる原因帰属にも一定の文化差が存在し，同じ行動であっても文化が異なれば違った解釈がなされることが示されている（報道の文化差に関しては Morris & Peng, 1994 も参照）。

2　文化と動機づけ・感情

[1] 自分で選んだ時と他者が選んだ時の動機づけ

人間観の違いは，動機づけを高めるプロセスの違いにもつながっている。アイエンガーとレパー（Iyengar & Lepper, 1999）は，近しい他者が動機づけに与える影響に文化差があることを見出した。この実験には，ヨーロッパ系アメリカ人とアジア系アメリカ人の小学生が参加した。実験参加者である小学生は複数タイプのアナグラム問題（単語または文字の順番を入れ換えることによって，別の意味にする言葉遊び）の中から1つに取り組んだが，どのタイプに取り組むかをだれが選択したかが条件によって異なった。自己選択条件では，参加者は自分で自分の取り組む課題を選択した。残り2つの条件では参加者は自分で選択することはできなかった。代わりに，参加者の母親が選択した（母親選択条件），または実験者が選択した（実験者選択条件）と伝えられた。その結果，自己選択条件では，実験者選択条件に比べて，長い時間自発的に課題に取り組んだ。これはヨーロッパ系とアジア系に共通して見られ，「自分で選ぶ」ことが動機づけを高めるという，従来の心理学の見解に合致する結果であった。文化差が見られたのは母親選択条件で，この条件でアジア系はヨーロッパ系よりも長く課題に取り組んだ。同様のパタンは，自分・母親・実験者の選択を比較した時だけでなく，自分・クラスメイト（近しい他者）・他学校の児童（近しくない他者）の選択を比較した時にも見られている（Iyengar & Lepper, 1999）。

アイエンガーとレパーの実験結果は，人間観の文化差から解釈できる。相互独立的自己観においては自他を分けて捉える。そのため，相互独立的自己観の優勢なヨーロッパ系では，自分が課題を選択した時に特に強く動機づけられる。これに対し，相互協調的自己観では，自己と近しい他者を結びつけて捉えるため，近しい他者（母親やクラスメイト）の期待に応えることの重要度が高くなる。そのため，相互協調的自己観の優勢なアジア系においては，母親やクラスメイトが自分の取り組む課題を選択した時に強く動機づけられたのだと考えられる。

［2］成功と失敗のどちらが動機づけを高めるか

もうひとつ，動機づけの文化差の知見として有名なのが，成功と失敗が動機づけを高める効果に文化差があることを示したハイネらの実験（Heine et al., 2001）である。この実験にはカナダと日本の大学生が参加し，課題（ある種の連想テスト）に取り組んだ。参加者のうち成功条件に割り当てられた者は，課題に取り組んだ後に，自分の成績が他の学生に比べて良かったとのフィードバックを受けた。これに対し，失敗条件の参加者は，自分の成績が他の学生に比べて悪かったとのフィードバックを受けた。フィードバック後，両条件の参加者は，次の課題の準備が整うまで待機するよう求められた。その間の時間つぶしのためとして，興味があれば連想テストの続きに取り組んでもよいと伝えられた。ハイネらが注目したのはこの待機時間に自発的に連想テストに取り組んだ時間の長さであった。実験の結果，カナダの学生の場合，失敗条件より成功条件で長く自発的に課題に取り組んでいた。これに対し，日本の学生の場合は，成功条件よりも失敗条件で長く課題に取り組んでいた。この結果は，欧米文化では「長所を伸ばす」ことに動機づけられやすく，東アジア文化では「短所をなくす」ことに動機づけられやすいのだと解釈することができる。

ハイネらの示した文化差も，やはり人間観の文化差に起因すると考えられている（Heine, 2001）。欧米文化で優勢な相互独立的自己観においては，自己を規定するのは内的属性（性格や能力など）であり，これらが自他を弁別する安定した特徴として捉えられている。この自己観のもとでは，特徴（長所）を自分の中に見出し，それを「開花」させることが重要視される。ハイネらの実験でカナダの学生が成功した課題に取り組むことへ動機づけられたのは，自己の内部に変わらない本質があると考え，それを活かそうとする相互独立的自己観の影響だと考えられている。一方で，東アジアで優勢な相互協調的自己観においては，自己を規定する要素は他者との関係性の中に見出される。この観念のもとで自己にとって脅威となるのは，他者との関係の中で生じる義務や役割を果たすことができない事態である。そうした事態を避けるべく，自分の短所を把握して克服することが重要視される。ハイネらの実験で日本の学生が失敗後に動機づけられたのは，こうした短所克服プロセスの一環だと考えられている。

[3] 幸福感を高める要因

人間観の文化差は，感情経験の文化差にもつながっている。ここでは特に，幸福感の規定因における文化差を紹介する。以下で示す知見は総じて，他者とのつながりを感じることはアメリカより日本で強く幸福感と関係し，自分個人に価値や魅力があると感じることは日本よりアメリカで強く幸福感と関係することを示している。

北山ら（Kitayama, Markus, & Kurokawa, 2000）は，さまざまな種類の感情経験を関与−脱関与（他者との関わり・つながりを強調する程度）の次元で分類した。たとえば，ポジティブ感情のうち関与感情とは「尊敬」や「親しみ」であり，脱関与感情とは「誇り」や「優越感」を指す。分析の結果，アメリカではポジティブな関与感情よりも脱関与感情を感じることが，幸福感とつながっていた。一方，日本では，ポジティブな関与感情が脱関与感情よりも幸福感とつながっていた。

また，内田ら（Uchida, Kitayama, Mesquita, Reyes, & Morling, 2008）は，アメリカと日本で調査を行い，近しい他者（家族や友人）から情緒的サポート（励ましなど）を得ることと幸福感の相関関係を検討した。その結果，情緒的サポートはアメリカより日本で強く幸福感につながっていた。一方で，アメリカでは，自分個人の価値に対する評価（自尊心）が高い時に幸福感が高まりやすかった。自尊心と幸福感の正の相関は日本でも見られたが，アメリカほど強くはなかった（同様の文化差を Kwan, Bond, & Singelis, 1997 や Yuki, Sato, Takemura, & Oishi, 2013 も報告している）。

3　文化と信頼

ここまでに紹介した知見と矛盾するように思えるかもしれないが，実は，他者一般を信頼する傾向は，アメリカで日本より高いことが明らかにされている。ここで取り上げているのは，友人や同僚のような特定のだれかに対する信頼ではなく，他者一般・人一般に対する信頼（一般的信頼）である。初対面でこれといって情報のない相手を信頼する程度と置き換えても構わないだろう。山岸らが日本とアメリカで実施した調査・行動実験によって，一般的信頼が日本よりアメリカで高いことが確認されている（e.g., 清成・山岸，1999; Yamagishi & Yamagishi, 1994）。さらに，アメリカ（相互独立）と日本（相互協調）の２ヶ国の比較だけでなく，多数の国の調査データを用いた分析で，相互独立的傾向の強い国ほど一般的信頼の高いことが確認されている（Allik & Realo, 2004; Gheorghiu, Vignoles, & Smith, 2009）。

相互独立的自己観が優勢な社会ほど一般的信頼が高いという知見は，意外に感じられるかもしれない。しかし，次の２点を踏まえることで，この一見意外な事実は理解可能になる。

第一に，相互独立的自己観とは，自己と他者が切り離された実体だと認識する人間観であって，自己を他者から切り離そうとする欲求のことではない。自己と他者が切り離されているのが「初期状態」だと認識する人間観を持っているからこそ，関係を形成することに積極的になるとも考えられる（増田・山岸，2010; Kito, Yuki, & Thomson, 2017; Triandis, Bontempo, Villareal, Asai, & Lucca, 1988）。そして，どのような文化であっても人間は他者との関係の中で生活する動物であり，他者とつながることへの欲求を持っているのだとすれば（Baumeister & Leary, 1995），相互独立的自己観の優勢な文化での社会生活は，初期状態としては切り離された個人個人を積極的につなごうとする営みに支えられていると捉えることができるだろう。

第二に，相互独立的自己観や一般的信頼の背後にある社会構造に注目したい。日米の社会構造の違いを指摘した山岸（1998）の理論を踏まえると，相互独立的自己観と一般的信頼は共通の社会構造のもとで成立すると考えられる。山岸（1998）は，日本社会ではアメリカ社会に比べて排他的で持続的なコミットメント関係（たとえば，終身雇用）が広く形成されていることに注目した。このコミットメント関係は，「裏切り」の発生を抑止するという長所を持つ（Kollock, 1994）。これは，社会の中で大勢がだれかとコミットメント関係を形成している時，各自は自分のコミットメント関係の相手を裏切るインセンティブ（誘因）を失うからである。コミットメント関係が広く形成されている社会では，各関係は「閉ざされている」ため，新たな関係を形成することが難しい。このような状況で，だれかを裏切ってしまい，その人との関係が解消されてしまうと，完全に孤立してしまう恐れがある。この孤立の脅威があるため，裏切りのインセンティブは低下する。人々は，コミットメント関係という「しがらみ」の中にとらわれているような状態であるが，それゆえに裏切られるリスクに怯えずに安心して暮らすことができる。ただし，特定の他者との関係にコミットし続けるということは，それ以外の他者との関係で得られる利益を失っていることになる。したがって，既存の関係の外にさまざまなチャンスが存在する時には，既存関係にコミットし続けることは必ずしも賢い選択ではない。山岸（1998）は，アメリカでは日本に比べて既存の関係の外に多くのチャンスが存在し，そのため，既存の関係のみを重視する心理傾向ではなく，新たな関係形成に積極的な心理傾向が促進されたと考えた。一般的信頼の高さ，つまり，十分な情報がない相手でもひとまず信頼してみる傾向は，その一環であると考えられている。

2種類の文化的自己観は，山岸（1998）の考えた2種類の社会状態と符合する。日本のように，人々が特定他者とコミットメント関係を持っている状態は，いわば，人々が「切っても切れない縁」でつながっている状態である。人々は（良くも悪くも）強く深く結びつき，その関係の中で生きていく。そうした人々の姿は，相互協調的自己観の描く人間像と一致する。一方で，コミットメント関係から「解放」された人々がつくる社会（たとえば，アメリカ）では，人々は付き合うべき相手を自分で見極め（山岸，1998），そして自分自身の価値を相手に認めさせることで関係を形成していかなければならない（e.g., Takemura, 2014; Takemura & Suzuki, 2017; Yuki et al., 2013）。このような，他者との関係が保証されていない世界を個人として生き抜く人々の姿は，相互独立的自己観の描く人間像と一致する。一見意外に思える相互独立的自己観と一般的信頼の同時成立は，異なる社会構造のもとで人々が社会生活を生き抜こうとし，それによって心理傾向の文化差が生じていると見ることで理解可能になる（Kito, Yuki, & Thomson, 2017）。なお，山岸（1998）の提示した理論的枠組みは，現在では「関係流動性」という概念に注目したアプローチに引き継がれている（トピック27参照）。

トピック27　関係流動性の違いで文化差を捉える

関係流動性とは，社会（または状況）の特徴を捉えるための概念であり，社会に存在する対人関係の選択機会の多寡だと定義される（Yuki & Schug, 2012）。関係流動性が高い社会（たとえば，北米）とは，低い社会（たとえば，日本）に比べて，人と出会い，付き合う相手を選択できる機会が多い社会である。この概念により，2つの方向性の研究が進展した。

1つは，相互独立的な心理過程が**社会生活**で果たす役割についての研究である。たとえば，本文で紹介した，アメリカにおける幸福感と自尊心の相関の強さ（Uchida et al., 2008）について，結城ら（Yuki et al., 2013）は関係流動性で説明できるとしている。高流動性社会では，安定した関係が保証されないため，自分個人の価値・魅力で他者との関係を「勝ち取って」いかなければならない。そのため，自分に価値を見出だせている程度（つまり，自尊心の高さ）が，幸福感に反映されやすい。結城らは，調査と実験を通じて，関係流動性が幸福感と自尊心の相関の強さに影響することを示している（Sato & Yuki, 2014も参照）。また，竹村（Takemura, 2014）は，相互独立的傾向の一種である独自性欲求（自分のユニークさへの欲求）が，高流動性社会で幸福感や収入などにつながりやすいことを示している。これは，自分の価値・魅力で他者との関係を確保しなければならない高流動性社会では，他者にない独自の価値・魅力を持つことが有効だからだと解釈されている（Takemura & Suzuki, 2017も参照）。

もう1つが，北米人の積極的な社会性についての研究である。本文で述べた一般的信頼の高さはその1つで，一般的信頼の日米差は関係流動性の違いで説明されることが後の研究で示されている（Thomson, Yuki & Ito, 2015）。さらに，親友に自己開示する程度（Schug, Yuki, & Maddux, 2010）や，親友との間に感じる親密性（山田・鬼頭・結城，2015）が日本より北米で高く，その差も関係流動性の違いで説明されることが示されている。自己開示をしたり親密さを強く感じたりするのは，高流動性社会で相手をつなぎとめておくのに有効だからだと解釈されている（詳しくはKito et al., 2017を参照）。

4　文化とリーダーシップ

ここまでさまざまな文化差を論じてきたが，求められるリーダー像も文化によって異なる可能性が指摘されている。アメリカでは「力強さ」がリーダーに求められるが，日本ではそうでもないのである。ルールら（Rule, Ishii, &

Ambady, 2011）は，フォーチュン誌に掲載された日本企業・アメリカ企業のCEOの顔写真を収集し，これをアメリカ人・日本人の参加者に提示した。参加者は，それぞれの顔写真からその人物の「力強さ」を推定するよう求められた。そして，CEOの顔から受ける印象と，そのCEOの企業の純利益との関係を分析すると，アメリカでは「力強い」顔のCEOの企業ほど，純利益が高かった。これに対して日本では，CEOの顔の「力強さ」は純利益とは関係していなかった。さらに，同様の調査をルールら（Rule et al., 2010）は企業CEOではなく政治家でも行った。アメリカの上院議員選挙の立候補者と日本の衆議院選挙の立候補者の顔写真の印象と，実際の選挙での得票率の関係を分析すると，アメリカでは「力強い」印象の立候補者が票を多く得て，日本ではその関係は見られなかった（代わりに，「温かい」印象の立候補者が票を多く得ていた）。ルールらの一連の研究は，企業経営者や政治家といったリーダーに求められる資質が文化によって異なることを示している。

5　文化と認知

ここまで主に社会的な場面での心理過程に焦点を当ててきた。本章の最後に，非社会的な事物に関する心理過程の文化差を紹介したい。

欧米文化圏と東アジア文化圏を比べた場合，欧米では中心的なもの（目立つ対象物）に集中して注意を向け，東アジアでは中心的なものだけでなくその周辺にあるものにも注意を向ける傾向がある。中心的なものに注意を向ける傾向を分析的認知，中心と周辺の両方に注意を向ける傾向を包括的認知と呼ぶ（Nisbett, 2003）。この認知の文化差は，さまざまな課題で確認されてきた。

その1つが「枠の中の線課題」で，線と枠だけからなるごく単純な刺激画像に対する注意配分で文化差が報告されている。北山らの実験（Kitayama, Duffy, Kawamura, & Larsen, 2003）によれば，アメリカ人は枠を無視して線に注意を向け，日本人は線と枠の関係性（比率）に注意を向ける傾向があるという（ただし，反論として Hakim, Simons, Zhao, & Wan, 2016）。

また，増田とニズベット（Masuda & Nisbett, 2001; 2006）も，別の複数の課題で同様の知見を得ている。その1つの実験（Masuda & Nisbett, 2006）で

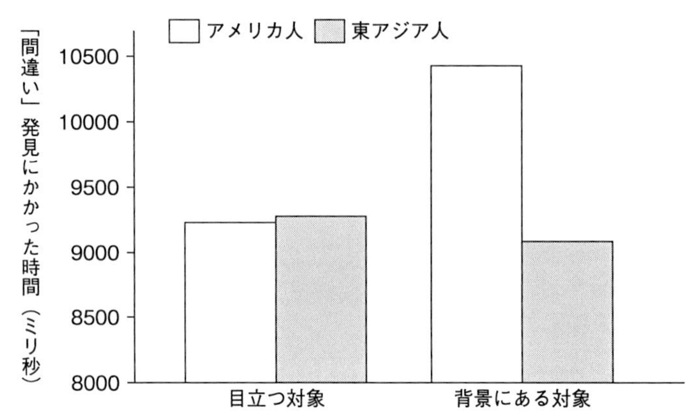

図 14-2　目立つ対象および背景にある対象の中での「間違い」発見にかかった時間の文化差（Masuda & Nisbett, 2006 をもとに作成）

は，アメリカ人と東アジア人の参加者が飛行機や車の登場する画像を提示された。参加者の課題は，ほぼ同じ2枚の画像から1箇所だけ異なる点を探し出す「間違い探し」である。この「間違い」は，画面の中の目立つ対象物（大きく映っている車）にあることもあれば，その背景にあることもあった。実験の結果（図 14-2），アメリカ人の場合は，目立つ対象における「間違い」より，背景にある「間違い」を発見するのに時間がかかった。これに対し，東アジア人の場合は，目立つ対象でも背景でも同程度の時間で「間違い」を発見していた。ここから，東アジア人は，アメリカ人に比べて，中心と周辺の両方に注意を配分する傾向があることがうかがわれる。

こうした注意配分の文化差の背後には，世界観の文化差があると考えられている（Nisbett, 2003）。欧米文化圏では，世界は個別の要素に分解可能だとする通念が広く受け入れられているという。この世界観に基づけば，世界を構成する事物はそれぞれ周囲から切り離して理解することができることになる。これに対して東アジア文化圏では，世界を構成する事物は相互に切り離し可能ではなく，本質的に結びついているとされている。それゆえ東アジアでは，枠の中の線を見る時でも，飛行機や車の画像を見る時でも，目立つものだけを見るのではなく周辺にも注意を向け，要素間の関係を見る傾向が生じるのだとされて

トピック 28　心の外にある文化差

本章では「心の働きに文化差がある」ことをテーマとしてきたが，実は「心の外」，すなわち個人を取り巻く状況にも目を向ける必要がある。たとえば，注意配分における文化差を本文で紹介したが，個人の注意配分傾向（心の働き方の癖）にだけ文化差があるわけではなく，状況の側にも注意配分の文化差を生み出す要因があると指摘されている。宮本ら（Miyamoto, Nisbett, & Masuda, 2006）は，まず，日米で街の風景写真を収集して比較した。その結果，アメリカに比べて日本の風景はより多くの物（たとえば，店の看板，ノボリ，自転車）であふれていた。さらに宮本らは，日米の参加者に日本またはアメリカの風景写真をいくつか提示した後で，増田・ニズベットと同じ間違い探し課題を実施した。その結果，参加者は，アメリカの風景写真を見た後より，日本の風景写真を見た後に，背景部分の間違いを多く発見した。この結果は日本人でもアメリカ人でも見られた。ここから，日本の複雑な風景に「慣れる」ことが，包括的認知を促進すると考えられている。すなわち，包括的認知は日本人の心の働きの中にだけ原因があるわけではなく，日本人が普段接している風景にも原因があるのだと考えることができる。

「心の外」に文化差の原因があるという知見は，自尊心に関しても得られている。自尊心は概して日本より北米で高い（e.g., Heine & Lehman, 1997）が，その文化差の原因は状況にもあることを北山ら（Kitayama, Markus, Matsumoto, & Norasakkunkit, 1997）が示している。北山らは，アメリカで人々が経験する場面と日本で人々が経験する場面を比較し，アメリカの場面は人々の自尊心を上昇させやすい効果があることを示した。アメリカでは他者に褒められやすいという報告もあり（Endo & Meijer, 2004），こうした周囲の反応の差異が，自尊心の文化差につながっていると考えることができる。こうした知見からは，個人の反応に文化差が見られた場合に，個人の「心の中」だけでなく，個人を取り囲む状況の特徴にも目を向ける必要があることを示している。

いる。

こうした注意配分の文化差は，WEB サイトのデザインにも表れている。ワンら（Wang, Masuda, Ito, & Rashid, 2012）は北米と東アジアの WEB サイトを比較し，東アジアの WEB サイトの方が情報量（たとえば，文字数）が多いことを示した。ワンらは，この背後には分析的認知と包括的認知の文化差があると考えている。目立つものの周辺にも注意を向ける包括的認知の優勢な東アジアでは，多くの情報が一度に提示されることにも慣れていて，その差が WEB サイトのデザインに表れているという。すなわち，「ちょうどよい」情報量が文化によって異なるのだと考えられている。事実，ワンらが行った実験では，情報量の多いWEBサイトから特定の情報を発見するスピードが，ヨーロッパ系カナダ人より東アジア人で速かった。

以上，本章では，これまでの文化心理学研究で明らかにされてきた心の働きの文化差の一部を紹介してきた。行動の原因を何に求めるか，何に動機づけられるか，何に幸福を感じるかなど，さまざまな領域で文化差が見られているが，それらは人間観の違いで理解できることを紹介してきた。また，世界観の差異から，物事を見る時の注意配分にも文化差が生じることを紹介してきた。そして，この注意の文化差は，今やとても日常的な存在となったWEBサイトのデザインにも影響する。文化が心の働きに及ぼす影響は，私たちの生活の随所に及んでいると考えられる。

読書案内

- 増田 貴彦（2010）．ボスだけを見る欧米人，みんなの顔まで見る日本人　講談社
- ニスベット，R. E.（著）　村本 由紀子（訳）　2004　木を見る西洋人・森を見る東洋人：思考の違いはどこから生まれるか　ダイヤモンド社
- 山岸 俊男（1998）．信頼の構造：こころと社会の進化ゲーム　東京大学出版会

第15章

組織神経科学

長谷川千洋

本章のポイント

この章では主に，心の働きの基盤となる脳の働きについての基礎を学びます。社会的な行動は，非常に複雑な認知プロセスを経ており，そこには脳のさまざまな領域が関与しています。神経科学からの知見だけでなく，神経心理学の症例研究や生理心理学的な実験研究などを通して，組織神経科学に関連する社会的認知や意思決定時の脳のメカニズムを学びます。

本章で紹介する研究

- ダンバー（Dunbar, 1992）の社会脳仮説
- ベシャラら（Bechara, Damasio, Damasio, & Anderson, 1994）の症例報告
- ダマシオ（Damasio, 1994）のソマティック・マーカー仮説，などの研究を紹介します。

第7章で組織や経営の意思決定を取り上げたが，私たちは人生のさまざまな場面において，意思決定すべき多くの問題に直面する。朝は何時に起きるのか，どの商品を買うのか，パートナーと結婚するべきか否かなど，それらの問題は単純な二者択一の問題から，慎重に時間をかけて判断しなければいけない課題に至るまでさまざまである。これらの意思決定過程では過去の知識や経験が利用され，複数の可能性を検討しつつ未来を予測し，選択すべき方向を決定しなければならない。また，社会生活において，たとえばビジネスの場面など対人関係の絡む場面では，自分自身の目標と他者の望む方向性とは異なる場合もある。そこでは相手の感情や意図も考慮しながら，多様な選択肢の中から「次に何をするか」を決めているのである。すなわち，相手の感情や意図を適切に知

覚・理解する能力（社会的認知；social cognition），そして自らの適切な意思決定や行動へとつなげる能力（社会的意思決定；social decision making）が求められる。

ところで，神経経済学（neuroeconomics）とは，行動経済学（第 7 章第 2 節参照），心理学，および神経科学を融合させた比較的新しい学問領域である。神経経済学では意思決定に影響を及ぼす主観的価値，リスク，曖昧性など，従来は行動経済学や心理学が追究してきた構成概念を取り上げ，その基盤となる神経学的メカニズムの解明を目指している。また，組織神経科学とは集団や組織における行動理解，すなわち従来の組織心理学のテーマを扱っており，神経経済学の領域とも関連が深い。両者とも脳機能測定技法を駆使し，社会的場面での心理現象について脳の働きとの関連を調べる研究領域である。神経科学的データからもたらされた新たな発見として，以下の 3 つの側面が挙げられる。まず，従来の心理学においては理論上では異なる種類と見なされた行動は，同じ神経基盤に依拠するものもあったという発見である。つぎに，心理学の理論上は同種の行動でも，脳の活動の程度が異なる場合や，異なる脳の領域が活動することが分かった。さらに，病気や損傷によって脳の働きに問題が生じた場合には，正常な社会的認知や意思決定が困難になることも報告されてきた。今後，心理学と神経科学が融合される研究領域はより細分化され，各領域での研究成果が互いに関連しつつ発展していく可能性が高い。本章の第 1 節では，社会的認知過程における意思決定に関わる神経基盤を説明し，次の第 2 節で神経科学の一般的な研究方法を紹介する。曖昧状況下での意思決定に関する実験的研究を第 3 節で述べ，最後の第 4 説では，社会的認知の障害を示す疾患を紹介する。

1　社会的認知と脳

最初に社会的認知と脳の関連について概説した後，私たちが社会的意思決定を行う時に，脳のどの場所が働いているのかを説明する。

[1] 社 会 脳

私たちが社会的活動を行う時，すなわち他人との関わりを持つ時には，脳はどのように働いているのであろうか。ブラザーズ（Brothers, 1990）は動物研究や神経学的研究を基に，社会的活動に関わる（他者に対する情報処理に選択的に活動を示す）脳領域として眼窩前頭皮質，扁桃体，上側頭回を挙げ，それらを社会脳と呼んだ。その後，脳の形態や機能を測る手法の発展とともに，健常者を対象とした社会脳に関する脳画像研究が数多く報告されるようになった。この結果，社会的活動には前部帯状皮質や島など他の領域も関与し，脳の多くの領域を含むことが分かってきた。一方，脳損傷患者を対象とした神経心理学的研究からは，扁桃体の損傷後に情動に対する評価や判断ができない患者や眼窩前頭皮質の損傷後に社会的に不適切な行動を取るようになった患者，また上側頭回の損傷後に表情認知の障害を示した例など，社会的認知や社会的行動の症例報告が続いた。社会的行動の基盤となる社会的認知は複合的な過程であるため，後述する表情認知，心の理論，意思決定などを含むさまざまな機能で構成されている。このため現在では，社会的認知を各機能とそれらの過程に分類して，より詳細に検討されるようになった。

また，社会集団の規模や発達と脳の進化との関連を研究したダンバー（Dunbar, 1992; 1996）は，社会集団が大きくなると人間を含む霊長類の脳，特に新皮質といわれる領域などが進化して，大きくなったという社会脳仮説を唱えた。最近では社会脳の「社会性」が多様化しているため，社会集団の大きさをソーシャルネットワークの規模や複雑性と捉える傾向がある。たとえば，Facebook などのソーシャルネットワークの友人数などと扁桃体の体積との間に正の相関があることも報告されている（Bickart et al., 2011）。

[2] 社会的意思決定に関わる複合的プロセスとその神経基盤

社会的意思決定は，相手の顔に表出された感情を見て（表情認知），相手の感情を推測し（心の理論），社会的状況やさまざまな選択肢の価値判断をしながら，最終的に判断を下す（意思決定）という複合的なプロセスである。社会的意思決定の神経基盤を理解するための一例として，「千両みかん」という古典落語（興津，2004）を考えてみる。以下が「千両みかん」の話である。ある大きな店の若旦那が重病になった。病気の若旦那はみかんを食べたいと言ったため，その店の主人は番頭に，何としてでもみかんを買ってくるように命じる。現代と異なり，真夏にみかんを見つけることは至難の業であったが，番頭は町中を探した末，みかん問屋でやっと一個のみかんを見つけた。みかん問屋の店主は，そのみかん一個に対して千両という法外な値段をつける。番頭はそのみかんの価値に大変驚くが，主人は息子である若旦那の命のために安い買い物だと命じ，番頭は一個千両のみかんを購入する。最後に金銭的価値を錯覚した番頭は，一個のみかんに十房入っているから，三房で三百両になると考え，みかんを三房持って逃げるという落語である。

番頭が主人にみかんを探すように命じられる場面では，番頭はまず主人の顔を視覚認知し（相貌認知；紡錘状回），同時に主人の顔に現れた悲しみや焦燥の表情を読み取る（表情認知；扁桃体，後部帯状皮質，上側頭回，島など）。同時に自分は主人の命令に従うのであるという「主人との主従関係」を想起する（過去のエピソード記憶（特定の出来事に関する記憶）；側頭葉内側面など）。

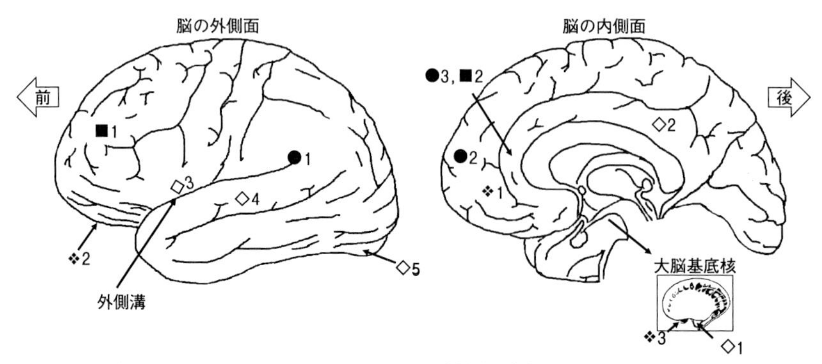

図 15-1　社会的認知に関連した脳領域

注 1）◇ 3 は外側溝の底に位置する
注 2）◇ 5 は相貌認知との関連が深い
注 3）情動が関与する意思決定では，報酬系の一部の領域や，扁桃体，島などの領域とも関連がある
注 4）❖ 1 は■ 2 の一部を含む

重病の息子を思う主人の辛い感情を理解するためには，主人が置かれている状況理解が求められ，他者である主人の感情や意図を推測しなければならない（心の理論；内側前頭皮質，側頭頭頂接合部，前部帯状皮質など）。

みかんを見つけた番頭は，最終的に購入するかどうかの意思決定をしなければならない。第 11 章の消費者行動でも紹介したように，一般的に，商品の購入には購入者の嗜好性や価値観が左右しており，その場合には報酬系（欲求が満たされたことや，それが予想されるときに活性化し，快感覚をもたらす神経系）と呼ばれる腹内側前頭皮質，側座核を含む腹側線条体，および眼窩前頭皮質などが主に活動する。しかし今回は，みかんの適正価格と主人の息子の命という 2 種類の価値尺度を比較検討しなければならない。従来経済学では，複数の尺度を持つ価値判断を求められる際には，貨幣のような共通尺度を設定することにより，さまざまな価値を集約すると考えられてきた。このような金融に関わる意思決定時には，上記報酬系に加えて，背外側前頭皮質と前部帯状皮質が賦活する。また，千両という大金を支払うようなリスク判断や，感情が関与する意思決定には島や扁桃体も高い活動を示す（Paulus et al., 2003; Beer, 2017）。以上の社会的意思決定の概要を図 15-1 にまとめる。

2　神経科学研究の方法

脳の働き，すなわち神経活動を測定する方法が発展するにつれて，神経科学の研究が近年ますますさかんになってきた。ここでは，ヒトを対象にした神経科学の研究方法を紹介する。

[1] 電磁気生理学的方法と神経機能画像方法

脳の神経活動を測るということは，すなわちニューロンの働く時間と場所を正確に知るということになる。測定方法には電磁気生理学的方法と神経機能画像方法がある。代表的な電磁気生理学的方法には，脳波（electroencephalogram：EEG），事象関連電位（event related potential：ERP），脳磁図（magnetoencephalography：MEG）が含まれ，神経機能画像には単光子放出コンピュータ断層撮影法（single photon emission computed tomography;

SPECT)，陽電子放出断層撮影法（positron emission tomography：PET)，機能的磁気共鳴画像法（functional magnetic resonance imaging：fMRI)，近赤外光脳血流計測法（near-infrared spectroscopy：NIRS）などがある。これらの測定方法は侵襲性が低い（生体に害や痛みを加えることが少ない）だけでなく，感度・解像度・走査速度が近年向上したため，健常な個人の自然な状態の脳を対象とした神経科学の研究が多く報告されるようになった。

EEG が臨床診断に用いられている一方で，ERP は特定の事象に関連して生じる脳の一過性の電位変動である特性から，心理実験で従来利用されてきた。MEG はニューロンの微弱な磁気信号（脳波）を測定し，視覚，聴覚，体性感覚（皮膚感覚や深部感覚）の中枢の場所の詳細な地図，いわゆる脳機能マッピングを作ることができる。fMRI は血液中のヘモグロビン分子の変化が及ぼす磁気特性を画像化するものである。fMRI は酸化ヘモグロビンの増加現象（blood-oxygen-level dependent; BOLD 効果）を利用している。BOLD 効果とは，ニューロンの活動に伴う脳の局所的な血流量の増加に比べて，組織の酸素消費量の上昇が低いために，酸化ヘモグロビンが増えるという現象である。特定の課題遂行時における BOLD 効果を観察することにより，脳の賦活部位を測定することができる。また，PET は放射性物質を糖や水などにラベルして脳内に入れ定位し，血流や糖代謝に伴う脳機能を画像化する。NIRS は頭皮上から光ファイバを通して近赤外光を照射し，大脳皮質の血液量の変化を観察する。以上のような測定方法の発展に伴い，脳のどのような場所で，いつ神経活動がなされているかが画像化され，可視化できるようになってきた。

［2］研究方法の問題点

EEG や ERP は頭皮上の比較的大きな神経活動を記録するが，脳の深部などは測定できない。一般的に電磁気生理学的方法は計測における精度として時間分解能（画像の動きのなめらかさ）に優れているが，空間分解能の精度は劣る。NIRS は時間の精度は 0.1 秒程度であり，空間分解能（画像の画素の細かさ）は 2 cm 程度で EEG よりも高い。fMRI の空間分解能は非常に優れており，脳の深部も撮ることができるが，時間の精度は 0.5～1 秒程度と電磁気生理学的方法に比べると劣る。しかし，空間分解能に優れた fMRI においても実験条件とは無関係な測定誤差や，アーチファクト（装置や金属によるための異常所見）と呼ばれる現象が画像に混入することがあり，画像を正確に解釈するには注意を要する。各機器の測定法の特徴と問題点を理解したうえで，実験計画を組むことが大切である。

3　曖昧状況下での意思決定：神経心理学と生理心理学からの知見

上述のように，社会的意思決場面では複数の選択肢が持つ価値を比較検討し，最終的な決定をしなければならない。ここでは，報酬と損失が明示されないような曖昧状況下における意思決定について，神経心理学と生理心理学からの知見を紹介する。

[1] アイオワ・ギャンブリング課題（Iowa Gambling Task：IGT）

1994年にベシャラら（Bechara et al., 1994）は，両側の腹内側前頭皮質の損傷後に意思決定の障害を示した症例E.V.R[1]を紹介した。E.V.Rは知能検査や前頭葉機能検査において正常な機能を示す一方で，日常生活場面では選択後の結果を予測することができず，ネガティブな結果を導くような意思決定を繰り返し，何度失敗しても失敗から学習することもできなかった。また，E.V.Rは目先の報酬に反応するが，長期的な目標や展望を持てず，計画的に物事を遂行することができないため，社会生活にも支障をきたしていた。E.V.R.のこのような症状を測る神経心理学的検査方法として，ベシャラらはアイオワ・ギャンブリング課題（IGT）を開発した。IGTでは，4種類のカードの束から報酬額の高い有利なカードを選び，損失額の高い不利なカードを避けることにより，手持ちの金額をできるだけ増やすことを目的としている。報酬は即時に表われるが，罰はカードを数回選択した後に出現するため，報酬やリスクの情報が曖昧な状況下での意思決定が要求される。健常者では初めは報酬額の高いカードに反応するが，その種の選択を繰り返すと損失額も高額になることを認識する。最終的には報酬額，損失額どちらもそれほど高額ではないが，長期的には有利

1）　E. V. Rは症例のイニシャルである。

なカードを選択するようになり，手持ちの金額を増やそうとする傾向がある。しかし，E.V.R は報酬額・損失額どちらも高く，長期的には不利なカードを選

トピック 29　行動嗜癖と衝動抑制

行動嗜癖（behavioral addiction）とは，特定の行動（ギャンブル，運動，買物，性行為，仕事，インターネットゲームなど）がやめられなくなり，結果的に心理・社会的に弊害が及ぶ状態である。薬物やアルコールなどの物質嗜癖（substance addiction）とは区別されるが，両者の神経基盤の共通点も報告されている。行動嗜癖の患者の脳は，物質嗜癖の患者と同様，腹側被蓋野から側座核に至る報酬系の機能不全や神経伝達物質の異常が指摘されている（Bechara, 2005）。

行動嗜癖は 2 種類に大別される（Griffiths, 2005）。一次的嗜癖（primary addiction）はポジティブ嗜癖とも呼ばれ，その行動自体を好み，興奮し，没頭する（いわゆる「はまる」）状態である。一方，二次的嗜癖（secondary addiction）はネガティブ嗜癖や臨床的嗜癖とも呼ばれ，その行動の背景に他の問題が存在することが多い。他の問題からの逃避，不安，怒りの軽減の目的のために，行動がやめられない状態である。二次的嗜癖は衝動抑制の障害，すなわち，特定の行動への渇望が強く，衝動的な反応を抑える遂行機能が低い状態と考えられている。

神経科学では，脳の衝動性（impulsive brain system）と反射性（reflective brain system）という 2 重システムを用いて嗜癖を説明してきた。衝動性システムとは即時的で自動的，無意識で，習慣的なシステムである。このシステムでは，薬物や特定の行動などの誘因に反応して扁桃体，報酬系の一部であるドパミン神経系，視床下部などの皮質下領域が賦活する。一方，反射性システムでは前頭前皮質が賦活し，遂行機能が働き，起こりうる結果を予測し，熟考し，計画的に行動する。反射性システムの機能が低下し，衝動性システムが亢進する状態が嗜癖である。さらに近年，第 3 番目の内受容認識システム（interoceptive awareness system）が唱えられている。このシステムは，身体のシグナルを主観的状態に変換し，強い欲求を生み出すシステムであり，島皮質と関連が深い（Craig, 2009; Turel & Bechara, 2016）。

衝動抑制の障害として行動嗜癖を説明することが困難な場合もある。たとえば，仕事嗜癖を意味するワーカホリック（workaholic）の人は，常に仕事が頭から離れず，長時間仕事に従事するため健康を害することも多く，家族や周囲との対人関係が崩壊するなど，健康面でも心理社会面でも問題を抱えている。一方，ワーカホリックの特性として，完全主義傾向や高い自己効力感が報告されている。計画的に「仕事をする」という意味では遂行機能も正常であり，衝動抑制の障害として説明できないのである。私たちがどのような衝動を「抑制」し，どのような行動を「選択」するのかは，嗜癖を考えるうえで複雑な問題である。

択し続けたのである。その後，ベシャラらの一連の研究より，腹内側前頭皮質と眼窩前頭皮質の損傷患者は，IGT の不利なカードを選択する確率が高いことが報告された。IGT は現在では，前述の報酬系の機能を反映する代表的な行動指標として，心理実験や心理検査で利用されている。

[2] 遂行機能と背外側前頭皮質

IGT に代表される曖昧な状況下で意思決定を下す際には，複合的な認知機能が求められる。たとえば，過去に選択したカードの傾向を記憶しつつ，同時にカード選択の意思決定を下すため，ワーキングメモリー（作動記憶：一時的に情報を保持しながら，同時に処理する能力）が必要になる。確率に関わる数学的知識と方略も駆使するが，何よりも重要なことは，長期的な目標を見定め，状況に応じて柔軟に目標を変化させるという能力である。この能力は遂行機能または実行機能（executive function）と呼ばれ，仕事の計画・実行から毎日の食事の用意にいたるまで毎日の生活で重要な役割を果たしている。遂行機能が正常に働くことによって，異なる選択肢を比較検討し，状況から提供された情報をとりまとめることができるのである（Brand et al., 2006）。前頭前野の中でも，特に背外側前頭皮質の機能低下や損傷に伴い遂行機能障害と呼ばれる認知機能障害が生じると，一つの概念にこだわる傾向が高くなり，思考の柔軟性が乏しくなる。たとえば，IGT のような自発的に解決を要求される課題が困難になるのである。最近，fMRI を用いて健常者の IGT 遂行中の神経活動を調べてみると，背外側前頭皮質を中心に前頭前野のほとんどの部位が関与していることが分かった（Ouerchefani et al., 2017）。

[3] ソマティック・マーカー（somatic maker）仮説（Damasio et al., 1991）

IGT では，どのカードを選択するかという反応パターンを指標にするだけでなく，情動反応を測定する生理心理学的指標として，皮膚コンダクタンス反応（skin conductance response：SCR）を測定する場合もある（Bechara et al., 1997）。健常者は金額の大きな報酬や損失を受けると，身体反応として精神性発汗による皮膚の電位抵抗反応，すなわち SCR を生じさせる。IGT の進行につれて，次第にカード選択前にも報酬や損失に対する予期 SCR が出現する。

ダマシオ（Damasio, 1991）によると，このような精神性発汗のような情動的な身体状態は，その対象が報酬であるのか，あるいは罰になるのかという価値を反映している。脳はその身体状態の情報を対象の価値を示すマーカー，すなわち「ソマティック・マーカー（身体信号）」と見なしている。私たちが意思決定をし，何かを選択する時には，このソマティック・マーカーが予測的に働き，選択肢を無意識に評価する（Damasio, 1994）。これがソマティック・マーカー仮説である。前述の症例E.V.Rは不利なカードを選択する際にも，予期SCRが見られなかったことより，ソマティック・マーカーが正常に機能していなかったと考えられたのである（Bechara, 1994）。

[4] 意思決定に影響を及ぼす要因

その後ベシャラら（Burns & Bechara, 2007）の研究グループは，意思決定に影響を与える身体状態の2種類の誘発因子を考えた。まず1つは一次的誘発因子と言われものであり，これは外部環境に依存的な刺激である。もう1つの二次的誘発因子は脳の中の刺激，すなわち一次的誘発因子についての記憶やイメージなどである。この一時的誘発因子について例を挙げてみる。金銭の報酬が伴う意思決定場面では，環境から生じるさまざまな感覚刺激が気持ちを高揚させ，意思決定に大きく影響を及ぼすと言われている。たとえば，カジノなどのギャンブルの場面は，報酬を連想させる音や暖色系の照明など視覚・聴覚などの多種の感覚刺激が豊富である。また，このようなギャンブル場面では時計や自然光のない環境であるため，時間の感覚が失われ，ギャンブル行為を中断するという機会を逃してしまう（Finlay et al., 2010）。ではIGTにおいて，前述の一時的誘発因子である外部環境はどのように意思決定に影響を及ぼすのであろうか。長谷川・秋山（2012）では，金銭や金銭授受の視覚周辺刺激が，IGTの成績やSCR生起に及ぼす影響を検討した。視覚周辺刺激として，IGT表示用のPCの周囲にポスター（金銭授受画像，金銭のみ画像，画像なしの統制条件の3条件）を貼る以外は，通常の方法でIGTを実施した（図15-2）。この結果，画像のない統制条件に比べ，金銭のみおよび金銭授受条件は不利なカードを選択し，高額な損失額を経験する（大負け）回数が多い者が多かった（長谷川・秋山，2013）。また，統制条件の者が大負けした後には，有利なカードを選択する傾向が高くなり，不利なカードを選択する際には予期SCRが高くなる。ところが，金銭授受と金銭のみ条件は，大負け後に有利なカードを選好するものの，有利なカードの予期SCRは下がらなかった（秋山・長谷川，2014)。すなわち，リスクの少ない状況でもソマティック・マーカーである予期SCRが低下しないという結果より，報酬系機能の活性化が持続している可能性があり，金銭に関わる間接的な視覚的情報が，報酬系が関わるIGTでの意思決定に影響を及ぼしたと考えられる。実際，カジノで聞こえるような音や照明を用いた場合や，周囲に他者や対戦相手がいる状況でIGTを行うと，実験参加者は損失後にじっくり時間をかけずカードを選択する，つまり，速決を避けるため慎重に考える傾向が低いことも報告されている（Brevers et al., 2015)。報酬系の神経基盤に関する研究は，今後ギャンブル行為を取りまく環境や社会的問題を考える上でも注目されるであろう。

IGTの研究ではこのような環境的要因だけではなく，ギャンブル嗜好性や衝動性など本人のさまざまな性格，行動や脳の特性など，二次的誘発因子もまた意思決定に影響を与えていることが確認されている。「自分はギャンブルに負

統制条件

金銭授受条件の背景画像

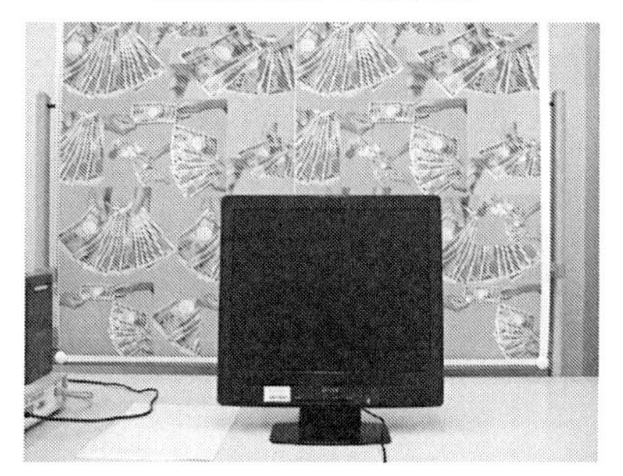

金銭条件の画像

図 15-2　IGTの実験条件

トピック 30　オキシトシンと社会的認知

オキシトシンは視床下部で合成され，下垂体後葉から分泌される神経ペプチドホルモンである。ギリシャ語で「早い出産（swift birth）」という意味の名を持つオキシトシンは，出産時の子宮収縮や乳汁の分泌に作用するため，陣痛促進剤としても利用されている。動物実験だけでなく，近年はヒトを対象にした研究領域においても，社会的認知や社会的行動に関わるオキシトシンの効用について研究されている（Romano, Tempesta, Di Bonaventura, & Gaetani, 2016）（図 15-3）。

オキシトシンを用いた代表的な研究は，コスフェルドの投資ゲームの実験である。大学生にオキシトシンを経鼻薬で投与した後に投資ゲームを行わせ，投資家群とお金を運用する信託者群の行動を調べた。この結果，オキシトシンを投与された投資家群は，信託者群を信用して高額を預けるという傾向が高く，プラシーボが投与された投資家群に比べて相手に対する信頼感を持ち続けた（Kosfeld, Heinrichs Zak, Fischbacher, & Fehr, 2005）。また，fMRI 実験において恐怖や不安を誘発する画像を見せた場合，オキシトシン投与後には扁桃体の活動の低下が見られ，このことが他者へ不信感を減少させるのではないかと指摘されている（Kirsch et al., 2005）。不安障害や自閉症では扁桃体の過活動が以前から報告されていたため，オキシトシンが社会認知や対人行動の改善に寄与する可能性が注目されたのである。信頼感とオキシトシンの関係については検証が不十分であるという意見もあるが（Nave, Camerer, & McCullough, 2015），臨床的意義の高い研究領域であり，今後の成果が期待される。

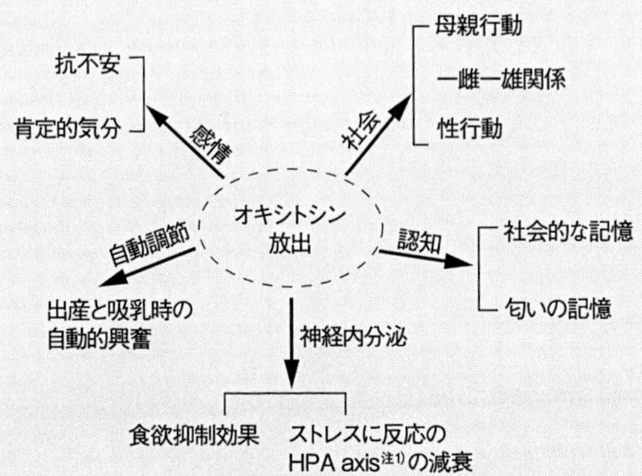

図 15-3　オキシトシンの調節制御（Romano et al, 2016 より引用。筆者訳）
注 1）視床下部一下垂体一副腎軸のことで，ストレス反応を司る

けない」「自分はギャンブルの才能がある」などの統制の錯覚の傾向が高い中・高校生は低い者に比べて，スロットマシーンを使った実験中の線条体の活動が大きかったという報告がある（Lorenz et al., 2015）。第1節で述べたように，線条体は報酬系に関わる脳部位であることから，これらの結果は脳活動のパターンと行動特性の関係性を考えるうえで興味深い。

4　社会的認知の障害

このように，社会的認知には複数の脳領域が関与しており，それらの脳領域が損傷すると社会的認知の障害が生じることが示された。ここでは，社会的認知の障害を呈する代表的な疾患として，神経変性疾患[2)]であるパーキンソン病とアルツハイマー病，および統合失調症の症状の特徴を概説する。なお，子どもの発達障害における社会的認知障害については多くの研究報告があるが，ここでは成人の疾患を中心に取り上げる。

[1] 神経変性疾患（パーキンソン病，アルツハイマー病）における意思決定

パーキンソン病はパーキンソニズムという運動症状だけでなく，認知機能障害，睡眠障害，自律神経障害などさまざまな非運動症状が生じる神経変性疾患である。パーキンソン病患者は遂行機能障害に加えて，表情認知，心の理論，意思決定の障害など，いわゆる社会的認知の障害が問題となっている。具体的には，パーキンソン病患者の5％前後は病的賭博症状を有しており（健常者の疾病率は1.6％），買い物依存症や薬の強迫的使用などの衝動制御の障害がパーキンソン病患者の30％に見られる（Weintraub & Claassen, 2017）。報酬系は神経伝達物質であるドパミン[3)]の分泌と関係が深く，パーキンソン病では中脳にある黒質のドパミン神経細胞の変性があるため，報酬やリスクに関する意思

2）脳や脊髄の特定の神経細胞が徐々に障害され脱落する疾患。アルツハイマー病，レビー小体型認知症，パーキンソン病，脊髄小脳変性症，筋萎縮性側索硬化症など。
3）脳の神経伝達物質で，運動の調節，精神活動，脳下垂体からのホルモン分泌調節などに関与する。

決定に影響を及ぼす。fMRIを用いた研究では，パーキンソン病患者は予期しない金銭的損失よりも，むしろ予期しない報酬に対して黒質の賦活が亢進する（Zaghloul et al., 2009）。IGT課題でも，パーキンソン病患者は短期的利益を追求し，長期的には不利な選択をする傾向が数多く報告されている。この原因として，報酬に対するモニタリング機能と関連する内側眼窩前頭皮質の体積が，健常者と比べて少ないことが指摘されている（Kobayakawa et al., 2017）。

一方，記憶障害はアルツハイマー病における中核症状であり，記憶障害の中でも新しい事実や事件を覚えることの障害，すなわち前向健忘が顕著である。このため，アルツハイマー病患者の意思決定の障害は，比較検討するための判断材料の内容を忘れてしまうことや，選択肢そのものを忘れてしまうことである。重症度にもよるが，アルツハイマー病患者はリスクが明確な意思決定場面でも不利な選択を行う傾向が高い。また，アルツハイマー病の前駆症状と関連が深いと言われている軽度認知障害（mild cognitive impairment）は，単純な意思決定課題の成績は健常者と違いはないものの，複雑な選択肢が伴う意思決定や社会的意思決定では不利な選択をする（de Siqueira et al., 2017）。

[2] 統合失調症における表情認知・心の理論

統合失調症とは，さまざまな精神症状により社会生活に障害をきたす疾患であり，有病率は全人口の約1％である。統合失調症において，心の理論や衝動の抑制などに関わる社会的認知の障害は，社会的自立を阻む一因となっている。統合失調症患者の顔の認知に関しては，性別，年齢などを含めた顔の弁別については健常者と違いはない。しかし，情動表出された顔の認知，いわゆる表情認知の課題では，扁桃体に代表されるような表情認知に関わる領域の活動が低く，一方で通常健常者では活動しない領域が活動するという報告もある（Taylor et al., 2012）。また，統合失調症患者は心の課題に関連する脳領域の活動低下を示すと言われているが，過剰な活動を示すという逆の結果も報告されており，研究者間の意見の一致を得ていない。統合失調症の脳機能低下や脳体積量の減少がさまざまな脳の場所で報告されていることを考えると，神経基盤の解明にはまだ時間が必要なのであろう。

[3] 高齢者における金融に関わる意思決定（financial decision making）

第11章の悪徳商法や高齢者への詐欺でも明らかなように，高齢者における金融に関わる意思決定能力の低下と認知機能障害との関係は，以前から社会的問題としても注目されてきた。個人差はあるものの，認知症患者だけでなく健常高齢者においても，脳の加齢的変化に伴う認知機能低下（記憶・言語・視覚認知・遂行機能などの能力の低下）は，日常場面で生じる問題の理解力や判断力を低下させる。特に金融に関わる意思決定の時には，複雑な金融的知識を利用するため，遂行機能に加えて意味記憶（一般的知識に関する記憶）の低下が意思決定能力に影響を及ぼす。さらにそこでは，確率の理解や計算能力，すなわちニューメラシー（numeracy）と呼ばれる数的処理能力も要求される。ニューメラシーは高次の処理能力とされており，ワーキングメモリー，言語，遂行機能などを含む複数の認知機能を駆使しなければならない。健常高齢者のエピソード記憶障害と視空間認知機能障害はニューメラシーの低下と関連し，意味記憶の障害は経済的知識の低下に関連するとも言われている（Gamble et al., 2015）。また上述のアルツハイマー病は，側頭葉内側面と後頭側頭葉を中心とした神経変性によって，特にエピソード記憶が病初期より低下し，進行すると意味記憶の障害も重篤になる（長谷川・博野，2016）ことから，金融的問題に対する判断や意思決定能力については病初期から注意を有する。

読書案内

- カールソン，N. R.（著）（2006）．神経科学テキスト（第8版）　脳と行動　泰羅 雅登・中村 克樹（監訳）丸善出版
- 苧阪 直行（編）（2012）．社会脳シリーズ1　社会脳科学の展望　脳から社会を見る　新曜社
- 山鳥 重（2008）．知・情・意の神経心理学　青灯社

引用文献

第1章

Bass, B. M. (1985). *Leadership and performance beyond expectations.* New York, NY: Free Press.

Bass, B. M., & Avolio, B. J. (1990). The implications of transactional and transformational leadership for individual, team, and organizational development. *Research in Organizational Change and Development, 4,* 231–272.

Bass, B. M., & Steidlmeier, P. (1999). Ethics, character, and authentic transformational leadership behavior. *Leadership Quarterly, 10,* 181–217.

Bauer, T. N., & Erdogan, B. (2016). *The Oxford handbook of leader-member exchange.* New York, NY: Oxford University Press.

Conger, J. A., & Kanungo, R. N. (1988). *Charismatic leadership: The elusive factor in organizational effectiveness.* San Francisco, CA: Jossey-Bass. (コンガー，J. A.・カヌンゴ，R. N.（著）片柳 佐智子・山村 宣子・松本 博子・鈴木 恭子（訳）(1999). カリスマ的リーダーシップ――ベンチャーを志す人の必読書―― 流通科学大学出版)

Conger, J. A., & Kanungo, R. N. (1994). Charismatic leadership in organizations: Perceived behavioral attributes and their measurement. *Journal of Organizational Behavior, 15,* 439–452.

DeRue, D. S., Nahrgang, J. D., Wellman, N., & Humphrey, S. E. (2011). Trait and behavioral theories of leadership: An integration and meta-analytic test of their relative validity. *Personnel Psychology, 64,* 7–52.

Fiedler, F. E. (1967). *A theory of leadership effectiveness.* New York, NY: McGraw-Hill. (フィードラー，F. E.（著）山田 雄一（訳）(1970). 新しい管理者像の探求 産業能率短期大学出版部)

Graen, G. B., & Uhl-Bien, M. (1995). Relationship-based approach to leadership: Development of leader-member exchange (LMX) theory of leadership over 25 years: Applying a multi-level multi-domain perspective. *Leadership Quarterly, 6,* 219–247.

Hersey, P., & Blanchard, K. H. (1977). *The management of organizational behavior: Utilizing human resources* (3rd ed.). Englewood Cliffs, NJ: Prentice-Hall. (本書の第9版は 2007 年刊)

House, R. J. (1977) A path-goal theory of leader effectiveness: Administrative science. *Leadership Quarterly, 16,* 321–339.

Lewin, K., & Lippitt, R. (1938). An experimental approach to the study of autocracy and

democracy: A preliminary note. *Sociometry, 1*, 292-300.
Lewin, K., Lippitt, R., & White, R. K. (1939). Patterns of aggressive behavior in experimentally created climates. *Journal of Social Psychology, 10*, 271-299.
Likert, R. (1961). *New patterns of management.* New York, NY: McGraw-Hill.（リカート, R.（著）三隅 二不二（訳）(1964). 経営の行動科学――新しいマネジメントの探求 ダイヤモンド社）
Lyons, S., & Kuron, L. (2013). Generational differences in the workplace: A review of the evidence and directions for future research. *Journal of Organizational Behavior, 35*, 139-157.
マキアヴェッリ, N.（著）・河島 英昭（訳）(1998). 君主論　岩波書店
三隅 二不二 (1966). 新しいリーダーシップ：集団指導の行動科学　ダイヤモンド社
三隅 二不二 (1984). リーダーシップ行動の科学（改訂版） 有斐閣
三隅 二不二 (1986). リーダーシップの科学：指導力の科学的診断法　講談社
プラトン（著）・藤沢 令夫（訳）(1979). 国家〈上・下〉 岩波書店
Stogdill, R. M. (1948). Personal factors associated with leadership: A survey of the literature. *Journal of Psychology, 25*, 35-71.
Stogdill, R. M., & Coons, A. E. (1957). *Leader behavior: Its description and measurement.* Columbus, OH: Ohio State University, Bureau of business Research.
Weber, M. (1922). *Wirtschaft und Gesellschaft: Grundriss der verstehende Soziologie.* Tuebingen, Deutschland: J. C. B. Mohr.（抄訳 ウェーバー, M.（著）濱嶋 朗（訳）(2012). 権力と支配　講談社）
山浦 一保 (2017). 第4章 交換関係としてのリーダーシップ　坂田 桐子（編著）(2017). 社会心理学におけるリーダーシップ研究のパースペクティブⅡ (pp. 83-107) ナカニシヤ出版
柳田 国男 (1979). 木綿以前の事　岩波書店

第2章

Agho, A. O. (2009). Perspectives of senior-level executives on effective followership and leadership. *Journal of Leadership & Organizational Studies, 16*, 159-166.
Burke, L. M. (2009). *Correlations of followership and leadership styles of medical science liaisons within the pharmaceutical and biopharmaceutical industry.* Capella University, ProQuest, UMI Dissertations Publishing, 3354936.
Carsten, M. K., Uhl-Bien, M., West, B. J., Patera, J. L., & McGregor, R. (2010). Exploring social constructions of followership: A qualitative study. *Leadership Quarterly, 21*, 543-562.
Chaleff, I. (1995). *The courageous follower: Standing up to and for our leaders.* San Francisco, CA: Berrett-Koehler.（チャレフ, I.（著）野中 香方子（訳）(2009). ザ・フォロワーシップ：上司を動かす賢い部下の教科書　ダイヤモンド社）
Chaleff, I. (1996). Effective followership. *Executive Excellence, 13*, 16.

DeRue, S., & Ashford, S. (2010). Who will lead and who will follow? A social process of leadership identity construction in organizations. *Academy of Management Review, 35*(4), 627-647

Favara Jr., L. F. (2009). Examining followership styles and their relationship with job satisfaction and performance. Northcentral University, ProQuest, UMI Disser-tations Publishing, 3356567.

Fobbs, T. (2010). *The evaluation of a paradigm: The critical examination of the influence of followership styles and courageous follower attributes on hotel customer-contact employee job satisfaction*. Capella University, ProQuest, UMI Dissertations Publishing, 3403225.

浜田 陽子・庄司 正美 (2015). リーダーシップ・プロセスにおけるフォロワーシップの研究動向 目白大学心理学研究, *11*, 83-98.

Horsfall, C. (2001). Team leaders make a difference in raising achievement! In C. Horsfall (Ed.), *Leadership issues: Raising achievement.* London: Learning and Skills Development Agency.

Kelley, R. E. (1992). *The power of followership*. New York, NY: Doubleday Currency. (ケリー, R. (著) 牧野 昇 (監訳) (1993). 指導力革命 リーダーシップからフォロワーシップへ プレジデント社)

松田 幸弘 (2010). リーダーシップの帰属モデル 晃洋書房

三木 博文・松田 幸弘 (2012). フォロワーシップ尺度の作成の試み 日本応用心理学会第 79 回大会発表論文集, 65.

三木 博文・松田 幸弘 (2013). フォロワー行動が対人的市民行動と満足感, 組織コミットメントに及ぼす影響 日本応用心理学会第 80 回記念大会発表論文集, 44.

守島 基博 (2008). 真のリーダーを育む「フォロワーシップ」とは *President*, 12 月 29 日号.

小野 善生 (2012). 暗黙のリーダーシップ理論がフォロワーのリーダーシップ認知に及ぼす影響 関西大学商学論集, *57*, 1-19.

小野 善生 (2016). フォロワーが語るリーダーシップ—認められるリーダーの研究—本当に機能するリーダーシップに向けて 有斐閣

Shamir, B. (2007). From passive recipients to active co-producers: Followers' roles in the leadership process. In B. Shamir, R. Pillai, M. Bligh, & M. Uhl-Bien (Eds.), *Follower-centered perspectives on leadership: A tribute to the memory of James R. Meindl* (pp. 9-39). Charlotte, NC: Information Age Publishers.

Sy, T. (2010). What do you think of followers? Examining the content, structure, and consequences of implicit followership theories. *Organizational Behavior and Human Decision Processes, 113*, 73-84.

Uhl-Bien, M., & Pillai, R. (2007). The romance of leadership and the social construction of followership. In B. Shamir, R. Pillai, M. Bligh, & M. Uhl-Bien (Eds.), *Follower-centered perspectives on leadership: A tribute to the memory of James R. Meindl*

(pp. 187-210). Charlotte, NC: Information Age Publishers.
Uhl-Bien, M., Riggio, R. E., Lowe, K. B., & Carsten, M. K. (2014). Followership theory: A review and research agenda. *Leadership Quarterly, 25*, 83-104.

第3章

Adams, J. S. (1965). Inequity in social exchange. In L. Berkowitz (Ed.), *Advances in experimental social psychology* (Vol. 2, pp. 267-299). New York, NY: Academic Press.
Baumeister, R. F., Bratslavsky, E., Muraven, M., & Tice, D. M. (1998). Ego depletion: Is the active self a limited resource? *Journal of Personality and Social Psychology, 74*, 1252-1265.
Carver, C. S., & Scheier, M. F. (1998). *On the self-regulation of behavior.* New York, NY: Cambridge University Press.
Christian, M. S., & Ellis, A. P. (2011). Examining the effects of sleep deprivation on workplace deviance: A self-regulatory perspective. *Academy of Management Journal, 54*, 913-934.
Deci, E. L. (1971). Effects of externally mediated rewards on intrinsic motivation. *Journal of Personality and Social Psychology, 18*, 105-115.
Deci, E. L. (1975). *Intrinsic motivation*. New York, NY: Plenum Press.
Deci, E. D., & Ryan, R. M. (2002). *Handbook of self-determination research.* New York, NY: University of Rochester Press.
古川 久敬 (2011). 組織心理学　培風館
Greenberg, J. (1988). Equity and workplace status: A field experiment. *Journal of Applied Psychology, 73*, 606-613.
Hackman, J. R., & Oldham, G. R. (1976). Motivation through the design of work: Test of a theory. *Organizational Behavior and Human Performance, 16*, 250-279.
Hertel, G., Kerr, N. L., & Messé, L. A. (2000). Motivation gains in performance groups: Paradigmatic and theoretical developments on the Köhler effect. *Journal of Personality and Social Psychology, 79*(4), 580-601.
池田 浩・森永 雄太 (2017). 我が国における多側面ワークモチベーション尺度の開発　産業・組織心理学研究, *30*, 171-186.
Kanfer, R. (1990). Motivation theory and industrial/organizational psychology. In M. D. Dunnette, & L. Hough (Eds.), *Handbook of industrial and organizational psychology. Volume 1. Theory in industrial and organizational psychology.* (pp. 75-170). Palo Alto, CA: Consulting Psychologists Press.
Latané, B., Williams, K., & Harkins, S. (1979). Many hands make light the work: The causes and consequences of social loafing. *Journal of Personality and Social Psychology, 37*, 823-832.
Locke, E. A., & Latham, G. P. (1990). *A theory of goal setting and task performance.* Englewood Cliffs, NJ: Prentice-Hall.

Maslow, A. H. (1954). *Motivation and personality.* New York, NY: Harper & Row. (マズロー, A. H. (著) 小口 忠彦 (監訳) (1971). 人間性の心理学　産業能率大学出版部)

McClelland, D. C. (1961). *The achieving society.* Princeton, NJ: Van Nostrand.

Mitchell, T. R. (1997). Matching motivational strategies with organizational contexts. *Research in Organizational Behavior, 19,* 57-149.

森永 雄太・鈴木 竜太・三矢 裕 (2015). 従業員によるジョブ・クラフティングがもたらす動機づけ効果――職務自律性との関係に注目して　日本労務学会誌, *16,* 20-35.

Taylor, F. W. (1911). *Principles of scientific management.* New York, NY: Harper & Brothers. (テイラー, F. W. (著) 有賀 裕子 (訳) (2009). 新訳 科学的管理法――マネジメントの原点　ダイヤモンド社)

Trougakos, J. P., Beal, D. J., Cheng, B. H., Hideg, I., & Zweig, D. (2015). Too drained to help: A resource depletion perspective on daily interpersonal citizenship behaviors. *Journal of Applied Psychology, 100,* 227-236.

Vroom, V. H. (1964). *Work and motivation.* New York, NY: Wiley.

Williams, K. D., & Karau, S. J. (1991). Social loafing and social compensation: The effects of expectations of co-worker performance. *Journal of Personality and Social Psychology, 61*(4), 570-581.

Wrzesniewski, A., & Dutton, J. E. (2001). Crafting a job: Revisioning employees as active crafters of their work. *Academy of Management Review, 26*(2), 179-201.

第4章

Allen, N. J., & Meyer, J. P. (1990). The measurement and antecedents of affective, continuance and normative commitment to organization. *Journal of Occupational Psychology, 63,* 1-18.

Bedeian, A. G., Kemery, E., R., & Pizzolatto, A. B. (1991). Career commitment and expected utility of present job as predictors of turnover intentions and turnover behavior. *Journal of Vocational Behavior, 39*(3), 331-343.

Kobasa, S. C. (1982). Commitment and coping in stress resistance among lawyers. *Journal of Personality and Social Psychology, 42,* 707-717.

Meyer, J. P., Jackson, T. A., & Maltin, E. R. (2008). Commitment in the workplace: Past, present, and future. In J. Barling, & C. L. Cooper (Eds.), *The Sage handbook of organizational behavior, vol. 1: Micro approaches* (pp. 35-53). Thousand Oaks, CA: Sage.

Meyer, J. P., Stanley, D. J., Herscovitch, L, & Topolnysky, L. (2002). Affective, continuance, and normative commitment to the organization: A meta-analysis of antecedents, correlates, and consequences. *Journal of Vocational Behavior, 61,* 20-52.

Morrow, P. C. (1993). *The theory and measurement of work commitment.* Greenwich, CT:

JAI Press.
Morrow, P. C.（2011）. Managing organizational commitment: Insights from longitudinal research. *Journal of Vocational Behavior*, *79*, 18–35.
Porter, L. W., Steers, R. M., Mowday, R. T., & Boulian, P. V.（1974）. Organizational commitment, job satisfaction, and turnover among psychiatric technicians. *Journal of Applied Psychology*, *59*, 603–609.
労働政策研究・研修機構（2017）. 若年者の離職状況と離職後のキャリア形成　労働政策研究・研修機構調査シリーズ, No. 164. 労働政策研究・研修機構
Teo, D., & Waters, L.（2002）. The role of human resource practices in reducing occupational stress and strain. *International Journal of Stress Management*, *9*, 207–226.

第5章

Bakker, A. B., Demerouti, E., & Sanz-Vergel, A. I.（2014）. Burnout and work engagement: The JD–R approach. *Annual Review of Organizational Behavior*, *1*, 389–411.
Cooper, C. L., & Marshall, J.（1976）. Occupational sources of stress: A review of the literature relating to coronary heart disease and mental ill health. *Journal of Occupational Psychology*, *49*, 11–28.
Hurrell, J. J., Jr., & McLaney, M. A.（1988）. Exposure to job stress: A new psychometric instrument. *Scandinavian Journal of Work, Environment & Health*, *14*（Supple–1）, 27–28.
Karasek, R.（1979）. Job demands, job decision latitude, and mental strain: Implications for job redesign. *Administrative Science Quarterly*, *24*, 285–311.
厚生労働省（2011）. 看護職員就業状況等実態調査結果〈http://www.mhlw.go.jp/stf/houdou/2r98520000017cjh.html〉（2017年9月18日閲覧）
厚生労働省（2016）. 平成27年　労働安全衛生調査（実態調査）〈http://www.mhlw.go.jp/toukei/list/h27-46-50b.html〉（2017年9月18日閲覧）
Lazarus, R. S.（1999）. *Stress and emotion: A new synthesis*. New York: Springer.（ラザルス, R. S.（著）本明 寛（監訳）（2004）. ストレスと情動の心理学――ナラティブ研究の視点から――　実務教育出版）
Lazarus, R. S., & Folkman, S.（1984）. *Stress, appraisal, and coping*. New York, NY: Springer.（ラザルス, R. S.・フォルクマン, S.（著）本明 寛・春木 豊・織田 正美（監訳）（1991）. ストレスの心理学――認知的評価と対処の研究――　実務教育出版）
Leiter, M. P., & Maslach, C.（1988）. The impact of interpersonal environment on burnout and organizational commitment. *Journal of Organizational Behavior*, *2*, 297–308.
松本 友一郎・臼井 伸之介（2010）. 医師及び他の看護師との関係における対人ストレッサーが看護師のバーンアウトに及ぼす影響　応用心理学研究, *36*, 1–12.
松本 友一郎・臼井 伸之介（2012）. 看護師の葛藤対処行動が日常の認知的失敗傾向に

及ぼす間接的影響――媒介要因としてのストレッサー及びバーンアウトの効果――　産業・組織心理学研究, *25*, 121-133.

Maslach, C., & Jackson, S. E. (1981). The measurement of experienced burnout. *Journal of Occupational Behavior*, *2*, 99-113.

Maslach, C., Schaufeli, W. B., & Leiter, M. P. (2001). Job burnout. *Annual Review*, *52*, 397-422.

Murphy, L. R., DuBois, D., & Hurrell, J. J. (1986). Accident reduction through stress management. *Journal of Business and Psychology*, *1*, 5-18.

Taylor, F. W. (1911). *The principles of scientific management*. New York, NY: Harper & Brothers.

第6章

米国公衆衛生局 (1999). U.S. Department of Health and Human Services (1999). *Mental health: A report of the Surgeon General*. Rockville, MD: U.S. Department of Health and Human Services.

Belloc, N. B., & Breslow, L. (1972). Relationship of physical health status and health practices. *Preventive Medicine*, *1*, 409-421.

Crum, A. J., & Langer E. J. (2007). Mind-set matters: Exercise and the placebo effect. *Psychological Science*, *18*, 165-171.

Crum, A. J., Salovey, P., & Achor, S. (2013). Rethinking stress: The role of mindsets in determining the stress response. *Journal of Personality and Social Psychology*, *104*, 716-733.

Danner, D. D., Snowdon, D. A., & Friesen, W. V. (2001). Positive emotions in early life and longevity: Findings from the nun study. *Journal of Personality and Social Psychology*, *80*, 804-813.

Diener, E., Suh, E., Lucas, R., & Smith, H. (1999). Subjective well-being: Three decades of progress. *Psychological Bulletin*, *125*, 276-302.

Dweck, C. S. (2007). *Mindset: The new psychology of success*. New York, NY: Ballantine Books.

Kasl, S. V., & Cobb, S. (1966). Health behavior, illness behavior, and sick role behavior. 1. Health and illness behavior. *Archives of Environmental Health*, *12*, 246-266.

Keyes, C. L. M., & Lopez, S. J. (2002). Toward a science of mental health: Positive directions in diagnosis and interventions. In C. R. Snyder, & S. H. Lopez (Eds.), *Handbook of positive psychology* (pp. 45-59). New York, NY: Oxford University Press.

Kosfeld, M., Heinrichs, M., Zak, P. J., Fischbacher, U., & Ernst Fehr, E. (2005). Oxytocin increases trust in humans. *Nature*, *435*, 673-676.

厚生労働省 (2017). 平成28年「労働安全衛生調査（実態調査）」の概況

Lazarus, R. S., & Folkman, S. (1984). *Stress, appraisal, and coping*. New York, NY: Springer.（ラザルス, R. S.・フォルクマン, S.（著）本明 寛・春木 豊・織田 正美

（監訳）（1991）．ストレスの心理学　実務教育出版）
Metarazzo, J. D.（1984）. Behavioral immunogens and pathogens in health and illness. In B. L. Hammonds, & C. J. Schreier（Eds.）, *Psychology and health*（pp. 201-203）. Washington, DC: American Psychological Association.
中野 敬子（2016）．ストレス・マネジメント入門［第２版］――自己診断と対処法を学ぶ　金剛出版
プロチャスカ，J. M.・プロチャスカ，J. O.・エバーズ，K. ほか（2006）．多理論統合モデルに基づくインターネットを介した新しいストレスマネジメントプログラム　津田 彰・J. O. プロチャスカ（編）新しいストレスマネジメントの実際（pp. 58-71）至文堂
Steptoe, A.（1991）. The links between stress and illness. *Journal of Psychosomatic Research*, *35*, 633-644.
Steptoe, A., Tsuda, A., Tanaka, Y., & Wardle, J.（2007）. Depressive symptoms, socio-economic background, sense of control, and cultural factors in university students from 23 countries. *International Journal of Behavioral Medicine*, *14*, 97-107.
田中 芳幸・津田 彰・堀内 聡（2013）．IT技術を活用した多理論統合モデルに基づくストレスマネジメント・プログラム　ストレス科学，*27*，303-316.
津田 彰・牧田 潔・津田 茂子（2001）．ストレスはどのように健康を左右するのか――その心理社会生物学的メカニズム　行動医学研究，*7*，91-96.
World Health Organization（1948）. The definition of health. In *Constitution of the World Health Organization*（WHO）.

第７章

Brockner, J., & Rubin, J. Z.（1985）. *Entrapment in escalating conflicts: A social psychological analysis*. New York, NY: Springer.
池田 謙一（1993）．社会のイメージの心理学――ぼくらのリアリティはどう形成されるか　サイエンス社
池上 知子・遠藤 由美（1998）．グラフィック社会心理学　サイエンス社
石田 正浩（1997）．コミットメントのエスカレーション　田尾 雅夫（編著）会社人間の研究――組織コミットメントの理論と実際（pp. 140-165）京都大学学術出版会
印南 一路（1999）．すぐれた意思決定――組織をいかす戦略と政策　中央公論新社
Janis, I.（1972）. *Victims of groupthink*. Boston, MA: Houghton Mifflin.
Kahneman, D., & Tversky, A.（1979）. Prospect theory: An analysis of decision under risk. *Econometrica*, *47*, 263-291
亀田 達也（1997）．合議の知を求めて　共立出版
亀田 達也（2010）．グループとしての協調行為　亀田 達也・村田 光二　複雑さに挑む社会心理学（改訂版，pp. 101-134）有斐閣
北村 英哉・大坪 庸介（2014）．進化と感情から解き明かす社会心理学　有斐閣
Lichtenstein, S., Slovic, P., Fischhoff, B., Layman, M., & Combs, B.（1978）. Judged

frequency of lethal events. *Journal of Experimental Psychology: Human Learning and Memory, 4*(6), 551-578.
McCauley, C., Stitt, C. L., Woods, K., & Lipton, D. (1973). Group shift to caution at the race track. *Journal of Experimental Social Psychology, 9*, 80-86.
森 久美子 (2004). 職場の人間関係と意思決定　外島 裕・田中 堅一郎（編著）産業・組織心理学エッセンシャルズ（増補改訂版, pp. 99-125）ナカニシヤ出版
岡本 浩一・足立 にれか・石川 正純 (2006). 会議の科学——健全な決裁のための社会技術（組織の社会技術２）新曜社
Osborn, A. F. (1957). *Applied imagination*. New York, NY: Scribner.
Shaw, M. E. (1932). A comparison of individuals and small groups in the rational solution of complex problems. *American Journal of Psychology, 44*, 491-504.
Simon, H. A. (1956). Rational choice and the structure of the environment. *Psychological Review, 63* (2), 129-138.
Staw, B. M., & Ross, J. (1987). Behavior in escalation situations: Antecedents, prototypes, and solutions. In B. M. Staw, & L. L. Cummings (Eds.), *Research in organizational behavior* (Vol. 9, pp. 39-78). Greenwich, CT: JAI Press.
多田 洋介 (2003). 行動経済学入門　日本経済新聞出版社
田中 堅一郎 (2010). 経営の意思決定　藤森 立男（編著）産業・組織心理学——変革のパースペクティブ　福村出版
Taylor, D. W., & Faust, W. L. (1952). Twenty questions: Efficiency in problem solving as a function of size of group. *Journal of Experimental Psychology, 44*, 360-368.
Taylor, D. W., & Berry, P. C., Block, C. H. (1958). Does group participation when using brainstorming facilitate or inhibit creative thinking? *Administrative Science Quarterly, 3*, 23-47.
Thaler, R. H. (1980). Toward a positive theory of consumer choice. *Journal of Economic Behavior and Organization, 1*, 39-60.
Thaler, R. H. (1999). Mental accounting matters. *Journal of Behavioral Decision Making, 12*, 183-206.
Tversky, A., & Kahneman, D. (1974). Judgment under uncertainty: Heuristics and biases. *Science, 185*, 1124-1131.
Wallach, M. A., Kogan, N., & Bem, D. J. (1962). Group influence on individual risk taking. *Journal of Abnormal and Social psychology, 65*, 75-86.
Whyte, G. (1986). Escalating commitment to a course of action: A reinterpretation. *Academy of Management Review, 11*, 311-321.

第８章

Coch, L., & French, J. R. P., Jr. (1948). Overcoming resistance change. *Human Relations, 1*, 512-532.
Coleman, V. I., & Borman, W. C. (2000). Investigating the underlying structure of the

citizenship performance domain. *Human Resource Management Review*, *10*, 25-44.
Davis, K. (1977). *Human behavior at work: Organizational behavior.* New York, NY: McGraw-Hill.
Festinger, L. (1954). A theory of social comparison processes. *Human Relations*, *7*, 117-140.
Forsyth, D. R. (2006). *Group dynamics* (4th ed.). Belmont, CA: Thompson Wadsworth.
藤森 立男 (1994). 職場集団のダイナミクス 岡村 一成（編）産業・組織心理学入門 福村出版
古川 久敬 (1990). 構造こわし――組織変革の心理学 誠信書房
古川 久敬 (2004). チーム・マネジメント 日本経済新聞社
ハーバード・ビジネス・レビュー編集部（編）(2009). 協力のリーダーシップ――メンバーの個性を活かすチームワークの技術 ダイヤモンド社
廣兼 潤子 (1995). 向社会的行動 小川一夫（監修）改訂新版社会心理学用語辞典 (p. 84) 北大路書房
本間 道子 (2011). 集団行動の心理学 サイエンス社
Jackson, J. M. (1960). Structural characteristics of norms. In G. E. Jensen (Ed.), *Dynamics of instructional group*. Chicago, IL: The University of Chicago Press.
Katz, R. (1982). The effects of group longevity on project communication and performance. *Administrative Science Quarterly*, *27*, 81-104.
久村 恵子 (1997). メンタリングの概念と効果に関する考察 経営行動科学, *11*, 81-100.
三沢 良 (2007). コラム7 職場規範の測定法 山口 裕幸・金井 篤子（編）よくわかる産業・組織心理学 (pp. 104-105) ミネルヴァ書房
森 久美子 (2011). 職場の人間関係と意思決定 田中 堅一郎（編）産業・組織心理学エッセンシャルズ（改訂三版, pp. 99-126）ナカニシヤ出版
NHK 放送文化研究所 (2013).「日本人の意識調査・2013」NHK〈https://www.nhk.or.jp/bunken/summary/yoron/social/〉
OECD (2012). Better Life Index〈http://www.oecdbetterlifeindex.org/〉
Organ, D. W. (1988). *Organizational citizenship behavior: The good soldier syndrome.* Lexington, MA: Lexington Books.
Spitzmuller, M., Van Dyne, L., & Illies, R. (2008). Organization citizenship behavior: A review and extension of its nomological network. In J. Barling, & C. Cooper (Eds.), *The SAGE handbook of organizational behavior* (Vol. 1, pp. 106-123). Thousand Oakes, CA: Sage.
田中 堅一郎（編）(2011). 産業・組織心理学エッセンシャルズ［改訂三版］ナカニシヤ出版
Tuckman, B. W. (1965). Developmental sequences in small groups. *Psychological Bulletin*, *63*, 384-399.
山口 裕幸 (2006). 組織の情報処理とコミュニケーション 山口 裕幸・高橋 潔・芳

賀 繁・竹村 和久（編）産業・組織心理学（pp. 38-50） 有斐閣
山口 裕幸（2008）. チームワークの心理学——よりよい集団づくりをめざして サイエンス社
財団法人社会経済生産性本部メンタルヘルス研究所（2006）. 産業人メンタルヘルス白書 2006 年度版 財団法人社会経済生産性本部メンタルヘルス研究所

第 9 章

Dewey, J.（1916）. *Democracy and education: An introduction to the philosophy of education.* New York, NY: Macmillan.
Hall, D. T.（1976）. *Careers in organizations.* Glenview, IL: Scott Foresman.
Holland, J. L.（1997）. *Making vocational choices: A theory of vocational personalities and work environments* (3rd ed.). Odessa, FL: Psychological Assessment Resources.（ホランド, J. L.（著）渡辺 三枝子・松本 純平・道谷 里英（訳）（2013）. ホランドの職業選択理論―パーソナリティと働く環境― 雇用問題研究会）
Kirkpatrick, D. L., & Kirkpatrick J. D.（2006）. *Evaluating training programs* (3rd ed.). San Francisco, CA: Berrett-Koehler Publishers.
Kolb, D. A.（1984）. *Experiential learning: Experience as the source of learning and development.* Englewood Cliffs, NJ: Prentice-Hall.
中原 淳（2013）. 経験学習の理論的系譜と研究動向 日本労働研究雑誌, *639*, 4-14.
大久保 幸夫（2014）. 会社を強くする人材育成戦略 日本経済新聞社
Phillips, J. J.（1997）. *Return on investment in training and performance improvement programs.* Woburn, MA: Butterworth-Heinemann.
リクルートワークス研究所（2004）. 研修の PDCA は回っているか——79 社調査で見えた問題点 *Works*, *66*, 14-15.
リクルートワークス研究所（2015）. Works 人材マネジメント調査 2015 基本報告書〈http://www.works-i.com/pdf/160415_hrm2015.pdf〉（2017 年 10 月 19 日閲覧）
厚生労働省職業能力開発局（2016）. 職業能力開発関係資料集〈http://www.mhlw.go.jp/file/05-Shingikai-12602000-Seisakutoukatsukan-Sanjikanshitsu_Roudouseisakutantou/0000118214.pdf〉（2018 年 3 月 5 日閲覧）
佐藤 博樹（2015）. 雇用管理 佐藤 博樹・藤村 博之・八代 充史（著） 新しい人事労務管理（第 5 版） 有斐閣
Schein, E. H.（1978）. *Career dynamics: Matching individual and organizational needs.* Reading, MA: Addison-Wesley.（シャイン, E. H.（著）二村 敏子・三善 勝代（訳）（1991）. キャリア・ダイナミクス 白桃書房）
Super, D. E.（1969）. 職業指導研究セミナー報告書 日本職業指導協会
Super, D. E.（1980）. A life-span, life-space approach to career development. *Journal of Vocational Behavior*, *13*, 282-298.
Super, D. E.（1990）. A life-span, life-space approach to career development. In D. Brown, & L. Brook（Eds.）, *Career choice and development: Applying contemporary theories to*

practice (pp. 197-261). San Francisco, CA: Jossey-Bass.
髙橋 潔（2006）．キャリアの展開と育成　山口 裕幸・髙橋 潔・芳賀 繁・竹村 和久 産業・組織心理学（pp. 91-109） 有斐閣
山本 寛（2010）．人的資源管理とキャリア開発　藤森 立男（編著） 産業・組織心理学――変革のパースペクティブ（pp. 128-143） 福村出版
山本 寛（2014）．昇進の研究――キャリア・プラトー現象の観点から（増補改訂版）創成社
山本 寛（2016）．昇進と仕事におけるキャリアの停滞　山本 寛（編著）働く人のキャリアの停滞――伸び悩みから飛躍へのステップ――（pp. 1-26） 創成社

第 10 章

Adams, J. S. (1963). Toward an understanding of inequity. *Journal of Abnormal and Social Psychology*, *67*, 422-436.
金井 壽宏（2002）．働くひとのためのキャリア・デザイン　PHP 研究所
上林 憲雄（2010）．人の管理とはどんなことか　上林 憲雄・厨子 直之・森田 雅也 経験から学ぶ人的資源管理　有斐閣
厚生労働省（2016a）．平成 28 年の働く女性の状況〈http://www.mhlw.go.jp/bunya/koyoukintou/josei-jitsujo/dl/16b.pdf〉（2017 年 9 月 19 日閲覧）
厚生労働省（2016b）．平成 28 年障害者雇用状況の集計結果〈http://www.mhlw.go.jp/file/04〉の pdf（2017 年 10 月 26 日閲覧）
厚生労働省（2017）．「非正規雇用」の現状と課題〈http://www.mhlw.go.jp/file/06〉の pdf（2017 年 10 月 20 日閲覧）
Leventhal, G. S. (1980). What should be done with equity theory? In K. J. Gergen, M. S. Greenberg, & R. H. Willis (Eds.), *Social exchange: Advances in theory and research*. New York, NY: Plenum.
守島 基博（2004）．人材マネジメント入門　日本経済新聞出版社
守島 基博（1997）．新しい雇用関係と過程の公平性　組織科学，*31*，12-19.
日本生産性本部（2017）．若者が定着する職場づくり取組事例集：サービス業における取組を紹介します！〈厚生労働省委託事業〉公益財団法人日本生産性本部
総務省統計局（2017）．高齢者の就業〈http://www.stat.go.jp/data/topics/topi1033.htm〉（2017 年 10 月 26 日閲覧）
髙橋 潔（2006）．採用と面接　山口 裕幸・髙橋 潔・芳賀 繁・竹村 和久　産業・組織心理学　有斐閣
Wanous, J. P. (1973). Effects of a realistic job preview on job acceptance, job attitudes, and job survival. *Journal of Applied Psychology*, *58*, 327-332.
厨子 直之（2010）．組織は仕事の結果をどのように評価するのか　上林 憲雄・厨子 直之・森田 雅也　経験から学ぶ人的資源管理　有斐閣

第11章

American Marketing Association (2004). Definition. *Marketing News*, September, 15.

Blackwell, R. D., Miniard, P. W., & Engel, J. F. (2001). *Consumer behavior* (9th ed.). Mason, OH: South- Western Thomas Learning.

Brehm, J. W. (1966). *A theory of psychological reactance*. New York, NY: Academic Press.

Festinger, L. (1957). *A theory of cognitive dissonance*. Evanston, IL: Raw, Peterson.

菊池 聡 (2007). 問題商法とクリティカルシンキング 子安 増生・西村 和雄 (編) 経済心理学のすすめ 有斐閣

小嶋 外弘 (1986). 価格の心理――消費者は何を購入決定の“モノサシ”にするのか ダイヤモンド社

小嶋 外弘・赤松 潤・濱 保久 (1983). 心理的財布――その理論と実証 DIAMONDハーバードビジネ, *8*, 19-28.

Lewin, K. (1935). *A dynamic theory of personality*. New York, NY: McGraw-Hill.

Maslow, A. H. (1970). *Motivation and personality* (2nd ed.). New York, NY: Harper & Row. (マズロー, A. H. (著) 小口 忠彦 (訳) (1971). 人間性の心理学――モチベーションとパーソナリティ 産能大学出版部)

McCarthy, E. J. (1960). *Basic marketing: A managerial approach*. Homewood, IL: Richard, D. Irwin.

中谷内 一也 (1993a). 消費者心理の落し穴――催眠商法の誘導テクニック (1) 繊維製品消費科学, *34*(2), 66-70.

中谷内 一也 (1993b). 消費者心理の落し穴――催眠商法の誘導テクニック (2) 繊維製品消費科学, *34*(3), 127-132.

第12章

秋山 学・小嶋 外弘 (1992). 比較広告における訴求形式が広告・広告主のイメージに及ぼす影響 広告科学, *24*, 19-26.

秋山 隆平・杉山 恒太郎 (2004). ホリスティック・コミュニケーション 宣伝会議

Anderson, E. T., & Simester, D. I. (2001). Are sale signs less effective when more products have them? *Marketing Science*, *20*(2), 121-142.

Anderson, E. T., & Simester, D. I. (2003). Effects of $9 price endings on retail sales: Evidence from field experiments. *Quantitative Marketing and Economics, 1*, 93-110.

Baker, M. J., & Crawford, H. A. (1995). *Product placement*. Working paper, Department of Marketing, University of Strathclyde, Glasgow, Scotland.

Bless, H., Bohner, G., Schwarz, N., & Strack, F. (1990). Mood and persuasion: A cognitive response analysis. *Personality and Social Psychology Bulletin, 16*, 331-345.

Colley, R. H. (1961). *Defining advertising goals for measured advertising results*. New York, NY: Association of National Advertisers. (コーレイ, R. H. (著) 八巻 俊雄 (訳) (1986). 目標による広告管理 ダイヤモンド社)

Dodds, B. (2003). *Managing customer value: essentials of product quality, customer service, and price decisions*. Lanham, MD: University Press of America.

Goldstein, N. J., Martin, S. J., & Cialdini, R. B. (2007). *Yes!: 50 scientifically proven ways to be persuasive*. New York, NY: Simon and Schuster.（ゴールドスタイン, N. J.・マーティン, S. J.・チャルデーニ, R. B.（著）安藤 清志・高橋 紹子（訳）(2009). 影響力の武器・実践編　誠信書房）

Grewal, D., Kavanoor, S., Fern, E. F., Costley, C., & Barnes, J. (1997). Comparative versus noncomparative advertising: A meta-analysis. *Journal of Marketing, 61*(4), 1-15.

Gupta, P. B., & Gould, S. J. (1997). Consumers' perceptions of the ethics and acceptability of product placements in movies: product category and individual differences. *Journal of Current Issues and Research in Advertising, 19*, 37-50.

石橋 優子・中谷内 一也 (1991). 比較広告効果についての検討――説得的コミュニケーションの一技法として――　社会心理学研究, *6*, 71-79.

Kaplan, R. M., & Pascoe, G. C. (1977). Humorous lectures and humorous examples: Some effects upon comprehension and retention. *Journal of Educational Psychology, 69*, 61-65.

Karrh, J. A. (1998). Brand placement: A review. *Journal of Current Issues and Research in Advertising, 20*, 31-49.

北折 充隆・吉田 俊和 (2000). 記述的規範が歩行者の信号無視行動におよぼす影響　社会心理学研究, *16*, 73-82.

Krugman, H. E. (1965). The impact of television advertising: Learning without involvement. *Public Opinion Quarterly, 29*, 349-356.

Lammers, H. B., Leibowitz, L., Seymour, G. E., & Hennessey, J. E. (1983). Humor and cognitive responses to advertising stimuli: A trace consolidation approach. *Journal of Business Research, 11*, 173-185.

Lindstrom, M. (2008). *Buyology: Truth and lies about why we buy*. New York, NY: Broadway Books.（リンストローム, M.（著）千葉 敏生（訳）(2008). 買い物する脳：驚くべきニューロマーケティングの世界　早川書房）

Madden, T. J., & Weinberger, M. G. (1982). The effects of humor on attention in magazine advertising. *Journal of Advertising, 11*(3), 8-14.

牧野 幸志 (1999a). 説得に及ぼすユーモアの効果とその生起メカニズムの検討　実験社会心理学研究, *39*, 86-102.

牧野 幸志 (1999b). 説得に及ぼすユーモアの種類と量の効果　感情心理学研究, *6*, 1-16.

Nebenzahl, I. D., & Secunda, E. (1993). Consumers' attitudes toward product placement in movies. *International Journal of Advertising, 12*, 1-11.

仁科 貞文 (2007). 広告効果と心理的プロセス　仁科 貞文・田中 洋・丸岡 吉人　広告心理 (pp. 51-113)　電通

Ong, B. S., & Meri, D. (1994). Should product placement in movies be banned? *Journal of Promotion Management, 2*, 159-175.

大槻 博（1980）店頭マーケティング　中央経済社
Point-of-Purchase Advertising Institute (1978). *POPAI/DuPont consumer buying habits study*. New York, NY: Point-of-Purchase Advertising Institute.
Russell, C. A., & Belch, M. (2005). A managerial investigation into the product placement industry. *Journal of Advertising Research*, *45*(1), 73-92.
Schachter, S., & Burdick, H. (1955). A field experiment on rumor transmission and distortion. *Journal of Abnormal and Social Psychology*, *50*, 363-371.
Severn, J., Belch, G. E., & Belch, M. A. (1990). The effects of sexual and non-sexual advertising appeals and information level on cognitive processing and communication effectiveness. *Journal of Advertising*, *19*(1), 14-22.
嶋村 和恵（監修）（2006）．新しい広告　電通
Shimp, T. A. (1981). Attitude toward the ad as a mediator of consumer brand choice. *Journal of Advertising*, *10*(2), 9-15.
Stiving, M. (2000). Price-endings when prices signal quality. *Management Science*, *46*, 1617-1629.
Weinberger, M. G., & Campbell, L. (1991). The use and impact of humor in radio advertising. *Journal of Advertising Research*, *31*, 644-652.

第13章

Buckley, H. M. (1983). Attraction toward a stranger as a linear function of similarity in dress. *Family & Consumer Sciences*, *12*, 25-34.
Byrne, S., & Nelson, D. (1965). Attraction as a linear function of proportion of positive reinforcements. *Journal of Personality and Social Psychology*, *1*, 659-663.
Cantor, N., & Mischel, W. (1977). Traits as prototypes: Effects on recognition memory. *Journal of Personality and Social Psychology*, *35*, 38-48.
Cialdini, R. B., Borden, R. J., Thorne, A., Walker, M. R., Freeman, S., & Sloan, L. R. (1976). Basking in reflected glory: Three (football) field studies. *Journal of Personality and Social Psychology*, *34*, 366-375.
Cota, A. A., Evans, C. R., Dion, K. L., Kilik, L., & Longman, R. S. (1995). The structure of group cohesion. *Personality and Social Psychology Bulletin*, *21*, 572-580.
Dion, K. K., Berscheid, E., Walster, E. (1972). What is beautiful is good. *Journal of Personality and Social Psychology*, *24*, 285-290.
Dipboye, R. L., Fromkin, H. L., & Wiback, K. (1975). Relative importance of applicant sex, attractiveness, and scholastic standing in evaluation of job applicant resumes. *Journal of Applied Psychology*, *60*(1), 39-43.
Elnora, W. S., & Barbara, K. F. (1991). Clothing as communication in two business-to-business sales settings. *Journal of Business Research*, *23*(3), 269-290.
Festinger, L., Schachter, S., & Back, K. W. (1950). *Social pressures in informal groups: A Study of human factors in housing*. New York, NY: Harper & Brothers.

Giles, H., & Chavasse, W. (1975). Communication length as a function of dress style and social status. *Perceptual and Motor Skills*, *40*(3), 961-962.

Gino, F., Norton, I. M., & Ariely, D. (2010). The counterfeit self: The deceptive cost of faking it. *Psychological Science*, *21*, 712-720.

Hubble, M. A., & Gelso, C. J. (1978). Effect of counselor attire in an initial interview. *Journal of Counseling Psychology*, *25*, 581-584.

福岡 欣治 (1999). 社会的規範としての着装規範　髙木 修 (監修) 神山 進 (編) 21世紀の社会心理学　被服行動の社会心理学 (p. 31)　北大路書房

福岡 欣治・髙木 修・神山 進・牛田 聡子・阿部 久美子 (1998). 着装規範に関する研究 (第１報) ――生活場面と着装基準の関連性――　繊維製品消費科学, *39*(11), 702-708.

池田 浩子・近江 源太郎 (1999). 対人認知に及ぼす服装色の効果 (1)　日本色彩学会誌, *23*, 42-43.

池田 謙一 (2010). 他者に対する評価・判断・推論――他者をみる目とはどのような目か　池田 謙一・唐沢 穣・工藤 恵理子・村本 由紀子　社会心理学　有斐閣

Kaiser, S. B. (1985a). *The social psychology of clothing and personal adornment*. New York, NY: Macmillan. (カイザー, S. B. (著) 被服心理学研究会 (訳) 髙木 修・神山 進 (監訳) (1994). 被服と身体装飾の社会心理学 (上巻) ――装いのこころを科学する　北大路書房)

Kaiser, S. B. (1985b). *The social psychology of clothing* (2nd ed.). New York, NY: Macmillan.

Kaplan-Leiserson, E. (2000). Casual dress/back-to-business attire. *Training and Development*, 54, 38-39.

川本 勝 (1981). 流行の社会心理　勁草書房

Knapp, M. L. (1972). *Nonverbal communication in human interaction*. New York, NY: Holt, Rinehart & Winston.

神山 進 (1996). 被服心理学の動向　髙木 修 (監修) 被服と化粧の社会心理学　人はなぜ装うのか　北大路書房

神山 進 (2000). ファッション　久世 敏雄・斉藤 耕二 (監修)　青年心理学事典福村出版

Kwon, Y. (1994). Feeling toward one's clothing and self-perception of emotion, sociability, and work competency. *Journal of Social Behavior and Personality*, *9*(1), 129-139.

Latané, B., Williams, K., & Harkins, S. (1979). Many hands make light the work: The causes and consequences of social loafing. *Journal of Personality and Social Psychology*, *37*(6), 822-832.

McCullough, E. A., Miller, M. F., & Ford, I. M. (1977). Sexually attractive clothing: Attitudes and usage. *Home Economics Research Journal*, *6*(2), 164-170.

Mehrabian, A. (1967). Orientation behaviors and nonverbal attitude communication. *Journal of communication*, *17*, 324-382.

McKeachie, W. J.（1952）. Lipstick as a determiner of first impressions of personality. *Journal of Social Psychology, 36*, 241-244.

永田 良昭・広田 君美（1961）. 集団凝集性と課題解決　グループ・ダイナミックスの研究　第5集, 158-190.

中川 由理・高木 修（2011）. 印象管理スキルとしての被服選択行動の過程――職場における着装規範に注目して――　繊維製品消費科学, *52*, 129-134.

中島 純一（2013）. メディアと流行の心理（増補改訂版, p. 215）　金子書房

大石 さおり（2006）. 仕事時の服装による印象管理傾向とキャリア志向との関連――日本の有職女性の場合――　ファッションビジネス学会論文誌, *11*, 11-18.

小関 八重子（1994）. 規範　古畑 和孝（編）社会心理学小辞典（p. 46）　有斐閣

Peluchette, J. V., Karl, K., & Rust, K.（2006）. Dressing to impress: Beliefs and attitudes regarding workplace attire. *Journal of Business and Psychology, 21*（1）, 45-63.

Rafaeli, A., Dutton, J., Harquiai, C., & Mackie-Lewis, S.（1997）. Navigating by attire: The use of dress by female administrative employees. *Academy of Management Journal, 440*, 19-45.

Rogers, E. M.（1962）. *Diffusion of innovation*. New York, NY: Free Press.

Rosenberg, M.（1965）. *Society and the adolescent self-image*. Princeton, NJ: Princeton University Press.

Sherif, M.（1935）. A study of some social factors in perception. *Archives of Psychology, 27*, 1-60.

Simmel, G.（1911）. *Philosophische Kultur gesammelte Essays*. Leipzig, Deutscland: Klinkhardt.（ジンメル, G.（著）円子 修平・大久保 健治（訳）（1976）. 文化の哲学　ジンメル著作集7　白水社）

Snyder, C. R., & Fromkin, H. L.（1980）. *Uniqueness: The human pursuit of difference*. New York, NY: Plenum.

鈴木 裕久（1977）. 流行　池内 一（編）集合現象　講座社会心理学（第3巻）　東京大学出版会

鈴木 公啓（2014）. 新しいシルエット図による若年女性のボディイメージと身体意識の関連についての再検討　社会心理学研究, *30*(1), 45-56.

Tajfel, H., & Turner, J. C.（1986）. The social identity theory of intergroup behavior. In S. Worchel, & W. G. Austin (Eds.), *Psychology of intergroup relations* (2nd ed., pp. 33-37). Monterey, CA: Brooks/Cole.

高橋 穣治（1992）. ユニフォームの定義と分類　繊維製品消費科学, *33*(9), 19-21.

田中 道一（1971）. ファッションの意義　繊維工学, *24*(10), 32-36.

Tarde, G.（1907）. *Les lois de l'imitation: Étude socilogique*. Paris: Félix Alcan.（タルド, G.（著）池田 祥英・村澤 真保呂（訳）（2007）. 模倣の法則　河出書房新社）

牛田 聡子・高木 修・神山 進・阿部 久美子・辻 幸恵（2001）. 着装規範に関する研究（第8報）――着装規範同調・逸脱がもたらす着装感情を規定する個人差要因（自意識・自尊心・独自性欲求）――　繊維製品消費科学, *42*(11), 735-742.

渡辺 明日香（2017）．繊維製品消費科学，*58*(2)，179-184.

矢島 誠人・柏尾 眞津子・乙井 一貫・土肥 伊都子・箱井 英寿・永野 光朗・松本 敦（1998）．被服行動におけるクロス・セックス化――男性ファッションの女性化の規定因に関する研究―― 繊維製品消費科，*39*，723-729.

山本 明（1972）．流行と大衆の心理 大衆文化とマス・コミュニケーション 佐藤 毅・細谷 昂・竹内 郁郎・藤竹 暁（編）社会心理／マス・コミュニケーション（社会学セミナー４）（p. 329） 有斐閣

Zimbardo, P. G. (1969). The human choice: Individuation, reason, and order versus deindividuation, impulse, and chaos. In W. T. Arnold and D. Levine (Eds.), *Nebraska Symposium on Motivation* (Vol. 17, 239-309). Lincoln, NE: University of Nebraska Press.

第14章

Allik, J., & Realo, A. (2004). Individualism-collectivism and social capital. *Journal of Cross-Cultural Psychology, 35*, 29-49.

Baumeister, R. F., & Leary, M. R. (1995). The need to belong: Desire for interpersonal attachments as a fundamental human motivation. *Psychological Bulletin, 117*, 497-529.

Endo, Y., & Meijer, Z. (2004). Autobiographical memory of success and failure experiences. In Y. Kashima, Y. Endo, E. S. Kashima, C. Leung, & J. McClure (Eds.), *Progress in Asian Social Psychology* (Vol. 4, pp. 67-84). Seoul, Korea: Kyoyook-Kwahak-Sa Publishing Company.

Gheorghiu, M. A., Vignoles, V. L., & Smith, P. B. (2009). Beyond the United States and Japan: Testing Yamagishi's emancipation theory of trust across 31 nations. *Social Psychology Quarterly, 72*, 365-383.

Hakim, N., Simons, D. J., Zhao, H., & Wan, X. (2016). Do Easterners and Westerners differ in visual cognition? A preregistered examination of three visual cognition tasks. *Social Psychological and Personality Science, 8*, 142-152.

Heine, S. J. (2001). Self as cultural product: An examination of East Asian and North American selves. *Journal of Personality, 69*, 881-906.

Heine, S. J., Kitayama, S., Lehman, D. R., Takata, T., Ide, E., Leung, C., & Matsumoto, H. (2001). Divergent consequences of success and failure in Japan and North America. An investigation of self-improving motivations and malleable selves. *Journal of Personality and Social Psychology, 81*, 599-615.

Heine, S. J., & Lehman, D. R. (1997). The cultural construction of self-enhancement: An examination of group-serving biases. *Journal of Personality and Social Psychology, 72*, 1268-1283.

Iyengar, S. S., & Lepper, M. R. (1999). Rethinking the value of choice: A cultural perspective on intrinsic motivation. *Journal of Personality and Social Psychology, 76*,

349-366.
Jones, E. E., & Harris, V. A. (1967). The attribution of attitudes. *Journal of Experimental Social Psychology, 3*, 1-24.
北山 忍 (1998). 自己と感情：文化心理学による問いかけ　共立出版
Kitayama, S., Duffy, S., Kawamura, T., & Larsen, J. T. (2003). Perceiving an object and its context in different cultures: A cultural look at new look. *Psychological Science, 14*, 201-206.
Kitayama, S., Markus, H. R., & Kurokawa, M. (2000). Culture, emotion, and well-being: Good feelings in Japan and the United States. *Cognition and Emotion, 14*, 93-124.
Kitayama, S., Markus, H. R., Matsumoto, H., & Norasakkunkit, V. (1997). Individual and collective processes in the construction of the self: Self-enhancement in the United States and self-criticism in Japan. *Journal of Personality and Social Psychology, 72*, 1245-1267.
Kito, M., Yuki, M., & Thomson, R. (2017). Relational mobility and close relationships: A socioecological approach to explain cross-cultural differences. *Personal Relationships, 24*, 114-130.
清成 透子・山岸 俊男 (1999). 分配委任ゲームを用いた信頼と信頼性の比較研究　社会心理学研究, *15*, 100-109.
Kollock, P. (1994). The emergence of exchange structures: An experimental study of uncertainty, commitment, and trust. *American Journal of Sociology, 100*, 313-345.
Kwan, V. S. Y., Bond, M. H., & Singelis, T. M. (1997). Pancultural explanations for life satisfaction: Adding relationship harmony to self-esteem. *Journal of Personality and Social Psychology, 73*, 1038-1051.
Markus, H. R., & Kitayama, S. (1991). Culture and the self: Implications for cognition, emotion, and motivation. *Psychological Review, 98*, 224-253.
Masuda, T., & Kitayama, S. (2004). Perceiver-induced constraint and attitude attribution in Japan and the US: A case for the cultural dependence of the correspondence bias. *Journal of Experimental Social Psychology, 40*, 409-416.
Masuda, T., & Nisbett, R. E. (2001). Attending holistically versus analytically: Comparing the context sensitivity of Japanese and Americans. *Journal of Personality and Social Psychology, 81*, 922-934.
Masuda, T., & Nisbett, R. E. (2006). Culture and change blindness. *Cognitive Sciences, 30*, 381-399.
増田 貴彦・山岸 俊男 (2010). 文化心理学：心がつくる文化, 文化がつくる心（上下）培風館
Menon, T., Morris, M. W., Chiu, C-y., Hong, Y-y. (1999). Culture and the construal of agency: Attribution to individual versus group dispositions. *Journal of Personality and Social Psychology, 76*, 701-717.
Miyamoto, Y., & Kitayama, S. (2002). Cultural variation in correspondence bias: The

critical role of attitude diagnosticity of socially constrained behavior. *Journal of Personality and Social Psychology, 83,* 1239-1248.

Miyamoto, Y., Nisbett, R. E., & Masuda, T. (2006). Culture and the physical environment: Holistic versus analytic perceptual affordance. *Psychological Science, 17,* 113-119.

Morris, M. W., & Peng, K. (1994). Culture and cause: American and Chinese attributions for social physical cvents. *Journal of Personality and Social Psychology, 67,* 949-971.

Nisbett, R. E. (2003). *The geography of thought: How Asians and Westerners think differently...and why.* New York, NY: Free Press. (ニスベット，R. E. (著) 村本由紀子 (訳) (2004). 木を見る西洋人・森を見る東洋人：思考の違いはどこから生まれるか　ダイヤモンド社)

Nisbett, R. E., & Ross, L. (1980). *Human inference: Strategies and shortcomings of social judgment.* Englewood Cliffs, NJ: Prentice-Hall.

Rule, N. O., Ambady, N., Adams, R. B., Jr., Ozono, H., Nakashima, S., Yoshikawa, S., & Watabe, M. (2010). Polling the face: Prediction and consensus across cultures. *Journal of Personality and Social Psychology, 98,* 1-15.

Rule, N. O., Ishii, K., & Ambady, N. (2011). Cross-cultural impressions of leaders' faces: Consensus and predictive validity. *International Journal of Intercultural Relations, 35,* 833-841.

Sato, K., & Yuki, M. (2014). The association between self-esteem and happiness differs in relationally mobile vs. stable interpersonal contexts. *Frontiers in Psychology, 5,* 11-13.

Schug, J., Yuki, M., & Maddux, W. W. (2010). Relational mobility explains between- and within-culture differences in self-disclosure toward close friends. *Psychological Science, 21,* 1471-1478.

Takemura, K. (2014). Being different leads to being connected: On the adaptive function of uniqueness in "open" societies. *Journal of Cross-Cultural Psychology, 45,* 1579-1593.

Takemura, K., & Suzuki, S. (2017). Self-expression and relationship formation in high relational mobility environments: A study of dual users of American and Japanese social networking sites. *International Journal of Psychology, 52,* 251-255.

Thomson, R., Yuki, M., & Ito, N. (2015). A socio-ecological approach to national differences in online privacy concern: The role of relational mobility and trust. *Computers in Human Behavior, 51,* 285-292.

Triandis, H. C., Bontempo, R., Villareal, M. J., Asai, M., & Lucca, N. (1988). Individualism and collectivism: Cross-cultural perspectives on self-ingroup relationships. *Journal of Personality and Social Psychology, 54,* 323-338.

Uchida, Y., Kitayama, S., Mesquita, B., Reyes, J. A. S., & Morling, B (2008). Is perceived emotional support beneficial? Well-being and health in independent and interdependent cultures. *Personality and Social Psychology Bulletin, 34,* 741-754.

Wang, H., Masuda, T., Ito, K., & Rashid, M. (2012). How much information? East Asian and North American cultural products and information search performance.

Personality and Social Psychology Bulletin, *38*, 1539-1551.
山田 順子・鬼頭 美江・結城 雅樹（2015）．友人・恋愛関係における関係流動性と親密性：日加比較による検討　実験社会心理学研究，*55*，18-27.
山岸 俊男（1998）．信頼の構造：こころと社会の進化ゲーム　東京大学出版会
Yamagishi, T., & Yamagishi, M. (1994). Trust and commitment in the United States and Japan. *Motivation and Emotion*, *18*, 129-166.
Yuki, M., Sato, K., Takemura, K., & Oishi, S. (2013). Social ecology moderates the association between self-esteem and happiness. *Journal of Experimental Social Psychology*, *49*, 741-746.
Yuki, M., & Schug, J. (2012). Relational mobility: A socio-ecological approach to personal relationships. In O. Gillath, G. E. Adams, & A. D. Kunkel (Eds.), *Relationship science: Integrating evolutionary, neuroscience, and sociocultural approaches* (pp. 137-152). Washington, D. C.: American Psychological Association.

第 15 章

秋山 学・長谷川 千洋（2014）．金銭授受状況における皮膚コンダクタンス反応――IGT課題における大負けとの関連　第 54 回日本心理学会発表論文集，917.
Bickart, K. C., Wright, C. I., Dautoff, R. J., Dickerson, B. C., & Barrett, L. F. (2011). Amygdala volume and social network size in humans. *Nature Neuroscience*, *14*, 163-164.
Bechara, A. (2005). Decision making, impulse control and loss of willpower to resist drugs: a neurocognitive perspective. *Nature Neuroscience*, 8, 1458-1463.
Bechara, A., Damasio, A. R., Damasio, H., & Anderson, S. W. (1994). Insensitivity to future consequences following damage to human prefrontal cortex. *Cognition*, *50*, 7-15.
Bechara, A., Damasio, H., Tranel, D., & Damasio A. R. (1997). Deciding advantageously before knowing the advantageous strategy. *Science*, *275*, 1293-1295.
Beer, J. S. (2017). What do we know about emotional influences on social cognition? A social neuroscience perspective. *Emotion Review*, *9*, 172-180.
Brand, M., Labudda, K., & Markowitsch, H. J. (2006). Neuropsychological correlates of decision-making in ambiguous and risky situations. *Neural Networks*, *19*, 1266-1276.
Brevers, D., Noël, X., Bechara, A., Vanavermaete, N., Verbanck, P., & Kornreich, C. (2015). Effect of casino-related sound, red light and pairs on decision-making during the Iowa gambling task. *Journal of Gambling Studies*, *31*, 409-421.
Brothers, L. (1990). The social brain: A project for integrating primate behavior and neurophysiology in a new domain. *Concepts in Neuroscience*, *1*, 27-51.
Burns, K., & Bechara, A. (2007). Decision making and free will: A neuroscience perspective. *Behavioral Sciences & the Law*, *25*, 263-280.
Craig, A. D. (2009). How do you feel-now? The anterior insula and human awareness.

Nature Reviews Neuroscience, *10*, 59-70.

Damasio, A. R. (1994). *Descartes' error: Emotion, rationality and the human brain*. New York, NY: Putnam.

de Siqueira, A. S., Yokomizo, J. E., Jacob-Filho, W., Yassuda, M. S., & Aprahamian, I. (2017). Review of decision-making in game tasks in elderly participants with Alzheimer Disease and Mild Cognitive Impairment. *Dementia and Geriatric Cognitive Disorders*, *43*, 81-88.

Dunbar, R. I. M. (1992). Neocortex size as a constraint on group-size in primates. *Journal of Human Evolution*, *22*, 469-493.

Dunbar, R. I. M. (1998). The social brain hypothesis. *Evolutionary Anthropology*, *6*, 178-190.

Finlay, K., Marmurek, Harvey, H. C., Kanetkar, V., & Londerville, J. (2010). Casino décor effects on gambling emotions and intentions. *Environment and Behavior*, *42*, 524-545.

Gamble, K., Boyle, P., Yu, L., & Bennett, D. (2015). Aging and financial decision making. *Management Science*, *61*, 2603-2610.

Griffiths, M. D. (2005). A 'components' model of addiction within a biopsychosocial framework. *Journal of Substance Use*, *10*, 191-197.

長谷川 千洋・秋山 学 (2013). IGT課題における金銭授受概念の活性化に関する検討 基礎心理学研究, *31*, 234-235.

長谷川 千洋・博野 信次 (2016). 認知症各論　武田 克彦 (編) 高次脳機能障害の考えかたと画像診断　中外医学社

Kirsch, P., Esslinger, C., Chen, Q., Mier, D., Lis, S., Siddhanti. S., & Meyer-Lindenberg, A. (2005). Oxytocin modulates neural circuitry for social cognition and fear in humans. *Journal of Neuroscience*, *25*, 11489-11493.

Kobayakawa, M., Tsuruya, N., & Kawamura, M. (2017). Decision-making performance in Parkinson's disease correlates with lateral orbitofrontal volume. *Journal of the Neurological Sciences*, *372*, 232-238.

Kosfeld, M., Heinrichs, M., Zak, P. J., Fischbacher, U., & Fehr, E. (2005). Oxytocin increases trust in humans. *Nature*, *435*, 673-676.

興津 要 (2004). 古典落語 (続) 講談社

Lorenz, R. C., Gleich, T., Kühn, S., Pöhland, L., Pelz, P., Wüstenberg, T., & Beck, A. (2015). Subjective illusion of control modulates striatal reward anticipation in adolescence. *Neuroimage*, *117*, 250-257.

Nave, G., Camerer, C., & McCullough, M. (2015). Does oxytocin increase trust in humans? A critical review of research. *Perspectives on Psychological Science*, *10*, 772-789.

Ouerchefani, R., Ouerchefani, N., Allain, P., Ben Rejeb, M. R., & Le Gall, D. (2017). Contribution of different regions of the prefrontal cortex and lesion laterality to deficit of decision-making on the Iowa Gambling Task. *Brain & Cognition, 111*, 73-85.

Paulus, M. P., Rogalsky, C., Simmons, A., Feinstein, J. S., & Stein, M. B. (2003). Increased activation in the right insula during risk-taking decision making is related to harm avoidance and neuroticism. *Neuroimage, 19*, 1439-1448.

Romano, A., Tempesta, B., Micioni Di Bonaventura, M. V., & Gaetani, S. (2016). From Autism to Eating Disorders and more: The role of oxytocin in neuropsychiatric disorders. *Frontiers in Neuroscience, 9*, 497.

Taylor, S. F., Kang, J., Brege, I. S., Tso, I. F., Hosanagar, A., & Johnson, T. D. (2012). Meta-analysis of functional neuroimaging studies of emotion perception and experience in schizophrenia. *Biological Psychiatry, 71*, 136-145.

Turel, O., & Bechara, A. (2016). A triadic reflective-impulsive-interoceptive awareness model of general and impulsive information system use: Behavioral tests of neurocognitive theory. *Frontiers in Psychology, 7*, 601.

Weintraub, D., Claassen, D. O. (2017). Impulse control and related disorders in Parkinson's Disease. *International Review of Neurobiology, 133*, 679-717.

Zaghloul, K. A., Blanco, J. A., Weidemann, C. T., McGill, K., Jaggi, J. L., Baltuch, G. H., & Kahana, M. J. (2009). Human substantia nigra neurons encode unexpected financial rewards. *Science, 323*, 1496-1499.

索　引

人名（団体名）索引

さ行

た行

な行

は行

ま行

や行

ら・わ行

A to Z

事項索引

さ行

た行

な行

は行

ま行

や行

ら行

わ行

A to Z

執筆者紹介（＊は編著者）

山浦一保（やまうら かずほ）立命館大学スポーツ健康科学部教授　第1章
松田幸弘（まつだ ゆきひろ）＊ 大阪経済大学人間科学部教授　第2，7章
池田　浩（いけだ ひろし）九州大学大学院人間環境学研究院准教授　第3章
太田さつき（おおた さつき）静岡産業大学経営学部教授　第4章
松本友一郎（まつもと ともいちろう）中京大学心理学部教授　第5章
田中芳幸（たなか よしゆき）京都橘大学総合心理学部准教授　第6章
大森哲至（おおもり てつし）帝京大学外国語学部准教授　第8章
小川悦史（おがわ えつし）大阪経済大学経営学部准教授　第9，10章
永野光朗（ながの みつろう）京都橘大学総合心理学部教授　第11章
前田洋光（まえだ ひろみつ）京都橘大学総合心理学部准教授　第12章
中川由理（なかがわ ゆり）高崎商科大学商学部講師　第13章
竹村幸祐（たけむら こうすけ）滋賀大学経済学部教授　第14章
長谷川千洋（はせがわ ちひろ）神戸学院大学心理学部教授　第15章

経営・ビジネス心理学

2018年4月20日　初版第1刷発行
2023年4月10日　初版第2刷発行
（定価はカヴァーに表示してあります）

編著者　松田幸弘
発行者　中西　良
発行所　株式会社ナカニシヤ出版
〒606-8161　京都市左京区一乗寺木ノ本町15番地
Telephone　075-723-0111
Facsimile　075-723-0095
Website　http://www.nakanishiya.co.jp/
Email　iihon-ippai@nakanishiya.co.jp
郵便振替　01030-0-13128

装幀＝白沢　正／印刷・製本＝創栄図書印刷株式会社
Business and Management Psychology
Printed in Japan

ISBN978-4-7795-1263-6 C3011